韓國文化史

Korea Cultural History

한국문화사

머리말

해방 이후 한국사 연구는 질적으로나 양적으로 많은 발전을 하였다. 그중 일제의 타율성론·일선동조론·정체성론 등의 식민사관을 극복하고 한국사가 한민족의 자주적 역량으로 발전하였다고 하는 1960년대의 '내재적 발전론'은 가장 큰 성과로 보여진다.

이후 1970년대에 이르러 한국사 연구의 자세에 있어서 분단시대를 극복하고 통일운동의 일환으로 '분단사학론'이 제기되었다. 1980년대를 거치면서 한국사 연구의 영역과 방법이 확대되고 역사발전의 민중적 기반에 대한 논의가 고조되고 있다. 여기에 최근 1990년대 이후 한국사에 대한 이해의 폭이 넓어지고 인식의 범위가 확대된 것은 한국사의 활성화를 위하여 아주 다행스런 일이라 하겠다.

이 책은 대학의 교양과목인 역사와 문화의 교재로서 다음과 같은 점을 강조하여 서술하였다.

첫째, 현시대를 살아가는 대학의 지성인으로서 현시대적 상황을 주체적·과학적으로 인식할 수 있도록 하였다.

둘째, 중·고등학교에서 주입식·암기식으로 배워온 한국사 교육의 틀에서 벗어나 자유롭게 사고하고 올바른 역사인식을 하도록 하였다.

셋째, 기존의 안보·반공 위주의 소시민적 한국사 교육에서 대학의 지성인으로서 민주시민이 되게 하는데 중점을 두었다. 그리고 마지막으로 역사란 과거와 현재와의 대화라는 말이 있는데 과거, 즉 역사를 돌이켜 보고 보다 나은 미래를 창조할 수 있도록 서술하였다.

  역사를 배우는 목적은 어디서 왔는지를 모르는 사람은 어디로 가야 할지 모르기 때문에 배운다고 한다. 대학의 지성인으로서 이 책을 통하여 본인이 어디로 가야 할 것인지 한번쯤 생각해 볼 수 있는 기회가 되기를 필자는 바란다.

  막상 집필하여 놓고 보니 허술함과 미비점이 너무 많아 두려운 마음이 앞선다. 또 필자가 선학들의 훌륭한 연구성과를 참조하여 필자의 의도대로 종합 정리해 보았으나 미흡한 점이 한 둘이 아니다. 앞으로 부족한 부분을 수정해 나갈 것이며 계속 연구하여 보완하도록 하겠다.

  끝으로 출판업계 어려운 사정에도 불구하고 이 책의 출판을 기꺼이 맡아주신 한올출판사 임순재 사장님과 원고를 교정·편집해 주신 편집부 여러분께 깊은 감사를 드린다.

2013년 8월

김 방

차 례

제1장   고대국가의 성립과 발전

제 2 장 남북국의 성립과 발전

제 3 장 고려 귀족사회의 성립과 발전

제 5 장 근대사회의 성립과 발전

제 6 장   현대사회의 형성과 발전

제1장

고대국가의 성립과 발전

제1장
고대국가의 성립과 발전

1 | 선사시대와 고조선의 성립

1) 선사시대

(1) 구석기시대

구석기시대 사람들은 돌을 도구로 사용하였으며 작은 무리를 이루어 여기저기로 옮겨다니는 생활을 하였다. 이들은 더 좋은 생활조건을 찾아 이동하였으며 먹을 것을 구하기 위하여 산이나 들판을 다니면서 열매를 따야만 하였다. 또 큰 짐승을 사냥할 때는 여럿이 힘을 합쳐서 대응하기도 하였다.

한반도에서 구석기시대 사람들이 살았던 것은 지금으로부터 약 70만 년 전이었다. 전기 구석기시대 유적으로는 평양 상원의 검은모루동굴, 충북 단양의 금굴, 청원의 두루봉동굴 등의 동굴유적과 충남 공주의 석장리, 경기도 연천의 전곡리 등 강가 근처에 있는 야외유적이 있다.

또한 평양 상원 용곡동굴, 평양 역포동굴, 평안남도 덕천 승리산 동굴, 충청북도 제천의 점말동굴, 청원 두루봉동굴 등의 구석기시대 유적지에서는 사람의 뼈가 발견되었다.

한반도 부근의 기후조건이 현재와 비슷하게 된 것은 1만년전 이었다. 기후조건은 자연환경을 바뀌게 하여 동물이나 식물의 종류가 현재와 비슷해졌고 사람들의 생활도 여기에 적응해 갔다. 이 시기 사람들이 새로 고안하여 도구로 사용하기 시작한 것은 돌을 깨뜨려서 나온 얇고 작은 격지로 만든 정교한 잔석기였다. 잔석기가 사용된 시기를 중석기시대라고 하는데 전남 승주군 곡천 유적, 화순군 대전 유적, 가원도 홍천강 유역 하화계리 유적 등은 한반도 중석기 문화를 밝혀주는 단서가 되고 있다. 중석기시대 역시 채집경제 단계였으나 도구사용의 기술적인 면에서는 상당한 발전을 보여 활과 화살을 본격적으로 사용하였고 물고기를 잡는데 작살을 이용하였다.

(2) 신석기시대

한반도는 구석기시대의 과정을 거쳐서 기원전 6천년~5천년 경에 이르러 신석기시대가 시작되었다.

신석기시대의 특징은 돌을 갈아서 도구를 만들고 흙을 빚어서 토기를 만들어 썼다는 점이다. 특히 토기의 사용은 인간의 식생활에 큰 변화를 가져와 음식을 조리하거나 운반하며 먹고 남은 음식물을 저장하는데 사용되었다. 신석기시대의 대표적인 토기는 빗살무늬토기가 있는데 이것이 한반도와 발해만 연안지역에서 발견되고 있어 신석기시대 사람들이 넓은 지역에 퍼져 살고 있었음을 알 수가 있다.

그러나 이 시기 무엇보다도 중요한 것은 '신석기 혁명'이다. 이것은 인간이 최초로 식량을 생산하기 시작한 것으로 인류문화사상 중요한 의미를 지닌다.

신석기시대의 인간이 형성한 원시공동체는 무리나 씨족이 단위가 되었다. 경제적으로는 자급자족의 소우주로서 집단적인 성격을 띠고 있었다. 당시 사람들에게 거대한 자연은 공포 그 자체였고, 각 개인 혼자의 힘으로는 생존조차 보장할 수 없었다. 따라서 당시 사람들은 집단을 이루어 강하게 단결하고 집단적으로 행동을 통일하지 않으면 안되었다. 고기잡이·사냥·채집 등은 말할 것도 없고 농경생활에 있어서도 소수의 사람들만으로는 모든 일이 불가능하였다. 이리하여 원시공동체는 무리나 씨족 전체의 노동에 의하여 생산활동이 이루어지고 분배와 소비도 공동으로 이루어졌다.

신석기시대의 씨족사회는 점차 사회가 성장함에 따라서 부족사회로 발전하였다. 신석기시대 말기부터는 생활이 다원화해 감에 따라서 물물교환의 경제로 발전되어 가고 인구증가와 산업발전 및 기구발달 등으로 인하여 계급사회·사유재산제사회·노예제사회로 발전하여 지연공동체를 형성하게 되었다. 특히 신석기시대의 경제면에 있어서 원시시공동체의 붕괴 후 각처에서 노예제가 발생하였다.

신석기시대의 사람들은 우주의 만물에 영혼이 있다고 생각하여 믿는 정령숭배나 자연숭배의 애니미즘의 신앙을 가지고 있었다. 또 이들은 생활과 밀접한 관계가 있는 산이나 강 및 나무와 같은 자연물의 영혼도 인간의 그것과 마찬가지로 생각하였다. 그리하여 씨족의 조상으로 숭배하고 그 이름을 따서 씨족명을 삼는 등 토테미즘 사상을 가지고 있었다.

신석기시대 사람들은 신과 인간을 중개하고 행복을 가져오게 하는 능력을 가진 주술사를 필요로 하게 되었다. 이 무격신앙과 동일한 유형의 원시적인 종교형태는 동북 아시아 일대에 공통적으로 발견되는데 이것을 샤머니즘이라고 한다.

(3) 청동기 시대

청동은 구리에 주석을 섞어 만든 합금으로 견고하고 단단하였다. 한반도에서 청동기시대가 시작된 것은 기원전 8세기 무렵이고 요령지방은 기원전 23~24세기, 북한은 기원전 10세기 경이다. 청동기는 예리한 면이 있었기 때문에 농기구 보다 무기나 공구로 많이 사용되었고, 다양한 목재 농기구를 제작할 수 있었다. 이렇게 개량된 목재 농기구는 청동기시대의 농업생산력을 발달시키는데 일정한 역할을 하였다.

청동기시대의 대표적 유적으로 고인돌(무덤)을 들 수 있는데 이것은 청동기시대에 거대한 무덤을 만들어 자신의 권위를 드러내려고 한 지배자가 존재하였음을 말하여 준다고 하겠다.

청동기시대는 무기 뿐만아니라 농업에 있어서도 크게 발전하였다. 청동기시대 유적에서 반월형 석도·유구석부·마제석검 등이 출토되는 것을 보면 청동기시대에는 농경이 발달되었음을 알 수 있다. 그리고 반월형 석도와 유구석부가 중국의 용산문화(흑도문화)에 기원을 두고 있는 것으로 미루어 보아 청동기시대의 농경기술이 씨와 함께 중국에서 전래된 것으로 보여진다.

2) 단군신화와 고조선

(1) 단군신화

단군신화로 현재 전하는 것은 13세기 후반 고려의 중 일연(一然)이 저술한 『삼국유사(三國遺事)』에 인용된 「고기(古記)」에 원형에 가까운 내용이 남아 있다. 여기에서 전하는 단군신화의 중심내용은 하늘에서 내려온 천신족(天神族) 환웅(桓雄)과 지상의 웅녀(熊女)가 결합하여 단군을 낳았다는 것이다. 환인(桓因)은 하늘나라의 왕으로 천신·태양신을 상징하였는데, 단군이 환인의 손자라 함은 곧 태양신의 손자라는 뜻이 된다.

환웅의 하강에는 외래집단의 이주정착이라는 역사적 사실이 반영된 것으로 그는 신시(神市)를 건설하고 곰과 호랑이로 상징되는 토착집단으로 하여금 자신의 새로운 질서에 적응케 하려고 시도하였다. 여기에서 곰은 땅신이나 여성을 뜻하는 것으로 환웅과 결합하게 된 정치집단을 상징하였다. 따라서 환웅과 웅녀의 결합으로 태어난 단군은 유이민과 토착주민 양자의 대표성을 확보하였다.

유이민 집단과 선주민 집단의 융합산물로 대표성을 보장받은 지배자(단군왕검)는 신성한 종교적 기능과 세속적 정치적 기능을 한 몸에 지닌 지배자로서 제정일치의 장으로 존재하였다. 단군은 무당·하늘을 뜻하는 몽고어 텡그리라는 말과 서로 통하는 '제사장'이란 의미를 가지고 있고, 왕검은 정치적 군왕을 나타내는 '임금'을 뜻하고 있다. 단군왕검이란 어느 특정한 개인을 가리키는 것이 아니라 당시의 사회에서 통용되던 보통명사이었다. 따라서 단군왕검이란 칭호를 가진 자는 하늘로부터 받았다고 믿는 천(天)·부(符)·인(印)을 권위의 상징으로 삼고 종교행사를 주관하면서 현실의 지배자로 군림하였다.

단군신화에 나타난 당시의 사회는 가부장제이며 농경사회가 이루어지고 있으며 지배자가 등장하는 청동기시대 초기의 모습을 띠고 있다. 정치형태는 제정일치 사회로서 지배계급은 천손족(天孫族)임을 자처하거나 하늘이 보호하는 자임을 내세워 자신들의 지배를 신성화·정당화하였다. 따라서 신화가 당시 사회에서 수행한 역할은 인간세계의 이야기를 신들의 권위에 가탁하려 했다는 것이다.

(2) 고조선의 성립과 발전

고조선은 북방계통인 예족(濊族)과 맥족(貊族)이 기본주민을 구성하고 있는 남만주 요동일대를 중심으로 성립하였다. 이 지역은 일찍부터 농경이 발달하여 사회발전의 선진적 기반이 조성되어 있었다. 이 종족들은 언어와 풍속이 서로 비슷한 한 종족의 갈래로 한반도 서북부와 남만주의 발해만 일대에 흩어져 살고 있었다. 이 일대에 산재해 있는 고인돌을 보면 기원전 8세기를 전후하여 비파형동검의 청동기문화를 배경으로 하여 여러 소규모의 집단을 지배하였던 정치권력자가 등장하였음을 알 수 있다. 이 정치권력자가 막강한 권력자였음을 알려주는 것이 지금 요녕성 여대시대에 남아있는 강상(岡上)·누상(樓上)무덤이다. 왜냐하면 강상무덤에는 140여명, 누상무덤에는 100여명이 순장된 사실이 확인되었기 때문이다.

이렇게 등장한 여러지역 집단의 정치권력자들은 무기의 발달에 의한 전쟁으로 우세한 집단을 중심으로 정복·통합되어 하나의 큰 세력으로 발전하여 갔다. 조선이란 명칭은 이러한 과정에서 일정한 지역을 대표하여 나타난 정치체제의 명칭이었다. 중국 『관자(管子)』라는 책에는 조선이라는 이름의 나라가 제나라와 교역하였다는 기록이 보인다. 또 『산해경(山海經)』에는 조선이 발해만 북쪽에 위치해 있다고 하였다. 이러한 기록으로 볼 때 조선이란 요하유역에서 한반도 서북부에 걸쳐서 성장하고 있던 여러 집단을 통칭한 것으로 보인다.

하지만 초기에는 중심세력과 긴밀하게 결합하지 않고 종족·언어·문화계통이 동일한 점을 바탕으로 느슨하게 결합되어 있었다. 이러한 결합관계는 중국의 전국시대(B.C 6세기 중반~B.C 221) 이후 중국세력과의 대립속에서 점차로 강화되었다. 이후 기원전 4세기 무렵에는 여러 곳에 산재한 지역집단들을 대표하는 중심적인 정치체제가 등장하였다. 『삼국지

(三國志)』에 인용된 『위략(魏略)』에는 조선후(朝鮮侯)가 스스로 왕(王)이라 일컫고 군사를 동원하여 중국의 연(燕)을 공격하려다가 고조선 대부(大夫) 예(禮)의 만류로 그만두었다고 기록되어 있다. 이처럼 고조선은 기원전 4세기 후반 중국 전국칠웅(戰國七雄)의 하나인 연과 대립하고, 당시 중국인들이 "교만하고 사납다" 할 정도로 큰 세력을 가지고 있었다. 그러나 기원전 3세기 초에는 연의 장수 진개(秦開)의 공격으로 고조선 서방 2천리 영토를 빼앗겨 세력이 일시 약화되기도 하였다.

그후 전국시대의 분열을 끝내고 진(秦)이 중국을 통일하자 고조선은 진과의 충돌을 피하기 위하여 평화적인 관계를 맺었는데 조공을 바치지는 아니 하였다. 진이 2대 왕조만에 멸망하여 중국은 다시 여러세력들이 각축하게 되었는데 고조선과 경계를 이루고 있던 연과 제 지역 주민들이 부역과 전쟁동원을 피하여 고조선으로 이동하여 왔다. 이에 고조선에서는 이들을 서쪽 변경지역에 살게 하면서 서쪽지역으로 세력을 넓혀 나갔다.

진의 뒤를 이어 한(漢)에 의하여 중국이 통일되었는데, 고조선은 패수(浿水)를 경계로 하여 한과 접하게 되었다. 이때 한의 동북지역(옛 연의 땅) 왕으로 임명된 노관(盧綰)이 흉노로 망명하자 그 지방의 혼란이 가중되어 많은 유이민이 고조선으로 이주하여 왔다. 당시 위만(衛滿)도 천명의 유이민을 이끌고 고조선으로 이주해 왔는데, 고조선의 준왕(準王)이 그를 신임하여 박사(博士)라는 관직을 주고 서쪽 백리의 땅과 변방을 통치·수비하는 권한을 주었다. 그러나 위만은 이주민을 모아서 세력을 키운 후, 준왕에게 한의 군대가 쳐들어온다고 거짓을 보고 한 뒤 왕궁을 수비한다는 구실로 군대를 이끌고 왕궁으로 가서 왕를 내쫓고 정권을 차지하였다. 이에 준왕은 뱃길로 남쪽의 진국(辰國)에 가서 자리를 잡고 스스로를 한왕(韓王)이라 칭하였다 한다.

위만의 손자 우거왕(右渠王) 때에 이르러 고조선은 절정기를 맞이하였는데, 이때 남쪽의 진국을 비롯한 여러나라가 한과 직접 통교하는 것을 막고 중계무역의 이익을 독점하였다. 고조선의 이러한 태도에 한은 불만이 고조되었으나 북방 흉노로부터의 위협이 계속되어 섣불리 고조선을 공격할 수 없었다. 이때 예군(濊君) 남려(南閭)세력이 중계무역권을 독점하는 고조선에 불만을 갖고 한과의 직접연결을 시도하였다. 한은 이를 이용하여 창해군(滄海郡)을 설치하고 거점을 확보하고자 하였으나 실패하였다.

마침내 한은 흉노와 남월(南越)에 대한 원정을 마무리하고, 고조선을 무력 침공하기 시작하였다. 양국의 긴장감이 고조되자 한은 고조선이 흉노와 연결되는 것을 막고 고조선을 회유하고자 사신 섭하(涉何)를 파견하였다. 하지만 고조선의 거부로 성과를 보지 못하고 돌아가던 섭하는 패수를 건너기 직전에 배웅 나온 고조선 비왕(裨王) 장(長)을 살해하고 귀국하였다. 한은 섭하를 요동군 동부도위라는 관직에 임명하여 그 공을 치하하였는데, 바로 고조선이 군사를 보내어 임지에 부임한 섭하를 보복 살해함으로써 양국간의 긴장은 더욱 고조되었다. 이에 한의 무제는 5만명의 군사를 동원하여 수륙 양면으로 고조선을 공격하였다. 고조선은 한군을 맞아 첫 전투에서는 승리하였으나 계속되는 공격에 밀려서 수도 왕검성이 포위되는 상황이 되고 말았다. 그러나 고조선의 완강한 저항으로 전쟁은 1년이 지나도록 교착상태에 빠졌다.

1년간의 교착상태는 전쟁에 지친 고조선 지배층 내부에 동요를 가져왔다. 조선상(朝鮮相) 역계경(歷谿卿)은 강화를 건의했다가 우거왕이 거부하자 자신을 추종하는 무리 2천여호를 이끌고 남쪽의 진국으로 이주하였다. 또 조선상 노인(老人)·한음(韓陰), 니계상(尼谿相) 삼(參), 장군 왕겹(王唊) 등이 왕검성에서 나와 한군에 항복하였으며, 우거왕이 살해되어 왕자 장(長)도 한군에 투항하였다. 이러한 상황에서도 왕검성은 함락되지 않았다. 왜냐하면 고조선의 대신 성기(成己)가 성안의 사람들을 모아 끝까지 항전하였기 때문이었다. 이에 왕자 장과 노인의 아들 최(最)가

사람들을 선동하여 성기를 살해함으로써 기원전 108년 여름 왕검성이 마침내 함락되고 고조선은 멸망하고 말았다.

고조선 후기(기원전 3~2세기)에는 청동무기인 세형동검을 비롯하여 철제무기로 철기문화가 보급되어 무력이 강화되고 농업과 수공업이 더욱 발전하였으며 대외교역도 확대되었다. 그리하여 이때 중앙정부의 국왕은 중국 천자와 같은 권위를 가지고 있었으며 주변지역에 대한 지배력도 강화되었다. 기원전 2세기 무렵에는 국가체제를 갖추어 박사(博士)·비왕(裨王)·상(相)·경(卿)·대신(大臣) 등 중앙최고관직과 장군 등 무관직이 있었다.

고조선사회의 성격을 잘 나타내고 있는 것은 8조의 범금(犯禁)인데 현재 『한서(漢書)』「지리지(地理志)」에 다음의 3조만이 전하고 있다.

> 제1조 살인자는 즉시 사형에 처한다.
> 제2조 남에게 상해를 입힌 자는 곡물로써 갚아야 한다.
> 제3조 물건을 훔친 자는 데려다가 노비로 삼는다. 단 노비를 면하고자 할 때는 1인당 50만전을 내야 한다.

또한 이 책에서는 여자가 정절을 지키는 것이 고조선의 풍습임을 밝히고 있다. 따라서 부인들은 정숙하고 음란하지 않았다고 하는데 이것을 보면 간음을 금하는 조항이 하나 더 있었으리라고 추정된다. 8조의 범금은 고조선 사회에 있어서 공동사회 질서유지를 위한 규범이었다. 특히 절도죄는 중하게 여겼으므로 속전을 내고 자유민이 되더라도 이를 부끄럽게 생각하여 결혼상대를 구할 수 없었다고 한다. 이 때문에 고조선 사회에서는 남의 물건을 훔치는 일이 없고 밤에도 문을 닫는 일이 없었다고 한다.

2 | 고대국가의 형성

1) 부여

고조선이 멸망한 이후 유이민의 파동이 생기면서 철기문화가 급속히 보급되었다. 철기문화의 보급으로 친족공동체의 여러 부족국가가 생겨나게 되었는데 당시의 부족연맹체는 중앙집권적인 지배체제보다 부족자치적인 지배체제의 성격을 띠는 한계성을 가지고 있었다. 이러한 부족연맹 가운데 가장 먼저 성립되어 강력한 영도세력으로 성장한 것이 부여이었다.

중국 사서(史書)에 자주 등장하고 있는 부여는 예맥족(濊貊族)의 한 계통으로 기원전 2세기 경~기원후 1세기 초에 등장한 고조선 다음의 두 번째 국가이다. 연맹왕국 단계로 발전하고 있었던 부여의 활동무대는 중국 동북지방 송화강 유역의 장춘(長春)·농안(農安) 등이었다. 이곳은 넓은 평야지대로 3세기를 전후해서는 사방 2천리에 달하는 영역을 가지고 있었고, 오환·선비·읍루·고구려와 이웃하고 있었다. 부여는 총 8만호에 이르는 큰 부족연맹체를 이루고 있었으며 일찍부터 북방의 유목민족이나 고구려와 대항하기 위하여 중국과 통교하였다.

부여의 초기 정치체제는 부족연맹체적인 성격을 가지고 있었다. 이후 부여의 왕이 후한 광무제에게 사신을 보냈는데(기원후 49년), 이때부터 왕이라는 호칭을 사용하였다. 그러나 왕의 존재는 부족연맹체에서 선출되는 수장(首長)에 불과하였다. 날씨가 좋지 않거나 국가에 불길한 일이 생기면 그 책임을 물어 교체·살해되었다. 왕의 존재는 주술적 능력에 따라 가늠되었다. 2세기 초에 접어들면서 왕의 권한은 강화되기 시작하였고, 선출이 아니라 장자계승으로 왕권이 확립되어 갔다.

왕 아래의 관직으로는 마가(馬加)·우가(牛加)·저가(猪加)·구가(狗

加)·대사(大使)·대사자(大使者) 등이 있었다. 가(加)는 대가(大加)라고
도 하는데 각각 사자(使者)라는 가신(家臣)을 거느리고 일정한 지역에 대
한 지배권을 행사하는 족장의 성격을 지녔다. 관직 다음으로는 호민(豪
民)이라 부르는 주술사와 야장(冶匠)이라 부르는 기술자가 부락의 지배
계급을 형성하였다. 이들은 비단과 모피옷을 입고 갓을 섰으며 금과 은
으로 치장하는 등 부유한 계층이었다. 이들 아래는 일반 백성들이 있었
는데, 평상시 생업에 종사하다가 유사시에는 전쟁에 동원되었다. 최하층
계급인 노예는 몰락한 백성들과 전쟁노비들이 대다수를 이루었는데, 족
장과 호민들의 장례에 수십명씩 순장되었다.

부여의 사회조직은 법률조목에 의하여 조직적이고 체계적으로 운영되
었다. 살인자는 사형에 처하고 그 가족은 노비로 삼았으며, 절도를 한 자
는 물건 값의 12배를 변상케 하였다. 간음한 자는 사형에 처하고 시기가
심한 부인은 사형에 처하되, 그 시체를 수도 남쪽 산위에 버려서 썩게 하
였다. 특히 투기죄에 대한 가혹한 규정은 부여가 일부다처제의 가부장적
사회였음을 알 수 있다.

부여의 사회풍속으로는 형사취수(兄死娶嫂)가 성행하였다. 12월에는
영고(迎鼓)라 하여 추수를 마친 기쁨을 국가적인 축제로 진행하였다. 이
축제는 단순한 민속적 놀이의 기능뿐만 아니라 각 지역의 족장들이 모여
서 왕을 중심으로 주요문제를 협의하는 등 국가운영의 통합적 기능도 갖
추고 있었다.

3세기 후반에 들어서 중국의 한족세력이 약화되자 유목민족이 흥기하
였다. 285년 유목민족의 하나인 선비족(鮮卑族)의 모용외(慕容廆)가 부
여를 침공하여 수도가 함락되었고, 국왕 의려(依慮)가 자살하였다. 이에
왕실은 의라(依羅)가 왕위를 이어받고 북옥저(北沃沮)로 망명하여 진국
(晉國)의 도움을 받아 국권을 회복하려 하였으나 실패하였다. 이후 몇 차
레 선비족의 침입을 받고, 남쪽으로는 고구려로부터의 공격을 당해 국

운이 기울어져 갔다. 346년 선비족이 세운 전연(前燕)의 대대적인 공격을 받아 국왕 현(玄)을 비롯한 5만 여명의 백성이 포로로 팔려가는 수모를 당하였다. 왕실은 다시 본거지로 되돌아가 국가의 재건을 시도하였으나, 370년 이후 고구려의 보호에 들어가게 되고 겨우 명색만 유지해 갔다. 494년 물길(勿吉)이 변경지방에서 일어나 고구려 서북경을 공격하자 부여는 고구려로 망명하면서 역사 속에 묻히게 되었다. 부여는 700년이라는 기간 동안 존속했으나 한국사에서 차지하는 비중이 결코 작지가 않다. 왜냐하면 한국 고대사의 주인공으로 등장하는 고구려·백제가 모두 부여의 후손이었고, 백제의 마지막 수도였던 사비성(泗比城)은 현재까지도 부여(夫餘)라는 이름으로 남아 있기 때문이다.

2) 삼한

기원전 2세기 경 중국 동북지방에서 부여가 연맹왕국으로 발전하고 있을 때 한반도 남쪽에는 일찍이 진(辰)이라는 부족연맹체가 있었다. 그러나 진은 고조선 지방으로부터 계속된 선진문화권의 유이민으로 인하여 해체되었다. 이후 한반도 남쪽은 유이민과 토착세력이 결합하여 한(韓)이라 불리는 정치집단이 등장하였다. 한이라는 정치집단은 마한(馬韓)·진한(辰韓)·변한(弁韓) 등으로 나뉘는데, 기원전 2세기 초 중국사서에 등장하고 있다. 활동무대는 학설이 다양하나 대체로 마한은 경기·충청·전라도 지역, 진한은 낙동강 동쪽의 경상도 지방, 변한은 낙동강 서남쪽의 경상도 지방이었다.

삼한사회는 각각 수 십개의 국(國)으로 이루어진 정치집합체였다. 마한은 54개국으로 이루어졌으며, 진한은 6개국으로 시작하였다가 12개국으로 분열되었고 변한은 12개국으로 형성되었다. 전체 78개국 중에는 목지국(目支國)·백제국(伯濟國)·사로국(斯盧國)·구사국(拘邪國) 등과 같이 일찍부터 정치적 역량과 영역을 확보하여 국가형성단계에 들어갔던 세력도 있었지만 사서에 이름만 남기고 실체를 알 수 없는 미미한 세력도 많았다.

삼한사회의 인구는 마한의 경우 대국은 만여가(家), 소국은 수천가로 총 10만호였고 변한과 진한의 경우는 대국은 4~5천가, 소국은 6~7백가로서 총 4~5만호였다. 현재 삼한지역 주거지 발굴을 통해 한가(家)의 가족구성이 5명 내외임을 볼 때 만여가의 사회는 인구 5만명을 넘는 대규모 집단임을 알 수 있다. 따라서 소수의 대규모 집단이 주변 소국(小國)들을 정치·군사적으로 통합하면서 점차 고대국가 단계로 발전해 나갔다.

삼한의 지배체제는 국가수준에 이르지 못했지만 국가와 유사한 통치형태로 마한의 목지국은 진왕(辰王)이라는 존재가 있어서 예외이나 대부분은 왕에 이르지 못한 거수(渠帥)가 상층의 지배자였다. 이들의 이름은 마한의 경우 대자(大者)를 신지(臣智), 그 다음을 읍차(邑借)라 하였고 진한과 변한에서도 대자를 신지라 하고 그 아래에 험측(險側)·번예(樊濊)·살해(殺奚)·읍차가 있었다. 이들 지배계급을 장수(長帥)·주수(主帥)라 부르기도 하였고, 피지배계급으로 민(民)·하호(下戶)·노비(奴婢)가 존재하였다. 민은 농사를 지으면서 토착생활을 하였는데, 누에치기와 뽕나무치기를 하면서 면포를 만들었다. 민은 사회의 중심계층으로 생산경제의 기반을 형성하였으며 하호는 열세한 피지배계층이었다. 노비는 최말단 사회계층으로 신체적 자유가 구속되고 노동력 수탈의 대상이 되었다.

삼한의 경제체제에서 국읍의 주수는 읍락간의 교역과 소국간의 교류활동을 주관하여 경제적 지배권을 행사하였다. 따라서 국읍은 물자교역의 중심지가 되고 소국은 여러 가지 경제활동이 전개되는 독자적인 경제단위를 이루었다. 기본적인 생산경제는 오곡과 벼를 중심으로 하는 농경이었으며, 누에와 뽕을 쳐서 직물을 제작하기도 하였다. 농경과 아울러

소·말·돼지·닭 등이 사육되었는데, 특히 소는 비육적 성격보다는 축력을 이용하기 위한 용도로 사육되었다. 소는 밭을 갈거나 수레를 끄는데 주로 이용되었고, 제의적(祭儀的) 용도로도 쓰여졌는데 말과 함께 부장용으로 순장되는 경우도 있었다.

삼한의 생산물은 자급자족의 단계를 넘어서 교역의 매개로 사용되었는데, 대표적인 것이 변한의 철이었다. 변한의 철은 유명하여 중국과 북중국 등 여러나라의 인기품목으로 자리 잡았고 낙랑·왜와 교역을 할 만큼 유명하였다. 그리고 변한의 철은 중국의 화폐와 같은 기능을 가지고 있었다. 철 등의 잉여생산물 증가는 중국과 물자의 교역뿐만 아니라 문화의 수입과 선진문물의 보급을 가져왔다. 이는 삼한 지역에서 발굴되는 중국식 거울과 화폐가 이를 말해 주고 있다.

삼한은 각기 다른 사회조직임에도 불구하고 하나의 동일한 조직체로 보는 까닭은 같은 언어와 비슷한 문화를 가졌다는 데 있다. 삼한은 의식주 문화와 종교의식 등이 하나의 문화권임을 보여주고 있다. 이들은 금·비단보다도 구슬장식을 좋아하였으며, 장례 때 큰 새의 깃털을 함께 묻는데 이는 죽은 사람이 새처럼 날아가라는 뜻으로 사후의 영혼세계를 중요시하였다. 또 이들은 5월에 파종이 끝나거나 10월에 추수를 마치면 귀신에게 제사를 드렸고 모든 사람이 모여 춤과 술로 밤을 지새웠다.

삼한의 문화에서 주목되는 것은 천군(天君)과 소도(蘇塗)의 존재이었다. 천군은 제사장으로서 국읍에서 선출되었는데 5·10월의 농경의례를 주관하였다. 국읍에서는 각 읍락 간의 경계나 분파를 초월하는 종교의례를 통해 읍락 간의 유대의식을 높이고 읍락들을 통합하는 농경의례를 거행하였다. 전문적 제사장인 천군의 출현으로 원시적인 무격신앙(巫覡信仰)이 변하기 시작하였다.

즉, 스스로의 힘으로 신을 움직인다는 주술수로서의 임무보다도 신에게 기원하는 제사장으로서의 임무가 강화되었다. 이는 원초적 주술에서

제사의례로 변화해 감에 따라서 제정(祭政)이 분리되는 계기가 되었다. 소도는 각국의 별읍(別邑)을 가리키는데 이곳의 큰나무에 방울과 북을 매달아 귀신을 섬겼다. 소도는 신성구역으로 범죄자가 이곳으로 도망치면 붙잡을 수가 없었다. 소도는 천군이 농경의례와 제사의례를 주관했던 곳으로도 보이는데 이는 삼한 종교문화의 독특한 현상이었다.

3) 고구려

고구려는 압록강과 동가강 일대의 험한 산악지방을 근거지로 하여 삼국 중에서 제일 먼저 고대국가로 성장하였다. 그 주체세력은 B.C. 2세기경 이미 28만명의 커다란 연맹체를 형성하였다. 이후 B.C. 75년에 동방침입의 요로인 중국 통구방면에서 대두하여 현도군을 몰아낸 토착세력인 예맥의 세력기반에서 형성되었다.

한족과의 투쟁에서 성장한 고구려는 B.C. 3세기 경에 이르러 호수가 3만에 달하였다. 고구려는 이후 우세한 정치와 군사력을 바탕으로 중국의 직속령과 그 영향 밑에 있는 요하·송화강·대동강 유역 및 동해안 평야지역으로 진출하였다. 이 지역은 고구려를 비롯한 여러 정치체들이 중국의 군현과 대결을 벌이면서 연맹을 형성해 나가고 있었는데, 연맹체 중에서 주도권을 장악한 것은 비류국(沸流國)이었다. 그런데 고구려 계루부(桂婁部)의 주몽(朱蒙)이 등장하여 북방의 현도군을 몰아내고 새로운 지배자로 군림하였다. 이후 고구려는 강한 결속력으로 여러 연맹체를 지배하게 되었다.

연맹체 소국의 수장들은 점차 고구려 지배체제에 흡수되어 5부가 형성되었다. 5부는 계루부(주몽을 시조로 왕실을 이룸)·소노부(消奴部 ; 전 왕족)·절노부(絶奴部 ; 왕실과 대대로 혼인한 부족)·순노부(順奴部)·관노부(貫奴部) 등인데 고구려 고대국가 형성 초기에 지배자공동체로서 이를 통해 고구려는 고대국가로서의 토대가 놓이게 되었다.

태조왕 때 왕위의 세습을 확립하였으며 중국 군현과의 교섭권을 중앙에 귀속시켰고 주변 소국에 대한 복속화를 가속화시켜 나갔다. 그리고 국가의 중요사항은 왕의 독자적 결정이 아니라 왕실의 유력세력 및 제가(諸家)들과의 협의를 통해 이루어졌다. 이에 고국천왕은 왕실의 권력을 강화하기 위하여 노력하였다. 왕위의 세습에 있어서 형제상속에서 부자상속으로 전환하고 족제적 성격의 5부체제를 행정적 성격이 강한 5부조직으로 바꾸었으며 제가들이 지닌 군사권을 왕권아래로 복속시켰다. 미천왕 때에 이르러 왕권강화가 어느 정도 안정되자, 이를 토대로 하여 요동지역까지 진출을 시도하였고 313년에는 낙랑군과 대방군을 병합시킴으로써 한반도내에 있던 중국의 군현세력을 완전히 축출하였다.

미천왕도 고국원왕의 뒤를 이어 팽창정책을 계속하여 추진하였으나 전연(前燕)의 공격을 받아 수도가 함락되고 5만 여명의 백성이 끌려가는 참패를 당하였다. 이에 남쪽으로 눈을 돌려 백제를 공격하였으나 고국원왕이 전사하는 등 또다시 대패배의 수모를 겪었다. 이러한 국가적 위기상황에서 왕위를 물려받은 소수림왕은 율령을 반포하고 불교를 수용하였으며 태학(太學)을 설립하는 등 과감한 체제개혁을 통해 국가의 기강을 확립하였다. 소수림왕은 성문법을 갖춘 율령을 반포하여 왕권을 합법화하고 통일된 법체계에 의해 국가를 통치하고자 하였으며, 불교가 지닌 초부족적 정신세계를 통하여 잔존해 있던 각 부족의 분파성을 극복하고자 하였다. 또 태학의 설립은 유교적 학문을 기준으로 인재등용의 보편적 기준을 마련하고, 새로운 지배체제에서 관료층을 확보하기 위한 조처였다.

4) 백제

백제는 부여족 계통의 고구려 유민이 건국하였으며 마한연맹체 50여

소국들 중의 하나인 백제국(伯濟國)에서 성장·발전한 고대국가이다. 백
제는 지도자 온조(溫祚)를 중심으로 하는 집단이 남하하여 하북위례성에
십제(十濟)라는 나라를 세웠다. 이후 십제는 하남위례성으로 이동하여
미추홀에 정착한 비류계 세력과 연맹을 맺으면서 세력이 형성되었다. 십
제는 주변의 소국을 차례로 병합하면서 주도권을 장악하고 백제(百濟)라
는 이름으로 나라명을 바꾸었다.

고이왕 때 정치세력을 5부체제로 편제하여 중앙집권을 강화하였으며,
지방세력을 왕권 아래 복속시키기 위하여 6좌평 16관등제를 두어 중앙귀
족으로 흡수하였다. 이후 근초고왕 때에 이르러 확고한 고대국가의 기틀
이 마련되었다. 먼저 왕위계승에 있어 형제상속에서 부자상속으로 전환
시키고 유교를 수용하여 지배체제의 이념으로 적용하였다. 근초고왕은
안정된 왕권을 기반으로 고구려를 견제하고 동남쪽의 가야를 평정하는
등 팽창정책도 추진하였다.

그런데 고구려가 475년 침입하여 개로왕이 전사하고 한성이 함락되는
등 위기를 맞이하였으나 왕위에 오른 문주왕이 웅진으로 천도하여 나라
의 위기를 넘게 되었다. 그러나 한성에서 천도하여 온 귀족세력 간에
권력투쟁이 일어나 왕이 피살되었고, 문주왕에 이어서 즉위한 삼근왕도
3년만에 물러나는 등 정국의 정세가 불안하였다. 이후 동성왕이 즉위하
여 신라와 동맹을 맺고 고구려를 견제하여 왕권의 강화가 다시 이루어졌
으나 동성왕 역시 반란세력에 피살되어서 안정된 왕권의 확립은 무녕왕
때에 이루어졌다.

성왕이 즉위하여 538년에 수도를 사비(泗批)로 천도하였다. 성왕은 16
관등제와 22부를 중심으로 하는 중앙관부를 정비하였다. 성왕은 안정된
왕권을 바탕으로 하여 551년 고구려에 빼앗긴 한강유역을 되찾았다. 그
러나 한강유역을 553년에 다시 신라에게 빼앗겨 이를 회복하기 위하여
가야와 동맹을 맺고 신라를 공격하였으나 실패하였다. 이후 귀족세력의

힘이 강대하여져 기존의 5좌평제가 6좌평제로 확대되면서 국가운영의 핵심기구로 발전하였다. 600년대에 접어들어 무왕이 왕위에 올라 선화공주와의 결혼을 통한 신라와의 유대강화·미륵사 창건·익산천도 계획 등의 개혁정책을 추진하면서 실추된 왕권을 강화하기 위하여 노력하였다.

5) 신라

신라는 기원전 57년 진한(辰韓) 12개의 소국 중에 하나인 사로국(斯盧國)에서 발전하여 7세기 중엽 고구려와 백제를 평정함으로써 한반도내에 최초로 통일국가를 세운 나라이다. 성읍국가 시대 이후 경주지방에는 여러 곳에 소국들이 존재하고 있었는데 흡수·통합운동이 일어나 12개의 소국을 중심으로 진한 연맹체가 형성되었다. 진한 연맹체 중에서 사로국은 6개 촌장의 추대를 받은 박혁거세(朴赫居世)가 이끌어 갔는데, 당시는 최고지배자를 거서간(居西干) 또는 차차웅(次次雄 ; 제사장 의미)이라 하였다. 사로국의 연맹체는 박·석·김 등의 3씨가 교대로 지배권을 가졌는데, 3세기 말 까지 주변의 소국들과 끊임없는 충돌과 정복이 계속되었으나 주변 국가들에 대한 지배·복속의 정도는 미약하였다.

고구려가 4세기에 접어들어 중국의 군현을 물리치고 백제와 대립하자 사로국은 소국들을 통합하면서 4세기 중엽에 이르러 연맹왕국을 형성하였다. 이 때에 집권자를 지칭하는 용어가 대족장·대수장을 의미하는 마립간(麻立干)으로 변하면서 강한 권력자가 등장하였다. 내물마립간(356년~401년)은 그 첫번째 인물로 이때부터 김씨 성이 왕위를 계승하였다. 이후 사로국은 고구려의 지원을 받아 백제를 견제하고 경주를 중심으로 하여 통치체제를 정비하였다. 눌지마립간(417년~458년)은 고구려의 남하정책을 대비하기 위하여 백제와 군사동맹을 맺고 내부적으로는 중앙집권체제를 강화하는 등 여러 가지 정책을 추진하였다. 그리하여 5세기 무렵에는 강한 왕권을 상징하는 고총고분(高塚高墳)이 많이 세워졌다.

지증왕(500년~514년) 때 중앙집권적 귀족국가로서의 지배체제 형태를 갖추었으며, 중국의 정치제도를 받아들여 왕이란 호칭을 사용하고 국호를 신라라 하였다. 신라는 법흥왕(514년~540년)이 즉위하여 율령을 반포하고 중앙관부를 정비하는 등 법제화·조직화가 시행되어 한층 더 발전하여 갔다. 나아가 법흥왕은 건원(建元)이라는 독자적 연호를 채택하여 중국과 대등한 관계임을 대내외에 표방하였다.

6) 가야

경상도 지방은 일찍이 좋은 기후조건으로 농경생활이 발달하여 부를 축적한 세력이 많았다. 이들은 부의 과시로 거대한 지석묘를 세우는 등 지배계급으로 성장하였다. 기원전 1세기 무렵 위만조선 계통의 유이민들이 진한지역에 정착하여 발달된 철기문화를 바탕으로 정치조직체를 형성하였다. 경남 해안지방은 풍부한 철생산지였는데 이를 바탕으로 변한 소국(弁韓小國)들이 등장하였다. 가야는 이러한 소국들 중의 하나였으며 기록에 따라 가야(伽倻)·가라(加羅)·가양(加良)·구야(拘倻)·가락(駕洛) 등 다양한 이름이 나타나고 있다. 기원 후 2~3세기 무렵에 있어서 변한지역은 12개의 소국과 별읍이 있었고, 『삼국유사』는 6가야를 전하고 있지만 이들 가운데 가장 강성하였던 집단은 본가야(本伽倻)와 대가야(大伽倻)이었다.

본가야는 김수로왕(金首露王)이 기원전 42년에 건국하였는데 1세기경부터 풍부한 철생산을 바탕으로 중국과 왜 사이에서 중개무역을 하면서 성장·발전하였다. 4세기 말 백제가 왜와 동맹을 맺어 고구려의 남하정책에 대항하자 고구려는 신라와 손을 잡고 대응하였다. 이때 가야는 백제·왜 등에 동조하여 고구려의 침입을 받게되고 함안의 아라가야(阿羅

伽倻) 영토를 정복당하게 되었다.

5세기 중엽 이후에 또다시 고구려가 남하정책을 추진하자, 백제는 신라와 동맹을 맺고 가야를 끌어들여 대항하였다. 그러나 6세기 초 고구려가 한강유역을 점령하자 백제는 동맹관계를 맺어오던 가야를 공격하며 낙동강유역으로 진출을 시도하였다. 이에 위기의식을 느낀 대가야는 신라에 구원을 청하게 되었다. 하지만 신라는 법흥왕 때부터 남진정책을 추진하여 532년에 본가야를 병합하기에 이르렀다. 본가야 멸망이후 대가야도 562년 신라의 이사부(異斯夫)에 정복당하게 됨으로서 가야는 역사상에서 그 실체가 사라지게 되었다.

가야라는 나라는 역사상에서 사라졌지만 그 문화와 출신 인물들은 신라에 많은 영향을 남겼다. 우륵(于勒)이 신라에 전한 가야금은 대가야의 궁중음악이었으며 김유신·강수 등 가야 왕족 후예들은 신라의 진골귀족이 되어서 삼국통일을 달성하는데 크게 공헌하였다.

또 가야의 역사와 관계가 있는 것으로 일제가 한국침략을 정당화하기 위하여 만들어낸 임나일본부설(任那日本府說)이 있다. 이 이론은 허위·날조된 식민사관으로 일본의 대화왕조(大和王朝)가 4세기 후반~6세기 후반까지 경남지방의 가야에 임나일본부라는 식민지 관청을 두어 통치했다는 것이다. 그러나 한국 역사학계의 객관적 연구를 통하여 이 이론의 허구성이 지적되었고, 4세기 중엽의 동아시아 정세에서 한반도의 정치세력은 일본보다 앞서 있었다. 따라서 일본이 한국을 200년 동안이나 지배했다면 그것에 합당한 유물·유적이 발굴되어야 하는데, 출토물이 나오지 않는 것으로 보아 이 이론은 날조되었음이 분명하다. 또한 일본이라는 국호도 7세기 경에 가서야 비로소 등장하였다.

3 | 삼국의 발전

1) 고구려

고구려는 미천왕대 이후 중앙과 지방의 통치조직을 새롭게 정비해 나
가면서 중앙집권적 국가체제를 확립하여 갔다. 먼저 초기의 정치체제
는 중앙정부 아래 5부가 예속되고 5부는 각각의 관인조직을 거느려 독자
적인 정치체로서의 기능과 역할을 하였다. 중앙정부는 왕 아래 상가(相
加)·대로(對盧)·주부(主簿)·우태(優台)·사자(使者)·조의(皂衣)·
선인(先人) 등이 있었고 관직으로는 좌보(左輔)·우보(右輔)·국상(國
相)·중외대부(中畏大夫) 등이 있었는데 이들이 국내를 통괄하였다. 중
앙정부는 대체로 국가의 중대한 외교·군사·무역 등 대외관계를 관장
하였고, 그 밖의 일은 5부에 일임하였다. 이러한 관료조직을 일원화하고
5부의 자치권을 축소시키면서 중앙집권적 국가체제가 정비되어 갔다.

또한 거대화된 국가조직을 종래의 공동체적인 관습조직으로 이끌어
갈 수가 없었으므로 중앙관제의 정비와 지방통치체제의 확충은 필수 불
가결한 요인이었다. 고구려의 관등은 형(兄)과 사자(使者)를 중심으로 성
립되었다. 형은 친족사회의 연장자와 종족내의 족장과 장로를 의미하는
것으로 3세기 말부터 대형(大兄)·소형(小兄)·태대형(太大兄) 등이 알
려져 있으나 어떠한 성격을 갖는 관직인지 분명하지는 않다. 사자는 고
구려의 정복지역이나 지방에서 조세와 공납을 거두어들이는 행정실무관
료를 지칭하였다.

이것을 볼 때 고구려의 관등조직은 각 지역 족장세력을 중앙정부 아
래 일원적인 체계로 편제하고 확대된 영토의 수취체제를 정비하는 과정
에서 만들어졌음을 알 수 있다. 관직은 외국손님의 접대를 맡았던 발고
추가(拔古雛加)와 성격을 알 수 없는 국자박사(國子博士)·대학사(大學

士)・사인(使人)・통사(通使)・전객(典客) 등이 있었다. 행정관청으로는 소수림왕대 유교 교육기관으로 설치한 태학(太學)과 천남생(泉男生)의 묘지명에 보이는 중이부(中裏府) 정도이다.

고구려의 왕도조직은 5부제였는데 족제적 성격을 갖춘 행정조직이었다. 5부제를 운영한 것은 귀족회의체인 제가회의(諸加會議)였다. 의장은 국상(國相)이 맡고 임기는 종신제였으나 광개토왕・장수왕 때 강력한 왕권이 확립되면서 대로가 의장을 맡고 임기를 3년 1대로 하여 왕이 임명하였다. 지방통치방식은 초기 중앙의 간접통치에서 관리를 파견하여 관리하는 직접통치방식으로 전환되었다. 지방은 성을 단위로 편제되었는데 성들은 군사적・행정적 중요성에 따라 4등급으로 구분되었다. 지방에 파견되는 관리의 관직도 각기 달랐는데 보장왕(642년~668년) 때 176성 69만여호의 인구가 있었다고 한다.

군사제도는 무관의 사령관에 해당하는 대모달(大模達)과 그 아래 말객(末客)이 병사 천명 정도를 지휘하였고, 욕살(褥薩)은 왕도 5부의 장으로서 왕도 수비의 책임자였다. 군부대를 당(幢)이라 불렀는데 집집마다 모두 갑옷과 병기를 가지고 있다가 유사시 전쟁에 동원되었다고 한다. 사회구성은 지배계급인 귀족과 일반 평민인 민호(民戶) 및 최하층 계급인 노비로 구성되었다.

고구려 광개토대왕비

◆◆◆◆

고구려성, 만리장성으로 둔갑하다

인류 최대의 토목공사라고 불리는 중국의 만리장성, 유네스코가 지정한 세계문화 유산으로 2000년이 넘는 역사를 자랑한다. 그런데 중국은 2009년 9월 명대 만리장성을 연장하겠다고 밝혔다. 새롭게 선포한 만리장성의 동쪽 끝은 압록강변의 동산시 호산성이다. 이 기준에 따르면 명대 만리장성은 압록강까지 이르게 된다. 국내학계는 즉시 반발했다. 명나라 시대 만리장성이 압록강변 호산에 이르렀다고 주장하는 중국, 만리장성은 고구려와 어떤 관련이 있는 것일까?

신의주가 마주 보이는 압록강변 단동시, 압록강변을 따라 15km를 따라 달리면 문제의 호산산성이 나타난다. 압록강과 애하가 합류하는 위치에 있는 호산. 호랑이가 누워있는 형태라 해서 호산이라 부른다. 중국은 이 일대에서 명나라 때 만리장성의 옛터를 발견하고 그 위에 성을 복원했다고 주장하고 있다. 현재 성이 들어선 구간은 1,2km, 앞으로도 복원공사를 계속할 예정이다.

그런데 중국이 새로 쌓은 성벽 아래 동북방향으로 고구려식 석축이 있다. 쐐기 모양의 돌을 '品' 형태로 쌓는 전형적인 고구려식 축성법, 성벽과 같은 방법으로 조성한 직경 4미터의 유물은 중국학자가 쓴 발굴기록까지 존재한다. 그러나 단동시는 이 모든 기록을 무시한 채 90년대 초반부터 호산에 장성 신축을 시작하였고 원래 있던 고구려 관련 표식을 모두 철거하고 호산에 '호산장성'이라는 새 이름을 붙였다. 그러나 구당서와 삼국사기를 근거로 찾아낸 이 성의 이름은 고구려 박작성. 이곳은 고구려 해양방어체계의 핵심 거점이었다.

중국은 호산에서 만리장성의 석축을 발견했다고 주장하면서도, 제대로 된 발굴 보고서를 공개하지 않고 있다. 명대 초, 북방의 여진과 몽골을 방어하기 위해 산해관에서 압록강변까지 구축했던 방어선 요동변장을 만리장성이라고 주장하는 중국. 목책과 토담, 석책까지 만리장성의 일부라고 주장하고 있다. 중국은 또다시 통화현에서 만리장성의 유적을 추가로 발견했다고 발표했다. 통화현은 집안 환인과 함께 고구려의 대표적 발흥지이다. 만리장성의 하나로 지목된 남대자성을 일대 주민들은 '고구려성'이라고 불러왔다.

중국의 성으로 변한 우리의 고구려성. 중국은 왜 역사를 왜곡하는 것일까. 중국은 50개가 넘는 민족으로 구성된 다민족 국가이다. 중국의 소수민족의 역사를 자신의 역사로 편입하여 하나의 중국을 만들려는 속셈을 가지고 있다. 그런데 문제는 소수민족에 조선족, 즉 우리 민족이 들어간다는 사실이다. 그 결과 중국은 조선족의 역사, 즉 우리의 역사를 중국사에 포함시키려 하고 있다. 그 노력은 고조선과 부여, 고구려, 발해가 중국의 역사라고 주장하는 것으로 나타나고 있다. 바로 동북공정이 그것이다.

우리가 무관심한 사이, 중국은 우리의 역사를 빼앗아 가고 있다.

고구려는 대중국 강경노선을 견지하여 598년 수나라를 공격하였다. 이후 당나라가 건국되어 645년 당태종이 침공하자 양만춘이 안시성전투에서 패퇴시키는 등 당당히 맞서왔다. 그러나 당나라가 신라와 동맹을 맺고 백제를 멸망시킨 후, 소정방이 이끄는 당군이 661년 8월 수도 평양성을 포위하고 침공을 감행하게 되자 고구려는 위기위식이 고조되었다. 이에 연개소문은 당군을 공격하여 승리하고 662년 3월 소정방의 2차 평양성 공격도 막아내었다.

연개소문은 쿠데타를 통하여 집권한 인물로 고구려의 실질적 지배자이었고 막강한 권력을 행사하면서 여러 차례의 국가적 위기를 극복하였던 인물이었다. 666년 연개소문이 병으로 사망하자 후계자를 둘러싸고 아들 3형제 간에 권력투쟁이 일어나 장남 천남생(泉男生)이 당에 투항하는 등 지배계급내의 분열이 발생하였다. 이러한 상황하에서 신라가 당에 고구려의 토벌을 요청하자 다시 원정길에 나서 667년 9월 나당연합군의 1차 침입으로 고구려는 군사상 중요 요충지 신성(新城)을 빼앗기게 되었다. 668년 2월 나당연합군은 2차 침입을 시작하여 고구려 북쪽의 옛 부여 땅을 공략하였다. 이리하여 고구려는 나당연합군의 2차례에 걸친 침입으로 광활한 만주지역을 모두 빼앗기게 되었다.

나당연합군은 3차 침입을 시도하면서 협공을 시작하였다. 북쪽에서는 당의 총사령관 이세적(李世勣)이 공격해 내려오고 남쪽에서는 신라의 김인문(金仁問) 장군이 공격해 올라왔다. 마침내 평양성이 포위된지 한달만인 668년 9월 연개소문의 둘째아들인 천남건(泉男建)이 패배하면서 고구려는 멸망하고 말았다. 700여년 동안 한반도와 만주를 무대로 용맹한 기개를 떨치면서 성쇠를 누려왔던 고구려는 나당연합군의 무력에 의한 굴복 보다는 오히려 지배층 내부의 분열에 의하여 멸망되었던 것이다.

평양성을 함락시킨 당군은 이곳에 군사 2만명을 주둔시키고 안동도호부를 설치하여 고구려에 대한 지배권을 강화하였다. 그리고 고구려 전국을 9도독부 46주 100현으로 나누고 고구려 유민 중에서 대표자를 임명하였으나 실질적으로는 당나라 관리를 파견하여 통제하였다. 또한 전체 호수의 5%에 해당하는 고구려 유민 2만 8천여 호를 중국땅으로 강제이주시켜 고구려 부흥운동을 차단하고자 하였는데 오히려 강한 저항감을 불러 일으켜 부흥운동이 일어나는 계기가 되었다.

고구려 부흥운동 초기에는 신라의 도움으로 승리를 거두었으나 전열을 정비한 당군의 공격으로 다시 밀리기 시작하였다. 여기에 안승이 검모잠을 살해하는 등 부흥군 사이에 내분이 생기면서 전력이 약화되었고, 673년 당군에 크게 패퇴한 후 안승은 신라에 귀속해 버려 고구려의 부흥운동은 사실상 종결되어 버렸다. 이후 고구려의 유민들은 각지로 흩어지면서 신라에 편입되거나 일부는 몽고고원의 돌궐지역에 이주하였다. 한편 당나라로 강제이주 당하였던 고구려유민들은 당나라의 정국이 어수선하여지자 696년 말갈족과 함께 탈출하여 동부만주에 자치집단을 건설하였다. 이에 만주지방에 흩어져 있던 고구려유민들이 급속히 합세하여 국가를 세우니 그 나라가 바로 발해이었다.

2) 백제

백제가 연맹왕국 단계에서 토족세력을 5부 체제로 흡수하여 온조계 세력을 중심으로 통치체제와 군사조직을 일원화해 나가면서 중앙집권적 체제의 기반을 갖춘 것은 고이왕 때(234년~286년)이었다. 고이왕은 관등제를 마련하여 지방의 독립성을 통제하고 토족세력들을 귀족으로 편입시켰다. 이때 만들어진 관등이 좌평(佐平)·솔계(率系)·덕계(德系) 등이었는데 귀족들에게 알맞은 관등을 부여함으로써 중앙집권적 체제에 복속시켰다. 좌평은 귀족회의의 의장과 같은 지위로서 고구려의 국상과 같았다.

백제 금동대향로

　　그러나 중앙에서 지방에 관리를 파견하여 직접통치하는 단계에까지는 이르지 못하였다. 근초고왕때에 접어들어 관등·관부·관직 등이 마련되었고 사비천도 이후에 백제통치의 근간이 된 6좌평·16관등·22부제가 이루어졌다. 6좌평은 내신(內臣)·내두(內頭)·내법(內法)·위사(衛士)·병관(兵官)·조정좌평(朝廷佐平) 등으로 구성된 최고 귀족회의체였다. 6좌평은 회의를 통해 국가의 중대사를 결정하고 담당분야를 맡아 국사를 처리하였다. 16관등 중에서는 좌평과 솔계·덕계 등이 상층을 이루고 좌군(佐軍)·진무(振武)·극우(剋虞) 등이 하층을 이루었다. 16관등은 등급에 따라 복색과 관대(冠帶)의 색깔이 달랐다. 22부는 왕실사무를 관장하는 내관 12부와 행정실무를 담당하는 외관 10부로 구성되었다. 외관 중에서 사군부(司軍部)·사도부(司徒部)·사공부(司空部)·사구부(司寇部)는 행정 핵심기구로서 군사·재정·교육·형벌 관계의 일들을 관할하였다.

　　특히 근초고왕때에는 삼국 중에서도 독특한 제도인 담로체제(檐魯體制)를 운영하였다. 이 제도는 지방생산물을 수취하고 지방의 통제력을 강화하기 위하여 시행되었다. 지방의 담로는 왕족 출신과 유력한 귀족가문 출신자들이 파견되었다. 웅진으로 천도한 이후 담로 수는 22명이었으나 수도를 사비로 옮긴 후(538년) 지방통치를 더욱 강화하기위하여 방(方)·군(郡)·성(城) 체제로 전환하였다. 방은 동서남북과 중앙에 설치한 행정구역으로 방령(方領)과 방령을 보좌하는 방좌(方佐)가 파견되었다. 군은 전국 37개 지역에 설치되었고, 1개군에 3명의 군장(郡將)이 파견되었다. 방과 군의 위치는 대등하였으나 군은 방의 군사적인 통제를 받았다. 방과 군의 직접적인 관할하에 있었던 성은 백제 전역에 200~250개 정도가 있었고, 소성(小城) 또는 현(縣)이라고도 불리었는데 도사(道

使)가 최고관리이었다. 촌(村)은 지방행정 조직의 최말단으로 700개의 촌이 존재하였다.

백제의 지배신분층은 왕족과 대성팔족(大姓八族)이었다. 대성팔족은 사(沙)·연(燕)·백(苩)·해(解)·진(眞)·목(木)·협(協)·국(國) 등 8성이었다. 온조계가 백제의 왕실을 이루고 한성시대 전기에 진씨가 가세하고 후기에는 석씨가 가세하면서 형성되기 시작하였다. 이후 중앙집권화가 이루어지면서 지방세력이 중앙귀족으로 흡수되어 대성팔족이란 최고 지배계층이 만들어졌으며 국가의 관등체계도 이들을 중심으로 편제되었다. 백제의 관등은 한성 천도 이후 문독(文督)과 무독(武督)이 신설되면서 16관등제로 완비되었다. 최고 관등인 1품을 좌평이라 하고 2품~6품까지는 솔(率), 7품~11품까지는 덕(德)이라는 어미로 관등명이 붙었으며 12품은 문독이고 13품 이하는 무관의 관등이었다. 관등에 따라 복색과 관식(冠飾), 대색(帶色)이 차별화되어 자복(紫服)과 비복(緋服) 및 청복(靑服)의 순으로 상하가 명확히 구분되었다.

지배신분층 밑에는 일반 백성으로 농민이 있었다. 이들은 소규모의 토지를 소유하면서 국가의 수취체제와 군사제도의 충원대상이 되었다. 농민 밑으로 최하위 신분층인 노비를 들 수 있다.

백제의 성왕은 551년에 고구려에 점령당하였던 한강유역을 되찾았으나 신라가 553년에 이곳에 한산주를 설치하고 동북부 6군에 대한 공격을 감행하여 다시 한강유역의 영토를 잃어버렸다. 이리하여 120년간 지속되었던 나제동맹은 한순간에 사라지고, 이제 백제의 적은 고구려가 아니라 신라로 바뀌게 되었다. 위덕왕(554년~598년)이 즉위하여 신라에 대하여 보복공격을 단행하였으나 왕권이 안정되지 못하여 실패에 그치고 말았다. 이후 무왕(600년~641년)이 즉위하여 내정의 안정과 왕권의 강화에 치중하고 이를 바탕으로 신라를 12차례나 공격하는 성과를 거두었다.

무왕의 뒤를 이어서 해동증자(海東曾子)라 불렸던 의자왕이 즉위하였다. 의자왕은 신라의 대야성를 비롯한 40여성을 함락시키고 고구려와 제휴하여 당과 교류하는 신라의 교통로인 당항성을 협공하는 등 20년 재위기간 동안 신라 침공을 28회 이상 단행하였다. 하지만 신라침공의 국력소모에도 불구하고 655년에 이르러 거대한 규모의 태자궁을 건축하고 화려한 연회를 매일 베푸는 등 타락상이 나타나기 시작하였다.

반면에 신라의 태종무열왕은 대야성 참패이후 백제를 멸망시키기 위하여 당나라에 지원을 요청하자 당나라가 받아들임으로서 나당연합군이 결성되고 백제 정벌이 시작되었다. 당은 고구려를 제거하기 위한 방편으로 먼저 백제를 공격한다는 방침이 신라와 부합되어 660년에 소정방이 이끄는 13만의 군대를 파견하였다. 여기에 대장군 김유신이 이끄는 신라군 5만명이 합세하여 백제 사비성을 공격하였다. 국가기강이 무너진 백제는 계백장군이 이끄는 5,000명의 결사대가 항전하였지만 20여일만에 신라에 점령당하였고 31왕 678년의 백제역사는 종말을 고하게 되었다.

사비성이 함락된 직후 남잠성(南岑城)·진현성(眞峴城) 등을 중심으로 백제 부흥운동이 전개되었다. 이 운동의 주도인물들은 복신(福信)·흑치상지(黑齒常之)·도침(道琛) 등이었다. 흑치상지는 임존성을 근거지로 하여 10여일 만에 3만명의 병력을 재편하고 당을 물리치는데 혼신의 힘을 기울였다. 왜냐하면 당을 물리쳐야만 신라를 반격할 수 있다고 판단하였기 때문이었다. 복신과 승려인 도침은 주유성에서 군사를 일으켜 사비성 탈환에 나섰으나 조직적인 공격이 이루어지지 못하였다. 662년에 접어들어 왜에 가 있던 왕자 풍(豊)을 왕으로 추대하면서 각지에 흩어져 있던 군사세력들을 하나로 규합할 수 있었다.

그러나 이러한 백제의 부흥운동은 주도세력들의 내분으로 인하여 좌절되고 말았다. 복신이 도침을 살해하고 권력을 잡은 후, 풍왕까지 제거하려다가 오히려 풍왕에게 살해당하였다. 풍왕 혼자의 힘으로 나당연합군의 공격을 받아 왕은 고구려와 왜에 구원을 요청하였으나 왜군이 구원하러 오는 도중에 당군의 공격을 받아 구원이 실패로 돌아가게 되었다. 이후 나당연합군이 그 여세를 몰아 백제 부흥군의 근거지였던 주류성을 공격하자 풍왕은 고구려로 피신하였고 백제 부흥 운동은 실패하게 되었다.

3) 신라

내물마립간 이후 김씨세력이 독자적으로 왕위를 계승하면서 중앙집권적 체제를 갖추기 시작하였다. 김씨세력들은 각 지역에 있는 지방세력을 경주로 이주시키고 이들에게 관등과 관직을 부여한 후 중앙의 지배 아래 복속시켰다. 지방세력을 중앙으로 흡수하는 과정에서 귀족회의체의 성격을 가진 6부체제가 형성되었다. 6부는 양부(梁部)·사양부(沙梁部)·목피부(木彼部)·한기부(漢祇部)·습비부(習比部)·점양부(漸梁部) 등으로 신라 정치운영의 중심이었다. 화백회의(和白會議)라 불리는 귀족회의는 민장일치를 원칙으로 하였다. 초기에 의장인 갈문왕(葛文王)이 상당한 권한을 가졌으나 중앙집권체제가 확립되면서 상대등(上大等)이 설치되어 의장으로서의 기능과 권한이 약화되었다.

신라가 중앙집권적 귀족국가로서 기반을 마련한 때는 6세기초 지증왕이 즉위하여 마립간 대신에 중국식 왕이란 호칭을 사용하면서부터이다. 지증왕은 중국에 사신을 파견하여 중국의 정치조직을 받아들이는 한편 지방통치를 강화하기 위하여 주군제도를 시행하고 중앙에서 지방관을 파견하였다. 법흥왕 때(520년)에 이르러 율령을 반포하여 백관의 공복을 제정하고 17관등을 규정하는 등 국가조직을 법제화시키면서 중앙집권체제가 한층 강화되었다. 동시에 불교를 공인하여(528년) 중앙집권체제의 왕권을 뒷받침하는 통치이념으로 삼고자 하였다. 이후 진흥왕때(540년~576년)는 율령체제를 바탕으로 대외 정복활동에 치중하여 신라의 영토가 확장되었다. 진흥왕은 불교에서 말하는 이상적 군주인 전륜성왕(轉輪

聖王)에 자기자신을 대비시켜 왕실의 권위를 확립시켜 나갔다.

　신라의 중앙통치조직은 6부체제를 확대시켜 17관등을 확립하였다. 제1관등인 이벌찬(伊伐湌)에서 17관등인 조위(造位)에 이르기까지 17등급으로 구분하였다. 행정기관으로는 병권을 관장하는 병부(兵部), 관리를 감찰하는 사정부(司正部), 재정을 담당하는 품주(稟主), 인사를 맡은 위화부(位和府), 의례와 교육을 처리하는 예부(禮部), 관리들의 논공행상을 담당하는 상사서(賞賜署), 국왕의 근시기구(近侍機構)라 하여 왕의 측근에서 자문과 보좌역할을 하는 관직 등이 있었다.

　지방통치는 6부의 유력세력을 이용한 간접지배방식으로 유지되었다. 지증왕때에 이르러 지방관을 파견하여 직접통치하는 방식으로 지방제도가 정비되었다. 지방제도는 성과 촌을 기본단위로 하고 광역의 행정구역으로 군과 주가 설치되어 중앙에서 관리를 파견하여 관리하였다. 그리고 영향력 있는 지방사회의 재지세력을 흡수하기 위하여 외위제도(外位制度)를 시행하였다. 외위제도는 11등급으로 나누고 지방관을 보좌하게 하였는데 이들을 촌주(村主)·사인(使人)·군사(軍師)라고 불렀다.

　군사조직으로 군부대의 명칭을 당(幢)·정(停)이라고 하였다. 각 주마다 군단을 설치하여 6정이 있었고, 그 밖의 군사조직으로 법당(法幢)과 국왕을 보위하는 시위부(侍衛府) 등이 있었다. 군사조직의 군사는 백성들이었으며 3년 정도의 병역의무가 있었다. 여기에 화랑제도는 청소년조직으로 무사도를 바탕으로 삼국전쟁을 승리로 이끄는데 일정한 역할을 하였다.

　신라의 골품제도(骨品制度)는 연맹왕국에서 중앙집권체제로 강화되면서 지방의 유력세력들을 흡수하여 중앙귀족으로 재편성한 후 시작된 것으로 6세기 초에 율령을 반포하면서 법제화되었다. 골품제도는 신라사회를 규제하는 기본 골격으로 삼국통일을 거쳐 약 400년간 신라사회를 지배하였다. 골품제도는 사회신분제로서 정치적·사회적 모든 분야에서 특권과 제약이 뒤따랐다.

그 구성을 보면 성골(聖骨)과 진골(眞骨) 및 6두품(頭品)을 포함하여 8개 계급으로 구분되었다. 성골은 왕이 될 수 있는 자격을 가진 최고의 신분이었으나 진덕여왕을 끝으로 소멸되었다. 이후 태종무열왕 때부터 진골이 왕위에 오르기 시작하여 신라가 멸망할 때까지 계속 이어갔다. 6두품은 관직에 나아갈 수 있는 6·5·4 두품과 관직에 나아갈 수 없는 3·2·1 두품으로 나뉘었다.

6두품은 진골 바로 아래 신분이었지만 관리로서 장관이나 지휘관 같은 높은 관직에는 득난(得難)이라 하여 쉽게 오를 수 없었다. 그리하여 6두품 출신들은 관리가 되는 것을 포기하고 일찍부터 종교와 학문에 몰두하였다. 그 대표적인 인물이 원효(元曉)와 최치원(崔致遠)이다. 3두품 이하는 일반평민으로 신분적인 구분이 있었으나 점차 구분의 의미가 사라졌고, 두품이 주어지지 않은 노예는 귀족이나 관청에 예속되어 신라 최하층의 신분을 이루었다.

4 | 삼국의 문화

1) 불교의 수용

삼국이 고대국가 체제를 갖추어가는 과정에서 공통적으로 나타나는 특징은 불교를 수용하였다는 것이다. 불교를 처음으로 공인한 국가는 고구려로 372년에 전진왕(前秦王) 부견(符堅)이 사신과 함께 승려인 순도(順道)를 파견하였다. 이 때 고구려에 불교의불상과 경전이 전하여졌다. 이후 374년에 승려 아도(阿道)가 고구려에 왔는데, 375년 고구려에서는 성문사(省門寺)와 이불란사(伊弗蘭寺)를 건축하여 순도와 아도를 각각 머무르게 하였다. 불(佛)·법(法)·승(僧)이 모두 갖추어진 고구려에서는 392년에 '불교를 숭상하여 복을 구하라'고 하는 왕의 교서가 반포될 만큼 국가적 차원에서 불교가 크게 융성하였다.

백제는 384년 동진(東晉)으로부터 인도 승려 마라난타(摩羅難陀)가 입국하여 불법을 설파하였다. 이후 마라난타는 백제의 국왕으로부터 극진한 예경(禮敬)을 받았다. 백제는 385년에 절을 세워 승려 10명을 머물게 하였으며 392년에는 불법을 받들라는 국왕의 하교가 내려졌다. 신라는 귀족세력들의 반대에 부딪혀 불교를 받아들이지 못하다가 527년 법흥왕 때 이차돈(異次頓)의 순교로 공인을 선포하였다. 그러나 신라는 공인 이전에도 적지 않은 승려가 포교활동을 전개하였다. 이 중에서 인도 승려인 아도는 얼굴이 검다고 하여 묵호자(墨胡子)란 별명을 가지고 선산지방의 모례가(毛禮家)에서 활발한 포교활동을 전개하였다.

삼국사회는 불교가 전파되기 이전 무속신앙이 지배하고 있었다. 따라서 연맹왕국 단계에서 중앙집권체제를 이룩하기 위해서는 불교 같은 융합적·통일적 사상이 무엇보다도 필요하였다. 왜냐하면 불교는 불법 앞에 모든 중생이 평등하며 부족과 종족을 초월하는 통일적 교리와 사상을 지니고 있었기 때문이었다. 이러한 상황에서 국왕과 귀족세력 간의 마찰은 극심하였고, 그 결과 이차돈의 순교 같은 사건이 발생하게 되었다. 이후 불교를 공인한 삼국은 국가불교라고 말할 만큼 국가적인 장려와 지원을 아끼지 않았고, 각지에 대규모의 사찰을 건립하였다. 고구려는 수도 평양에 9개의 사찰을, 백제는 미륵사를, 신라는 흥륜사를 비롯해 이후 황룡사까지 막대한 국력을 사찰건립에 치중하였다. 특히 신라는 국왕 자신이 독실한 불교신자로 법흥왕에서 진덕여왕에 이르는 6대140년간은 불교식 왕명시대(王名時代)을 이어갔다.

삼국시대 불교의 특징은 당시 전래해 오던 무속신앙을 배척하지 않고 흡수·화합해 갔다는 것이다. 이것은 지금도 무속신앙의 요소인 장승이라든가 산신각·칠성각 등이 사찰내에 있고 각종의 불화에 무속적 영향이 남아 있는 것으로도 알 수가 있다. 반대로 무속신앙에도 불교적 요소가 다분히 존재하여 무교와 불교는 상호 영향을 주었음이 분명하다. 이리하여 삼국시대의 불교는 점차 국가불교에서 기층사회에 뿌리를 내리며 민중불교로 발전하여 갔다.

2) 유교와 도교의 수용

삼국시대에 있어서 불교가 정신사상과 국가이념으로 작용하였다면 유교는 국가의 제도와 문물을 정비하는데 일정한 역할을 하였다. 삼국시대에 유교가 본격적으로 수용된 것은 귀족사회의 상하질서를 유지하는 사회도덕으로 채택되면서부터이다. 고구려는 372년에 태학(太學)을 세워 중앙의 귀족자제에게 유교를 가르쳤고, 지방에는 경당(扃堂)을 두어 평민자제를 교육시키고 독서와 활쏘기를 가르쳤다. 태학에서는 박사(博士)가 교육을 담당하였는데 말기에 가서 국자박사(國子博士)·대학사(大學士) 같은 교수직도 있었다. 백제에도 박사라는 관직이 있었고 아직기(阿

直岐)나 왕인(王仁) 같은 학자가 일본에 유교를 전할 만큼 학문적 발전을 이루었다. 백제의 사람들은 유교의 경(經)·자(子)·사(史) 등을 읽었다고 한다. 신라의 화랑도 정신속에서 유교의 충과 신의 정신을 찾을 수 있고, 원광의 세속오계나 임신서기석(壬申誓記石) 등에도 유교정신이 나타나고 있다.

도교는 신선사상·노장사상·불교·유교 등이 혼합된 종교로 삼국시대 이전 전래되어 오다가 고구려를 통해서 본격적으로 수용되었다. 도교가 전래되기 이전부터 고유한 신선사상과 산악숭배사상이 존재하고 있었다. 고구려의 경우 각지의 벽화고분 속에 천인과 선인 등의 모습이 보이고 있고 말기에는 도참설로 무장한 오두미도(五斗米道)가 크게 성장하였다. 특히 연개소문은 도교를 숭상하여 국교로 채택하려 하였으며 이후 중국에 도사를 파견 요청하고 도교를 장려하였다. 이렇게 도교를 숭상하자 고구려의 보덕(普德)과 고승은 크게 반발하여 백제로 망명하였다고 한다.

백제도 4세기 중엽이전부터 장생불사(長生不死) 사상과 방술(方術) 등이 널리퍼져 있었다. 백제는 634년 궁궐 남쪽에 연못을 조성하면서 못 가운데 신선이 산다는 방장선산(方丈仙山)을 섬으로 만들었다. 또한 백제 기와벽돌인 산경전(山景塼)에는 신선사상을 나타내는 무릉도원의 그림이 그려져 있다. 그리고 최근 부여에서 발굴된 금동용봉수미산향로에는 불교의 극락사상과 도교의 이상세계가 함께 묘사되어 있어 백제미술의 극치를 보여주고 있다. 신라에도 일찍부터 도교의 산악숭배나 신선사상이 자연스럽게 민간인에게 전파되어 있었다. 587년 내물왕의 후손인 대세(大世)는 장생불사의 신선이 되고자 중국으로 건너갔고 김유신은 나라의 큰 인물이 되고자 신술(神術)을 연마하였다.

3) 사상과 예술의 발전

기록상으로 전하는 삼국의 사서(史書)를 살펴보면 고구려는 4세기 후반에 『유기(留記)』100권을 편찬하였다. 그 내용은 구전되어 오던 고구려 초기의 여러 종류의 신화나 전설, 왕실의 계보 등을 모은 책이다. 이것을 600년에 접어들어 태학박사 이문진(李文眞)이 『신집(新集)』5권으로 개편하였다. 백제는 4세기 중엽 박사 고흥(高興)이 『서기(書記)』를 편찬하였다. 이후 『백제기(百濟記)』·『백제신찬(百濟新撰)』·『백제본기(百濟本紀)』등 백제 3서가 만들어졌다. 이 책들은 백제 유민들에 의하여 일본에 전해져 『일본서기(日本書紀)』를 편찬하는데 큰 도움을 주었다. 신라는 거칠부(居柒夫)가 545년에 『국사(國史)』를 편찬하였다. 이 책은 당시 국가적 차원에서 이루어진 것으로 대신 이사부(異斯夫)가 국왕에 건의하여 왕명을 받은 거칠부가 편찬하였다. 본가야도 『개황록(開皇錄)』·『개황력(開皇曆)』이라는 역사서가 있었다고 한다.

이상의 역사서들은 현재 하나도 전하지 않고 있으며 다만 고려시대에 편찬된 『삼국사기』·『삼국유사』등에 약간의 내용이 포함되어 있을 뿐이다. 역사서들이 편찬된 시기는 모두 4세기 이후로 이때는 중앙집권을 강화하고 대외적으로 영토확장을 도모하던 시기이다. 따라서 이들 역사서의 편찬은 국가와 왕실의 정통성을 드러내고 권위와 힘을 과시하는 수단으로 이루어졌음을 알 수 있다.

삼국시대의 문학작품으로는 시가가 있다. 시가는 고구려의 유리왕이 지은 황조가(黃鳥歌)를 최초로 해서 서정시·민요·향가 등 다양한 형태로 발전하였다. 민요적 시가는 신라의 서동요(薯童謠)와 노동요(勞動謠)인 풍요(風謠)가 유명하며, 향가는 신라의 불교적 영향을 받아 성립되어 국문학계의 높은 평가를 받는 시가문학이다. 향가의 대표적 작품으로는 노래로써 혜성을 없애고 왜병을 물리쳤다는 융천사의 혜성가와 죽은 누

이를 통해 삶의 덧없음을 노래한 월명사의 두솔가이다.

고구려는 서역과 중국 북조계의 음악을 받아들이고 거문고 · 공후 · 피리 · 생(笙) · 요고(腰鼓) · 담고(擔鼓) 등의 타악기를 사용하였다. 국상을 역임한 왕산악(王山岳)은 중국의 칠현금(七絃琴)을 개량하여 현학금(玄鶴琴)이라는 악기를 만들어 여기에 맞는 음악을 100여곡 작곡하였다. 백제는 양나라로부터 청락(淸樂)을 받아들여 조용한 음악을 애호하였다. 신라는 진흥왕때 가야의 가야금을 받아들여 가야금의 연주에 맞추어서 무용이 어우러지는 형태가 유행하였다. 가야금은 원래 중국의 쟁(箏)을 고쳐서 만든 것인데 우륵이 12곡을 작곡하였고 신라에 전해진 이후 현재 한민족의 고유악기로 가장 각광을 받고 있다.

삼국시대는 고대국가로 중앙집권체제가 정비되고 귀족문화가 발전함에 따라서 궁궐 · 성곽 · 고분 등의 축조기술이 발달하였다. 삼국시대 우리 선조들의 예술성은 고구려의 고분벽화에서 보이고 있는데, 백제와 신라에게도 일정한 영향을 주었다. 또한 불교의 발전은 각종의 뛰어난 불교문화재를 만들어 냈는데 그것은 사원건축과 불상조각 및 석탑의 조영 등에서 나타나고 있다.

제 2 장
남북국의 성립과 발전

제 2 장
남북국의 성립과 발전

1 | 통일신라의 통치체제

1) 신라의 통일과 정치조직 개편

삼국시대 말 신라는 백제를 견제하고 당나라는 수나라 때부터 공격하여 오는 고구려를 저지하기 위하여 군사동맹을 맺어 나당연합군이 형성되었다. 이 군사동맹은 648년 신라의 김춘추와 당 태종 간에 체결되었다. 당은 고구려를 정벌함에 그 목적이 있고 영토에는 관심이 없으며 평양이남과 백제지역은 신라가 차지한다는 내용이었다. 그러나 당 태종이 백제정벌의 대장군인 소정방에게 백제공략 즉시 신라를 병합하라는 밀령을 내리고 있듯이 당은 사실상 한반도를 정복한다는 야심을 지니고 있었다.

당은 신라와 660년 백제를 멸망시킨 후 웅진도독부(熊津都督府)를 설치하여 백제지역을 지배하였고 신라에는 계림대도독부(鷄林大都督府)

를 두고 문무왕을 계림대도독으로 임명하는 등 신라를 패전국인 백제와 동등한 위치로 격하시키려 하였다. 동시에 당은 사비성에 머물면서 신라 침공의 음모를 도모하니 이를 눈치챈 신라의 김유신은 당과의 항전을 결의하였다. 이와 같은 신라의 결전의지를 본 당은 신라정벌의 야욕을 뒤로 미루게 되었다.

신라는 백제멸망 이후 백제부흥군과의 전투·당군에 대한 군량보급·고구려에 대한 견제 등을 수행하면서 당의 한반도 정복야욕을 대비해야 했기 때문에 고충이 대단하였다. 이러한 상황에서 고구려가 멸망하자 당은 한반도를 정복하려 하였고 신라는 이를 저지하려 하였기 때문에 치열한 전투가 벌어지게 되었다. 먼저 670년 3월 설조유와 고연무가 이끄는 신라군과 고구려부흥군이 연합하여 2만의 병력으로 압록강을 건너 당군을 공격하였다. 이어서 동년 7월에는 백제지역을 공격하고 80여성을 탈취하여 당의 지배로부터 벗어나게 하였다.

신라는 671년부터 보다 적극적인 공세를 취하여 당군에 소속된 백제병·말갈병 등을 패퇴시키고, 동년 7월에는 부여에 소부리주(所夫里州)를 설치하여 백제지역에 대한 지배권을 장악하였다. 이렇게 신라가 적극 공세를 취하자 당의 설인귀(薛仁貴)는 항의문을 신라에 보내어 당을 거역하지 말라고 하였다. 문무왕은 답설인귀서(答薛仁貴書)를 통해 당의 이중성을 비판하고 신라의 자주적 입장을 당당하게 피력하였다.

당이 673년에 접어들어 말갈병 및 거란병을 거느리고 임진강 방면으로 침략해 왔으나 신라는 이곳 9번의 전투에서 모두 승리를 거두었다. 당은 마침내 674년 1월 대규모의 신라정벌을 감행하여 유인궤(劉仁軌)를 총사령관으로 삼고, 당에 머무르고 있던 문무왕의 아우 김인문(金仁問)을 신라의 왕으로 책봉하는 등 신라에 대한 불신을 표명하였다. 이에 신라는 당에 사신을 보내어 유화정책을 추진하고 내부적으로는 군사훈련을 강화하여 당의 침입을 대비하였다.

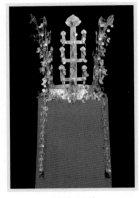

신라 금관

675년에 접어들어 당나라와 여러 차례에 걸쳐 전투가 벌어졌으나 신라가 승리하였다. 그해 9월 20만 병력의 당군을 물리친 매초성(買肖城) 전투는 당군의 전의를 상실시켜, 당은 676년 2월 평양의 안동도호부를 요동성으로 옮기고 공주의 웅진도독부를 건양성으로 이전하였다. 동년 11월에 접어들어 당의 설인귀가 이끄는 해군을 장항부근에서 신라가 격퇴함으로서 육·해전에서 모두 승리를 거두었고 백제멸망이후 17년간 끌어오던 통일전쟁이 마무리되었다.

신라의 삼국통일은 어떠한 목적의식을 가지고 수행된 것이 아니고 삼국 간의 영토확장과 정복전쟁에 당이 개입하고 이 과정에서 당을 물리치면서 이루어진 것이다. 따라서 대동강과 원산만 이남의 한반도만 통일이 되었을 뿐 고구려의 옛 영토를 상실했다는 한계성이 있다. 하지만 독립된 국가로서 단일의 정치체제 아래에서 사회와 문화의 발전을 꾀하게 되었고 이것을 바탕으로 형성된 기반은 우리 역사의 주류를 이루게 되었다.

신라는 삼국을 통일한 후 늘어난 영토와 인구를 효율적으로 통치하기 위하여 정치조직을 개편하였다. 신라의 제도를 기본으로 당의 제도를 수용하고 나아가 고구려·백제의 제도를 포함시켰다. 먼저 중앙행정조직으로 법흥왕 때 병부(兵部)와 상대등제도(上大等制度)가 마련되었고, 진흥왕 때 관리를 감찰하는 사정부(司正府 : 544년)와 국가의 재정을 담당하는 품주(稟主 : 565년)가 설치되었다. 진평왕 때에 이르러 인사행정을 담당하는 위화부(位和府), 선박과 항해를 담당하는 선부(船府), 승여(乘輿)와 의위(儀衛)를 담당하는 승부(乘府), 의례와 교육을 담당하는 예부(禮府) 등이 창설되었다.

진덕여왕 때는 김춘추의 주도로 당의 제도를 모방한 대대적인 개혁이 단행되었다. 국왕직속의 최고기관으로 집사부(執事部)를 두고, 창부(倉

部)를 신설하여 품주의 업무를 이관시켰으며 입법과 형벌을 담당하는 이 방부(理方府)를 설치하였다. 삼국통일 직후인 686년 토목과 영선(營繕) 을 담당하는 예작부(例作府) 설치 이후 중앙행정조직은 큰 변동없이 유 지되었다. 그러나 9세기에 들어 어룡성(御龍省)이 큰 권한을 지니기도 하 였고 국왕의 문필(文筆) 비서기관이었던 세택(洗宅)이 중서성으로 승격 되어 집사부를 견제하는 등 행정기구 안에서 기능이나 위치가 언제나 한 결 같지는 않았다.

신라 정치제도의 특징은 합의제도에 의하여 국가가 운영되었다는 점 이다. 이 회의체를 화백이라 하였고 만장일치를 원칙으로 하였으며 의장 인 상대등은 유사시 왕위를 이을 수 있을 정도로 강력한 지위를 누렸다. 지방통치제도는 지증왕 때 주군제도를 마련하고 지방관을 파견하였는데 주군은 군사 목적상 수시로 이전하였다. 주의 장군은 성의 규모에 따라 군주(軍主) 또는 당주(幢主) 등으로 불리다가 군주는 총관(摠管)·총독 (總督)으로 당주는 태수(太守)로 명칭이 바뀌어 졌다.

삼국통일 후인 685년에 이르러 지방제도는 확대·개편되어 9주 5소경 으로 정비되었다. 9주는 신라·고구려·백제의 옛땅에 각각 3개씩 두었 고, 5소경은 영토의 동·서·남·북·중 등의 5곳에 설치하였다. 5소경 설치의 의도는 왕경인 경주가 동남쪽 한쪽에 치우쳐 있는 결함을 보완하 려는 것이었다.

주 아래에는 전국에 120여 개군과 300여 개의 현이 있었다. 최하층의 통치구역은 촌(村)·향(鄕)·부곡(部曲)으로 조직되어 있었다. 촌은 양인 의 몇 개 마을이 합쳐져서 이루어진 행정촌으로 토착세력가인 촌주가 책 임자였고, 향과 부곡은 천민들의 거주지로 현령이 통제하였다. 통일신라 이후 지방제도가 군사적 기능에서 행정적 측면으로 전환된 것은 지방사 회의 안정과 더불어 왕권기반이 확립되어 가고 있음을 의미한다.

2) 토지제도와 군사제도

신라의 경제제도에 있어서 모든 국토는 왕토(王土)이고 모든 백성은 왕신(王臣)이라고 하는 왕토사상(王土思想)으로 모든 토지는 왕의 소유물이었다. 그러나 현실에 있어서는 귀족과 관료 등의 지배계급은 상당한 양의 토지를 사유하고 있었다. 이 사유지는 전공을 올리거나 국가에 공헌이 있을 때 받은 식읍(食邑)과 관직복무의 대가로 받은 녹읍(祿邑) 등이었다. 여기에 지배계급은 토지의 소유뿐만 아니라 거주민의 역력(役力)까지도 징발할 수 있는 권한이 있었다.

통일신라 이후 신문왕 때(687년) 귀족과 관료 등 지배계급의 사유지가 지나치게 확대되자 국가에서는 관료전을 지급하고 녹읍을 폐지하는 대신 세조(歲租)를 지급하였다. 그리하여 귀족들이 관직에서 물러나면 토지를 국가에 반납해야 하므로 토지에 의한 인민의 지배는 제한되었다. 이에 귀족들이 심하게 반발하자 757년 다시 녹읍이 부활되었다.

농민들에게는 정(丁)을 기준으로 한 정전(丁田)이 722년부터 지급되었는데, 정전의 실체는 분명하지 않다. 신라장적을 통해 보면 정전은 국가에서 새로이 농토를 지급한 것이 아니라 원래 백성들이 소유하고 있던 자영농토를 국가에서 인정한 것을 보여진다.

토지에 수반되는 조세(租稅)는 6세기경에 과세(課稅) 행정체계가 성립되었고 7세기 중엽에는 조세와 공부(貢賦)를 담당하는 관청조직이 완성되었으며 통일신라 이후에는 철저한 과세제도가 이루어졌다. 농민은 토지와 재산에 대한 조세뿐만 아니라 15세 이상의 남자는 일정기간 동안 공공사업에 동원되는 역력(役力)을 부담하였다.

신라는 국내의 상업발달과 함께 대외무역에도 치중하여 당나라·일본·아라비아 상인들과도 교역을 가졌다. 처음에는 주로 공무역으로 이루어졌으나 9세기에 접어들어 조선술과 항해술이 발전함에 따라서 사무역이 크게 번성하였다. 사무역의 대표적 인물은 장보고인데 그는 828년 완도에 청해진을 설치하여 당·일본과 사무역을 하면서 거대한 해상왕 국을 건설하기도 하였다.

국왕은 군대의 총사령관으로서 직접전투에 참여하는 최고지휘자로 신라는 군사제도의 운영에 총력을 기울여왔다. 진흥왕 때에 접어들어 군사제도가 정비되기 시작하였다. 먼저 왕경 주위의 6개 부대를 통합하여 대당(大幢)을 편성하고 각 점령지에 5개의 정(停)을 설치하여 대당과 함께 6정이 편제되었다.

통일신라 이후 군사제도는 다시 9서당(誓幢) 10정제도로 정비되었다. 9서당은 중앙군으로서 신라의 최대군단이었다. 9서당은 신라인 3개군 단·백제인 2개군단·고구려인 3개군단·말갈인 1개군단으로 편성되었다. 10정은 지방군단으로 군사적 목적뿐만 아니라 치안까지도 담당하였다. 각주에 1개군단을 배치하였고 지역이 넓고 국경이 맞닿아 있는 한주만 2개군단을 배치하였다. 이밖에 중요한 군사조직으로 기마부대인 5주서(州誓)와 국경지대에 배치된 3변수당(邊守幢)이 있었다.

군사조직의 구성원인 군사는 백성들로 충원되었는데 의무복무 기간이 3년이었다. 화랑제도는 원래 성읍국가시대 이래 촌락공동체에서 발생한 청소년조직이었다.진흥왕이 대규모의 군단을 정비하는 과정에서 반관반민적 조직으로 개편되었고 이후 군사조직으로서 삼국통일전쟁에 커다란 기여를 하였다. 특히 화랑은 수련덕목 중에서 무엇보다 충과 의가 강조되었고 수많은 화랑과 낭도가 국가를 위하여 목숨을 바쳤다.

2 | 통일신라의 문화

1) 불교의 발전

신라는 불교를 가장 늦게 받아들였지만 고구려와 백제를 거치면서 보다 성숙된 불교문화를 접할 수 있었다. 특히 불교가 가지는 초부족적·통합적 이념은 전제왕권을 확립시키려는 신라 왕실의 욕구와 부합되면서 빠른 속도로 발전해 나갔다. 통일신라 이전의 불교는 기존의 무속적 기반과 마찰을 일으키지 않고 조화롭게 융합할 필요가 있어 불교사상 중에서도 미륵신앙이 중시되었다. 미륵신앙은 미래세계에 미륵불이 탄생하여 모든 중생을 제도하고 이상적인 불국토를 가꾼다는 미래사상이었다.

그러나 통일신라 사회에서는 현실의 세상에서 미륵의 출현을 요구하였다. 왜냐하면 삼국통일의 전쟁기를 거치면서 이러한 현실적 고통을 미륵불이 하생(下生)함에 따라서 해소될 수 있다고 믿기 때문이었다. 그리하여 각지에 미륵상을 조성·봉안하여 신라국토를 미륵정토로 가꾸어 나갔다. 신라 최초의 사찰인 흥륜사에 모셨던 주존불이 미륵상이고, 화랑 죽지랑이 미륵의 화신이었다는 설화는 신라인이 미륵에 대하여 깊은 믿음을 가지고 있었음을 알 수 있다.

통일신라 불교는 7세기 이후 많은 고승들의 활약과 경전유통에 힘입어 다양한 사상이 전개되었다. 대표적인 것으로 원효의 화쟁사상(和諍思想)·의상의 화엄사상(華嚴思想)·원측의 유식학(唯識學) 등을 들 수 있다. 그런데 이러한 사상들의 공통점은 국가불교라는 점이다. 국가불교는 호국불교와 상통하는 말로 불교의 수용과 전개가 국가의 주도아래 이루어지면서 그 신앙이나 사상이 국가를 위한 이념으로 전개된다는 의미이다. 법흥왕과 진흥왕은 불교를 호국불교로 이끌었던 대표적 인물들로 이들은 스스로를 부처와 동일시하면서 왕실의 권위를 강화시켰다. 또 법흥왕에서 진덕여왕에 이르는 140년간은 '불교식 왕명시대'였다. 이는 신라 왕실이 불교에 크게 심취해 있었음을 직접적으로 알게 한다.

7세기 후반에 들어서면 지배층중심·경주중심·귀족중심의 불교는 원효(元曉)·혜숙(惠宿)·혜공(惠空) 같은 고승들이 나타나면서 민중불교로 변화해 나갔다. 민중들은 불법(佛法) 앞에 모든 것이 평등하다는 새로운 사상을 열광적으로 받아들였다. 욱면(郁面)이라는 노비가 주인보다 더욱 치성을 들여 아미타정토에 승천하였다는 이야기는 민중 속에 불교가 광범위하게 확산되어 있음을 말해 준다. 이후 민중불교는 아미타정토에 왕생하기를 기원하는 정토왕생사상(淨土往生思想)과 도솔천에 나기를 원하는 미륵정토사상(彌勒淨土思想)으로 발전하였다. 여기에 밀교(密敎)도 재래의 주술적 신앙과 결합하면서 병의 치료와 장수 또는 이민족의 침입을 막는데 크게 기여하였다.

통일신라의 불교는 8세기 후반 선종(禪宗)이 들어오면서 새로운 계기를 맞이하였다. 선종은 교종(敎宗)의 경전중심 교학불교(敎學佛敎)와는 달리 참선과 수행을 통해 깨달음을 얻는 신사상으로 참선을 위하여 한적한 곳에 절을 짓게 되면서부터 이후 절은 깊은 산속에 세워지게 되었다. 선종은 9산이라 하여 9개의 유파가 각지의 산을 중심으로 형성되었다. 선종은 신라 하대에 이르기까지 불교계를 주도해갔는데 지방의 호족들과 교류하면서 점차 세력화 되어갔다.

석굴암

통일신라 불교계의 대표적인 인물은 원효와 의상(義相)이다. 원효는 불교계뿐만 아니라 한국사의 성인이라 부를 만큼 위대한 인물로 한역(漢譯)경전 대부분을 섭렵하고 자신의 독특한 주석과 견해를 피력하여 100여부 200여권에 달하는 방대한 저술을 남겼다. 여러 권의 저술 중 원효의 사상이 잘 나타나 있는 것은 『십문화쟁론(十門和諍論)』으로 경(經)이나 논(論) 어느 한곳에 치우치지 않고 모든 것은 그에 맞는 가치와 의미가 존재한다는 만물평등에 입각한 화쟁사상을 말한다. 원효를 통일신라 불교계의 거목으로 평가하는 것은 그가 오직 이론과 저술에만 매달린 것이 아니라 직접 민중들과 호흡하면서 실천하였기 때문이다. 따라서 지배계층 중심의 불교가 민중불교로 확대된 것은 원효 때문에 가능하였다.

의상은 화엄종의 개조(開祖)로 화엄사상을 체계화하고 학문연구와 후학양성에 치중하였다. 그는 중국 법장문하(法藏門下)에서 유학하고 귀국한 후 지배세력의 지원을 받아 부석사·해인사 등 10여개의 사찰을 건립하였다. 오진(悟眞)·지통(智通)·표훈(表訓)·의적(義寂) 등 십대 제자와 3천여 문도(門徒)가 의상을 추종하였다. 저서는 많지 않으나 『화엄일승법계도(華嚴一乘法界圖)』가 화엄사상의 핵심이다. 이 중에서 화엄사상의 정수는 일즉다다즉일(一卽多多卽一)이라 하여 하나가 곧 일절(一切)요, 작은 하나의 티끌 속에 십방(十方)이 있다고 하는 회귀일사상(回歸一思想)이다. 다양한 현상이 결국에는 하나라는 의상의 화엄사상은 전제왕권을 강화하려는 지배층의 요구에 적합하여 통일신라 사상계를 풍미하게 되었다.

불교와 함께 중국에서 유교와 도교도 이 시기에 전개되었다.

설총은 『풍왕서(諷王書)』를 저술하여 국왕은 물질적인 욕망보다 도덕적인 규범을 중시하여야 한다고 강조하였다. 강수는 세속적인 출세를 위하여 조강지처를 버리는 것은 도덕적으로 악이라 하여 도덕을 새로운 가치판단의 기준으로 내세웠다.

유교는 통일신라의 교육과 학문의 발달에도 크게 기여하였다. 먼저 국가의 인재를 양성하기 위하여 682년에 국학을 설치하고 교육과목으로 『논어』·『효경』·『문선(文選)』·『오경(五經)』 등을 채택하여 유교교육을 실시하였다. 이후 국학은 태학감으로 개칭되었고 박사와 조교 등 전문교원을 두어 체계적인 교육을 실시하였다. 788년에는 독서삼품과라는 관리채용 국가고시를 실시하였는데 시험과목은 유교경전 이었으며 독서의 성적에 따라 3등급으로 나누어 관리를 채용하였다. 이 시기의 대표적 유학자는 강수·설총·김대문·최치원 등이었다.

통일신라의 도교는 장생불사(長生不死)의 신선사상을 중심으로 발달하였다. 그 대표적인 경우가 안압지 유적이다. 안압지에 3개의 섬을 만들어 임해전(臨海殿)을 건축하고 여기에 진기한 새와 화초·짐승 등을 길렀다. 이것은 도교에서 이상향으로 여기는 방장(方丈)·봉래(蓬萊)·영주(瀛州)의 삼신산을 표현한 것이었다. 또 경주 서쪽에 있는 서악(西岳)을 신라 사람들은 선녀가 산다는 선도산(仙桃山)이라 하였는데 이것은 재래의 산악숭배와 도교의 불로장생사상이 결합된 형태의 모습이라고 할 수 있다.

이 시대의 도교는 현실을 벗어나 자연 속에 숨어살며 불로장생을 희구하는 은둔사상으로도 나타났다. 관직에서 물러난 김지성은 감산사를 건축하고 절에 미륵보살상과 아미타불상을 조성하였지만 장자·노자의 도를 사모하여 도덕경을 읽었다고 한다. 통일신라기의 대표적 도교 신봉자는 최승우와 김가기였다. 이들은 당에 유학하여 도서(道書)와 구결(口訣)을 전수받고 수행을 통해 상당한 경지에 오르게 되었다. 최승우는 귀국하여 93세까지 장수를 누렸고 김가기는 당에서 신선이 되었다고 한다. 6두품 출신으로 통일신라의 대표적 문장가인 최치원도 이들로부터 도교를 읽혔다고 한다. 도교의 신봉자로 6두품 출신들이 많았다. 이는 고위관직에 오를 수 없는 6두품 출신의 한계를 도교의 은둔사상을 통해 극복하고자 하였기 때문이었다.

2) 문학과 미술의 발달

통일신라의 문학을 주도하였던 향가는 888년에 왕명에 의해 위홍과 대구화상이 편찬한 『삼대목(三代目)』으로 집성되었으나 현존하지 않고 있다. 현재 『삼국유사』에 수록된 14수의 향가는 대부분 승려와 화랑도가 지은 작품이다. 승려가 지은 대표적 향가는 융천사의 혜성가, 월명사의 도솔가, 충담사의 찬기파랑가 등이고 화랑도가 지은 향가는 현금포곡·대도곡·문군곡 등이 있다. 현존하는 향가의 내용은 불교적인 것과 서정적인 것으로 되어 있다.

통일신라의 사서편찬은 국가의 정통성과 권위를 확보하는 중요한 수단으로 관찬사서가 만들어졌다. 대표적인 것으로 성덕왕 때(702년~737년) 김대문이 『계림잡전(鷄林雜傳)』·『화랑세기(花郎世紀)』·『한산기(漢山記)』·『고승전(高僧傳)』·『악본(樂本)』 등을 저술하였다. 『계림잡전』은 통일신라사에 있어서 역사상 중요한 의미를 갖는 사실들을 적은 책이고, 『화랑세기』는 화랑들의 전기를 적은 책 이었다. 『한산기』는 김대문이 한산주도독을 지내면서 정리한 지리서이고, 『고승전』은 승려들의 전기이며 『악본』은 음악에 관한 저술이었다. 『삼국사기』에서 인용하고 있는 이상의 저서들을 보면 김대문이 합리적·객관적으로 역사를 인식하고 있음을 알 수 있다.

통일신라의 음악은 가야금이 여전히 중요한 위치를 차지하고 있었다. 여기에 고구려의 거문고가 중시되었으며 향비파·대금·박판(拍板)·대고(大鼓) 등이 있었다. 음악에 수반되는 무용에는 처용설화에서 유래한 처용무와 남산의 신이 추었다는 상염무(霜髥舞) 같은 가면춤이 성행하였다.

통일신라 불교미술의 극치는 751년 김대성이 전생의 부모를 위해 석불사를 짓고 조성한 석굴암이다. 이 석굴암은 중앙의 주존불을 중심으로

십일면관음보살상·나한상·인왕상·사천왕상·보살상 등을 조각하였
다. 석굴암은 단단한 화강암을 마치 살아 있는 듯 사실적으로 조각하였
다. 여기에 과감한 추상적 기법을 사용하여 통일신라인의 정제되고 세련
된 예술감각을 엿볼 수 있다. 따라서 석굴암은 실로 세계적인 문화유산
이라 하지 않을 수 없다. 또한 경주 남산 곳곳에 산재한 불상과 석탑은 거
친 듯하면서도 기교를 생략한 기층문화의 소산이다.

3 | 발해의 흥망

1) 발해 건국과 고구려 계승의식

고구려가 나당연합군에 의하여 668년 멸망한 후 고구려 유민들은 각지로 흩어졌다가 말갈족을 규합하여 698년 발해를 건국하고 고구려를 이어나갔다. 하지만 신라가 삼국통일을 이루어 한국사가 신라중심으로 기록되어졌기 때문에 만주지역에서 활동한 발해는 한국사에서 오랫동안 소외되어 왔다. 한국사에서 발해의 존재를 최초로 다룬 것은 조선시대 유득공의 저서 『발해고』(1784년)였다. 이후 일제시대에 이르러 발해사는 만주사로 취급되다가 근래에 접어들어 통일신라와 함께 발해의 존재를 남북국시대라고 하고 한국사로 인식하게 되었다.

통일신라의 역사는 남북국시대라는 개념에서 보면 발해와 함께 또 다른 왕조에 불과하지만 신라인들은 발해가 고구려의 계승임에도 불구하고 동일민족으로 보지 않았다. 그리고 현재 발해사에 관하여 확실하게 말할 수 있는 것은 많지 않다. 또한 발해가 한국사의 일부인가? 아니면 당나라의 지방정권으로서 중국사에 포함시킬 것인가? 하는 논쟁이 한·중학자들 사이에 오랫동안 지속되었고 지금도 맞서고 있는 실정이다. 그러나 발해유적·유물에 관한 고고학적 연구가 활발하게 진행되고 있으므로 근시일내에 발해역사의 실체가 드러날 것으로 보인다. 하지만 발해인들 자신이 스스로를 고구려의 후손이라고 이해하고 있었으며, 주변국들도 발해가 고구려를 계승했다고 이해했던 것은 여러 사료들에서 확실히 드러난다.

고구려 멸망후 고구려 유민들은 신라에 흡수되거나 요서 및 돌궐지역으로 이동하였으며 강제로 요동과 당의 내지로 이주당하였다. 요동은 당의 지배아래 안동도호부가 설치되어 있었다. 안동도호부는 원래 평양에 근거지를 두고 한반도의 여러 도독부를 관장하였으나 신라의 축출에 의하여 요동으로 옮겨왔던 것이다. 그러나 안동도호부는 요동지방 고구려 유민들의 반발로 제기능을 발휘하지 못하였다.

당은 고구려 유민의 저항을 무마하기 위하여 677년 당의 내지에 있던 보장왕을 요동도독으로 삼아 조선왕에 임명하였다. 이때 보장왕과 함께 고구려 유민 2만 8천여 호가 요동으로 이주하여 하였다. 보장왕은 많은 유민을 바탕으로 말갈족과 힘을 합쳐서 반당운동을 계획하였으나 모의 단계에서 발각되어 다시 당의 내지로 소환당하였다. 686년에 접어들어 당은 보장왕의 손자 고보원(高寶元)을 조선군왕으로 책봉하여 파견하려다 취소하였다. 698년 다시 충성국왕으로 책봉하여 파견하려다 역시 취소하였다. 이러한 당의 태도는 고구려 유민들의 부흥의지와 저항과정에서 비롯된 것이었다. 이러한 상황에서 고구려 유민들은 고구려 멸망 30년이 되는 698년에 북만주지역에 발해를 건국하였다.

발해의 건국은 영주에서 일어난 거란 폭동이 도화선이 되었다. 영주는 거란인들의 근거지이지만 고구려 유민들도 상당히 거주하고 있었다. 696년에 접어들어 거란의 추장 이진충(李盡忠)이 영주도독을 살해하자 당은 돌궐족의 힘을 빌어 이들을 진압하고자 하였다. 이러한 혼란 속에서 대조영(大祚榮)을 비롯한 고구려 유민들은 영주를 탈출하였고 곧 당의 추격이 시작되자 천문령에 은신하였던 대조영 일행은 갑작스런 공격으로 당군을 물리쳤다. 이후 대조영은 동모산(東牟山 : 길림성 돈화현 성산자산)에 정착하고 나라를 세워 진국(振國)이라 하니 이것이 발해(渤海)의 건국이다.

발해를 건국한 대조영은 돌궐과 신라에 사신을 파견하여 독립국가로서의 면모를 갖추어 나가는 한편 당과도 적대관계를 개선시켜 나갔다. 705년 당의 중종이 즉위하여 사신을 보내오자 대조영은 아들을 숙위(宿衛)로 당에 파견하여 당과 우호관계를 가지려고 노력하였다. 이러한 노력으로 713년에 이르러 당은 말갈이라 부르던 전례와는 달리 공식적으로 발해 국호를 사용하는 등 대조영의 정권을 인정하였다. 그러나 당은 대조영을 지방장관 정도의 호칭인 군왕으로 여전히 불렀다.

대조영의 뒤를 이어 즉위한 무왕은 인안(仁安)이라는 독자적인 연호를 사용하고 영토확장에 치중하여 연해주 남단을 복속시키고 당에 대한 강경노선을 견지하면서 동해를 통하여 일본과도 수교하였다. 이후 문왕(737년~794년)은 국내정치에 힘을 기울이고 평화적인 대외노선을 펼쳐 당과 일본에 자주 사신을 파견하면서 활발한 무역활동을 통하여 실리를 추구하였다.

문왕 통치시 수도를 동모산에서 중경현덕부·상경용천부·동경용원부 등으로 여러 번 옮겼으나 국권을 확보하고 체제를 정비하려는 이러한 노력으로 발해는 상당한 발전을 이루었다. 이 시기 당은 문왕을 국왕으로 승격하여 책봉함으로서 이제 발해는 독립국가로서의 기틀을 갖추게 되었다.

발해를 중흥시킨 왕은 제10대 선왕(818년~830년)으로 영토가 흑룡강 하류까지 넓어졌고 사방 2천리에 불과하던 국경이 5천리로 늘어났다. 특히 서경압록부와 남경남해부를 더하여 5경·15부·62주 체제를 갖추었고 이 시기 발해는 해동성국(海東盛國)이라고 불릴 정도로 번성하였다.

발해는 고구려의 계승국가로 14대 228년간 존재하면서 고구려의 건국지인 압록강 중류지방과 송화강 유역 및 한반도의 동북부와 시베리아의 연해주까지를 포함하는 광대한 지역을 지배하였다. 그럼에도 불구하고 중국학계는 발해사를 중국사의 일부로 보고 있다. 그 논거 중의 하나가 바로 발해의 주민구성에 있어서 대다수를 차지하고 있는 말갈족을 들고 있다. 하지만 발해의 피지배층을 구성한 말갈은 고구려의 피지배주민으로서 고구려 멸망 이후 만주지방을 떠돌다 발해 건국을 계기로 흡수된 사람들이었다.

2) 통치체제와 문화

발해는 당으로부터 벗어나 건국하였으나 국가전반에 걸쳐 당의 영향을 크게 받았다. 먼저 중앙의 통치기구는 다의 3성·6부·9사제도를 그대로 받아들여 3성·6부·1대·7시·1원·1감·1국의 체제를 갖추었다. 3성은 중대성·선조성·정당성으로 구성되었다. 중대성은 조칙을 기초하고 제정하는 기관이었으며 선조성은 조칙을 심의·결정하는 기관이었고 정당성은 조칙을 집행하는 최고의 행정기관이었다.

6부는 충부·인부·의부·지부·예부·신부 등을 두었다. 6부의 기능은 당의 것을 받아들이면서도 명칭은 유교덕목에서 차용하여 주체성을 잃지 않으려고 하였다. 이밖에 특수기관으로 관리의 비리를 감찰하는 중정대와 사신을 접대하는 사빈사, 왕족의 사무를 담당한 종속사 및 국립대학인 주자감, 국서기관인 문적원 등이 있었다.

군사조직은 중앙군으로 8위(衛)를 두어 궁성의 수비와 사방에 대한 경계를 맡았다. 군사는 초기 10만정도 이었으나 전성기에는 20만에 육박하였고 당의 부병제(府兵制)와 같은 방법으로 병력을 충원하였다. 지방은 5경 15부 62주로 나누었고 각주에는 자사(刺史)를 파견하여 직접통치하였다. 9세기 중반에 접어들어 주 아래 현을 설치하고 장관으로 현승(縣丞)을 두었는데 대개가 고구려인으로 임명되었다. 현 아래의 자연부락은 수령(首領)이라 하는 토착의 유력자가 통치하였다.

발해의 문화는 고구려와 당의 문화가 혼합된 것으로 상경용천부 유적이 대표적이다. 이곳은 성왕이 천도한 후 멸망할 때까지 135년간의 발해 중심지로 지금의 길림성 영안현 동경성을 말한다. 이 유적은 동서길이 약 4.6㎞, 남북길이 3.3㎞의 큰 성으로 주위에 토성을 쌓았는데 발굴결과 궁성과 왕성을 중심으로 10여 곳의 관서지(官署址)·절터·광장·연못 등이 확인되었고 곳곳을 연결하는 주작대로가 널찍하게 구획되어 있었

발해의 용머리

다. 당의 장안성에는 못미치나 일본의 평안경보다 큰 이 도시는 만주 동북지역에서 발해왕국을 형성하며 영화를 누렸던 곳이다.

발해는 불교가 크게 번성하여 3대 문왕은 존호(尊號)를 대흥보력효감금륜경법대왕(大興寶曆孝感金輪經法大王)이라 하여 불교에서 말하는 이상적 군주인 전륜성왕(轉輪聖王)을 가탁하였다. 또한 인정(仁貞)·정소(貞素)·살다나(薩多羅) 등 같은 승려들은 사신으로 외교활동을 펼쳐 이름을 남기기도 하였다.

불교의 융성을 보여주는 유물로 현재 남아있는 대표적인 것은 발해사지의 2m가 넘는 석등과 동경용원부에서 출토된 이불좌상(二佛座像)의 불상인데 모두다 고구려의 양식과 기풍을 그대로 이어받았다. 이밖에 발해인이 편찬한 『장경선명력(長經宣明曆)』은 천문학과 수학의 체계적인 지식을 적은 책으로 일본에 전해져 수백년간 일본인의 농경생활 지침서가 되었다고 한다.

3) 발해의 멸망

926년 해동성국으로 불리던 발해의 멸망은 한반도 뿐 아니라 동북아시아에서 큰 사건이었다. 하지만 발해가 멸망하게 된 원인에 대해서는 정확한 규명이 이루어지지 않고 있다. 그것은 무엇보다 자료의 부족 때문이다. 선왕 (宣王)이 사망한 830년부터 약 100여 년에 걸친 발해 역사에 대해서는 뚜렷한 기록이 남아 있지 않다. 하지만 남아 있는 중국측의 기록들을 통해 종합해보면 다시 상황을 그려볼 수 있다.

발해가 멸망할 당시 동북아시아는 격변기에 놓여 있었다. 중국에서는 막강했던 당이 무너지고 이민족의 침입으로 5대 10국이 일어나는 혼란기

였다. 한반도 역시 신라가 힘을 잃고 후백제와 후고구려가 일어나 후삼
국시대로 접어들고 있었다. 또한 북방에서는 야율아보기가 거란을 통일
하고 요를 세워 새로운 강자로 부상하고 있었다. 바로 이 거란에 의해 발
해가 멸망 당하게 되었다.

거란은 서요하 상류인 시라무렌강 일대에서 유목생활을 하던 부족들
이었다. 그러나 야율아보기는 916년 거란을 통일하고 황제에 등극하였
다. 또한, 거란 문자를 만들며 새로운 대제국 건설을 시도했다. 거란은 국
가적 체제를 정비하면서 한편으로 주변 국가들에 대한 대규모 정복 활동
을 펼쳤다. 거란의 궁극적인 목적은 경제·문화적 중심지인 중원지방으
로의 진출이었다. 야율아보기는 901년 중원 지방을 침공한 데 이어 916
년 황제로 등극한 이후 광대한 지역을 정복했다. 921년에는 중원의 10여
성을 함락시키고, 한인들을 포로로 잡아 거란의 내지로 이주시켰다.

하지만 당시 거란의 가장 큰 걱정거리는 발해였다. 거란은 서쪽변방에
대한 불안감으로 서방정벌을 마친 후에야 발해를 공격하고자 했다. 거란
은 908년 진동에 성을 축조해 발해와 중원지방의 연결을 차단했다. 거란
의 요동진출이 본격화되자 발해는 중원의 양(梁)과 연계를 모색했고, 918
년에는 거란과 화친을 도모하기도 했다. 이렇듯 발해는 교류와 견제를
효과적으로 수행하면서 외교적 입지를 강화해 나갔다. 그러나 919년 발
해의 영토였던 요양성이 거란의 수중에 들어가는 사건이 일어났다. 이어
서 거란은 923년 3월 해(奚)를 복속했다. 이에 발해의 마지막 왕인 대인
선은 거란의 침입에 대비하려는 자구책으로 고려 및 신라와 결원협정을
맺기도 했다.

한편, 거란은 924년 5월 서방정벌을 다시 시작했다. 발해는 이 틈을 기
회로 삼아 종래의 소극적 자세가 아닌 적극적 행동을 개시했다. 거란의
통치권역인 요주를 공격해 요주자사를 죽이고, 그곳에 있던 주민들을 탈
취했다. 2개월 뒤 거란의 반격이 이어져 또다시 무력충돌이 일어났으나,

거란은 아무런 소득 없이 퇴각했다. 이것이 계기가 되어 거란은 발해에 대한 전면침공을 감행하게 된다.

925년 서방 정벌에 성공한 야율아보기는 12월 발해에 대한 총공격에 나서게 된다. 발해에서는 거란과의 접경지대인 부여부에 경병(勁兵)인 상비군을 배치해 거란에 방비하고 있었다. 특히 부여부 아래에는 '강한 군대'라는 이름의 강사현(强師縣)이 있는데, 그 명칭으로 보아 이곳을 군사적 요충지로 생각했음을 짐작할 수 있다. 발해는 고구려의 성체제를 계승했다.

이것을 인식한 거란은 전통적인 방식으로 발해를 침공하지 않고 수도를 직접 공격하는 방법을 택했다. 단 보급로 차단의 위험을 제거하기 위해 먼저 부여부를 공격해 확보하는 방법을 택했다. 거란은 출정한 지 9일 만에 발해의 서쪽 방어선인 부여부를 포위했고 3일 만에 함락시켰다. 당황한 발해는 구원병 3만을 급파해 이를 막도록 했으나 실패했다. 거란은 다시 6일 후인 926년 1월 9일 수도 상경성을 포위했다. 발해의 서쪽 변방에서 수도인 상경성까지 도달한 시간은 일주일에 불과했다. 발해가 군사력을 충분히 활용할 수 없도록 우회적인 기습공격으로 발해의 수도인 상경성을 포위했던 것이다. 더 이상 버틸 수 없었던 발해의 마지막 왕 대인선은 5일 후에 항복하기에 이른다.

그렇다면 왜 발해는 순식간에 멸망의 길로 접어든 것일까. 먼저 거란군의 수적 우세, 우회로를 통한 기습작전과 같은 거란의 직접적인 공세에 의한 요인을 들 수 있다.

아울러 발해 통치체제의 와해를 들 수 있다. 보로국, 흑수, 달고 등의 족속들은 중앙의 통제를 벗어나 신라, 후당 등과 따로 교섭을 시도하거나 고려로 망명하는 등 독자적인 행동을 취했다. 이와 함께 지배층의 망명도 발생했다. 920년 일본에 파견된 발해 사신 4명이 귀국하지 않았으며, 특히 925년 9월과 12월에는 장군과 예부경·공부경 등 발해의 지배

층들이 백성을 이끌고 집단적으로 고려로 망명하는 사태가 일어났다. 요
사(遼史)에는 야율아보기가 발해의 내분을 틈타 공격했기 때문에 싸우지
않고 이겼다고 전하고 있다.

소수의 고구려 유민과 다수의 말갈족으로 이뤄진 인적 구성의 요소가
단결된 공동체 의식을 도출할 수 없었기 때문이라는 시각도 있다. 이 밖
에 백두산 화산 폭발설이 최근 대두되기도 한다. 이들 견해 중에서 어느
것이 정설이라고 볼 수는 없다. 다만, 이러한 요인들이 복합적으로 다양
하게 작용했을 것으로 생각된다.

4 | 통일신라의 사회변화와 후삼국 성립

1) 통치체제의 붕괴와 농민봉기

신라사는 보편적으로 상대·중대·하대로 구분한다. 이중 하대는 선덕왕(780년~785년) 이후 신라의 동요로부터 붕괴에 이르는 150년간을 말한다. 이 시기에는 무열왕계 후손들이 왕위에서 물러나고 원성왕계 후손들이 왕위를 장악하여 2왕계 사이에 치열한 왕위쟁탈전이 전개되었다. 그리고 822년 공주에서 일어난 김헌창의 반란과 이후 그의 아들 김범문의 난은 신라 하대사회의 혼란을 가중시켰다. 특히 왕권분쟁은 왕권을 약화시키고 귀족계층의 강대화를 초래하는 계기가 되었다.

왕권분쟁은 통일신라 사회의 기본질서이었던 골품제도를 붕괴시키기 시작하였다. 골품제도의 붕괴로 권력의 향방에 따라 지배계층은 이합집산을 거듭하였으며 각 지방의 세력가들은 중앙통제를 거부하는 등 지방분권적인 모습도 나타나게 되었다. 그리하여 백성들은 중앙과 지방의 이중지배를 받게 되었는데 백성들의 자구책으로서 반란이 빈번히 일어났다.

통일신라 하대에 접어들면서 중앙정치가 문란하여 지자 귀족들이 경쟁적으로 토지를 넓혀나가 전국적으로 대토지소유의 전장(田莊)이 형성되었다. 이와 같이 부의 축적이 이루어지자 귀족들은 부를 바탕으로 사병(私兵)을 거느리면서 집권다툼에 치중하였다. 이에 흥덕왕 때 진골귀족의 권한을 규제하는 개혁조처를 취하였으나 이미 이들은 국왕의 힘이 미치지 못할 만큼 강력한 존재로 변모해 있었다. 이후 근친들 사이의 무력다툼이 극에 달하면서 3년간에 2명의 왕이 살해되는 등 통일신라 하대 사회의 혼란은 계속되었다.

또한 이 시기 정치적 출세가 제한되었던 6두품 세력들도 통일신라의 정치체제에서 이탈하였다. 골품제도하에서 고위관직으로의 신분상승이 불가능하였던 이들은 학문과 종교에 몰두하는 사람들이 많았다. 이들 중에서도 중국에 유학했던 사람들은 그곳에서 과거를 통한 능력본위의 인재선발을 체험하였기 때문에 더욱더 반골품제도적인 성향을 지니고 있었다.

이와 같이 통일신라 하대사회는 진골귀족의 분열과 6두품 계열의 반발 등으로 더 이상 골품제도가 제기능을 발휘할 수 없었고, 더욱이 중앙에서 왕위계승을 둘러싼 분쟁이 한창일 때 지방에서는 호족들이 독자적 세력을 형성하여 국가에 반기를 드는 등 통일신라의 멸망을 가속화하였다.

중앙정치가 혼란해지면서 지방뿐만 아니라 왕경도 무방비상태가 되어 896년에는 적고적(赤袴賊)의 무리가 왕경 서부 모량리에까지 진출할 정도였다. 이러한 혼란속에서 호족(豪族)들이 등장하였다. 호족은 지방의 유력세력가들로 독자적 세력권을 형성해 나간 사람들을 지칭하였다. 호족은 대개 촌주층에서 성장하였는데 성주·장군이라 일컫는 세력과 군진세력(軍鎭勢力)·해상세력으로 분류되었다.

통일신라의 지방통치는 중앙에서 파견한 관리와 지방의 토착세력가 중에서 유력한 인물을 선발하여 통치하였다. 지방 토착세력 중에는 중앙귀족이었다가 몰락하여 지방으로 내려가 세력기반을 형성한 귀족들도 있었다. 이들은 통일신라 하대의 사회가 혼란해지자 자립을 선포하였다. 이에 지방관으로 파견되어 있던 태수·현령도 중앙의 통제를 따르지 않는 경우가 허다하였다. 또 호족세력들은 성을 쌓고 성주를 자처하였으며, 성의 사병을 지휘·통솔하였으므로 장군이라고도 하였다. 이들은 한정된 지역이었지만 왕과 같은 지위를 누렸고 체계적인 행정규모를 갖추기도 하였다.

군진은 통일신라의 변경지대에 국경의 수비를 위해 설치한 군사조직으로 삼척의 북진, 평산의 패강진, 완도의 청해진, 남양의 당성진, 강화의 혈구진이 차례로 설치되었다. 이 군진이 지방세력가들과 손을 잡으면 군사력을 제공하는 근거지가 되었는데 군진세력의 선두주자는 장보고였다. 장보고는 만명의 군사를 거느리고 중국해적을 물리쳤으며 한반도와 산동반도에까지 진출하여 신라의 세력기지를 건설하는 등 황해의 왕자로 활약하였다.

해상세력가는 당·일본과의 사무역을 통하여 경제적 부를 누리던 해안지방 세력가들로 진주에서 후당과 통교하였던 왕봉규와 개성에서 활약한 왕건의 조부 왕제건 등을 들 수 있다. 그러나 대표적 인물은 역시 장보고로 그는 김우징을 도와 민애왕을 축출하고 신무왕을 즉위하게 하였다. 그 공로로 감의군사의 작호와 식읍까지 받고 중앙정치에 진출하여 문성왕 때 자기 딸을 왕비로 삼으려다가 중앙귀족들의 반대로 뜻을 이루지 못하고 암살당하였다.

한편 통일신라 하대에는 새로운 가치체계로 선종과 풍수지리사상이 번성하였다. 경전에 입각한 교학불교는 귀족들의 지지를 받아 신라시대에 크게 융성하였지만 난해한 이론에 너무 몰두하여 신앙으로서의 기능을 발휘할 수 없었다. 더욱이 왕실과 귀족의 후원으로 경주중심의 호국불교로만 기능을 발휘하여 지방과 기층사회와는 상당한 거리가 있었다.

이러한 상황에서 귀족계급이 동요하자 불교계도 변화가 생겨서 교학불교의 위세에 눌려 두각을 나타내지 못하였던 선종이 하대에 이르러 각광받기 시작하였다. 이후 9세기 초에 선종 9산이 형성되는 과정에서 호족세력들은 선종사찰에 상당한 지원을 하였다.

지세의 생김에 따라 인간사의 길흉화복(吉凶禍福)이 결정되고 지기가 약한 곳은 사탑을 세워 화를 막는다는 풍수지리사상도 등장하였다. 이러한 풍수지리사상에 입각하여 호족세력들은 자신들의 근거지를 명당으로 생각하고 자신들의 행동을 합리화하였다. 통일신라 말 지방의 한 호족에 불과하였던 고려 태조 왕건이 신왕조 개국의 공로를 산천의 도움으로 돌릴 정도로 풍수지리사상은 이 당시 호족들에게 큰 믿음을 주었다.

귀족과 사찰의 대토지겸병으로 자작농이 줄어들고 호족들이 발흥하여 사적인 세금을 부과하는 과정에서 농민들은 몰락해 나가기 시작하였다. 진성여왕(887년~897년)은 정치기강이 문란해지고 국가재정이 위기에 처하게 되자 전국의 주군에 공부(貢賦)를 독촉하였다. 이에 지배계급의 수탈과 흉년·전염병 등으로 고통을 겪고 있었던 농민들은 오랫동안 누적되어 왔던 정부와 귀족에 대한 저항감으로 반란을 일으켰다.

최초의 농민봉기는 상주에서 일어난 원종(元宗)과 애노(哀奴)였고 이후 원주의 양길과 그의 부하 궁예 및 죽산의 기훤, 전주의 견훤 등이 일어났다. 특히 적고적은 왕경까지도 위협하였고 여기에 초적(草賊)이라 불리는 농민군의 무리가 곳곳에 출몰하여 신라사회의 질서를 뒤흔들었다.

2) 후삼국의 성립

통일신라 하대사회에 일어난 농민봉기는 후백제를 표방한 견훤의 세력과 후고구려를 표방한 궁예의 세력으로 양분되었다. 견훤은 원래 상주지방 농민출신으로 신라군대에 들어가 서남해 방면의 비장으로 근무하였다. 진성여왕 때 실정이 거듭되고 통제가 약화되자 자기예하의 군대와 농민군을 포섭하여 전라도 지역을 장악해 나갔다. 진성여왕 6년(892년) 무진주(광주)를 점령하고 완산주(전주)에 이르러 백제 의자왕의 원한을 갚는다는 구호아래 후백제를 건국하였다.

후백제의 점령지역은 한때 전라도와 충청도 및 경상도 서부에까지 이르렀다. 견훤은 반신라적인 호족세력을 규합하여 백제의 계승과 신라타도를 표방하였으나 새로운 사회의 건설에 대한 개혁의지는 미약하였다. 견훤은 신라에 대한 적개심만 가져 경애왕 4년(927년)에 경주를 침공하여 왕을 살해하고 부녀자를 폭행하는 등 만행을 저질렀다. 이 사건으로

견훤은 신라인의 적대감만 자극시켰지 새로운 사회의 주인공이 되기에
는 부적격한 인물로 평가되었다.

궁예는 진골귀족 출신으로 정권다툼에 희생되어 낙향한 인물로 10세
때 신분을 속이고 영월의 세달사에서 출가하여 승려가 되었다. 이후 선
종(善宗)이라 이름짓고 시기를 기다리다가 통일신라 하대사회가 동요하
자 죽산의 기훤에 투신하였다(891년). 그러나 기훤과 뜻이 맞지 않아 결
별하고 원주에서 봉기한 양길의 부하로 들어갔다. 궁예는 영월·강릉·
철원 등과 황해도 일대에서 맹활약을 펼치면서 그의 추종세력들을 결집
시켜 나갔다. 896년에 접어들어 연천·장단지역을 점령하고 898년에는
양주를 흡수하여 김포·강화 등의 여러 성을 공격하여 세력을 넓혀 나갔
다. 899년 양길의 군사를 비뇌성전투에서 격파하고 충주·청주·괴산 등
을 점령하였다. 마침내 궁예는 901년 개성에서 고구려의 계승을 내세우
며 후고구려을 건국하였다.

궁예는 개성 대호족 왕건 부자를 받아들이면서 서남쪽으로 세력을 확
장하였다. 이후 국호를 마진(摩震)으로 고치고 무태(武泰)라는 독자적 연
호를 제정하여 사용하였다. 904년에는 정무총괄기관인 광평성을 비롯하
여 병부·대룡부·수춘부 등의 관부를 설치하고 정광·원보·대상·원
윤·좌윤·정조·보윤·군윤·중윤 등의 9관등을 마련하여 국가조직을
정비해 나갔다. 905년 도읍을 철원으로 옮기고 연호를 성책(聖冊)으로 고
쳤다. 911년에는 다시 국호를 태봉(泰奉), 연호를 수덕만세(水德萬歲)로
개정하였다가 914년에 이르러 연호를 정개(政開)로 재차 바꿨다. 태봉의
판도는 강원도·경기도·충청북도 전체와 평안남도 일부, 충청남도 북부
및 경상북도의 서북부 그리고 전라남도의 서부까지로 후삼국 세력권의 3
분의 2를 차지하는 최대의 세력이었다.

궁예는 진골귀족 출신으로 중앙 정치무대에서 쫓겨났기 때문에 신라
에 대한 적개심이 많아 백성들에게 신라를 멸도(滅都)라 부르게 하였다.

궁예는 신라와 여러 차례 전투를 치르면서 투항해 오는 신라인을 모두 살해하였으며 부석사에 있던 신라왕의 초상화를 칼로 자르기도 하였다. 궁예는 성격이 대단히 급진적이었는데 어느 정도 세력을 장악하자 전제군주로서 군림하기 위하여 불교의 신비적인 요소를 이용하였다. 그는 자신스스로를 미래세상의 부처인 미륵불이라 칭하고 큰아들을 청광보살 작은아들을 신광보살이라 하였으며 가짜 불경 20권을 저술하기도 하였다. 특히 그는 외출할 때 머리에 관을 쓰고 동남·동녀로 하여금 선도케 하고 승려 200여명을 자신의 뒤를 따르게 하는 등 전제군주로서 권위를 과시하려 하였다.

◆◆◆◆◆

궁예는 정말 폭군이었을까

후고구려를 건국한 궁예. 궁예하면 무엇이 떠오르는가? 미륵불을 자처하며 이른바 관심법으로 무고한 사람들을 살해한 왕! 처자식을 죽인 미치광이! 그래서 결국 왕건에게 쫓겨난 폭군. 많은 드라마에서 그려지는 궁예는 이런 모습이었다.

삼국사기와 같은 사서에서는 궁예를 흉악한자, 포악하고 방자한 왕으로 기록하고 있다. 부정적인 내용이 대부분이고 기록된 양도 많지 않다. 그런데 이런 궁예를 새롭게 해석할 수 있는 기록이 발견되었다. 전라도 강진 무위사에 있는 선각대사비가 바로 그것이다.

최근 선각대사비에 기록된 대왕(大王)이 가리키는 인물이 궁예라는 해석이 제기되었다. 비문에 따르면 대왕은 912년 나주를 공격했다. 나주 공략은 후삼국 통일의 핵심 사건이며 고려 건국의 기초가 되는 사건으로, 기존 역사에서는 왕건의 업적으로 이해되어 왔다. 그런데 만약 궁예가 직접 나주 공략을 지휘했다면, 후삼국 통일의 주역이 바뀌는 셈이다.

고려가 후삼국을 통일한 이후 만들어진 선각대사비에서는 궁예를 시종일관 대왕으로 지칭하고 있다. 그러니까 적어도 고려초까지는 궁예를 국왕, 대왕으로 인정하고 있었다는 것이다. 그런데 고려 후기로 접어들면서 궁예는 포악하고 무자비한 왕으로 묘사되며 결국 신하들에게 버림받는 군주로까지 평가 받게 된다. 정치적인 이유에서든, 통치과정후기에서 드러난 민심의 변화 때문이든 지금까지 역사 속에서 궁예에 대한 평가가 지나치게 낮게 평가되어 왔던 것이다.

〈삼국사기〉와 〈고려사〉는 왕건에게 초점을 맞춰 궁예가 한반도의 중원을 차지하고, 서남해 지역을 장악한 사실은 거의 알려지지 않았다. 하지만 선각대사비만 봤을 때 궁예는 고려 초까지 '대왕'으로 인정받았던 인물이다. 통일신라를 무너뜨리고 후삼국시대를 주도했던 궁예는 정치적 유산을 왕건에게 계승하였고 후삼국 통일의 토대를 닦고 한국 중세사를 새롭게 연 혁명가였던 것이다.

우리나라에서는 국가를 세운 인물은 10명이 채 되지 않는다. 궁예는 어려운 배경에서 국가를 만들었고 연호를 채택하고 광대한 성을 건설했던, 한국사에서 가장 담대한 군주 중 하나로 평가되어야 할지도 모른다.

제3장

고려 귀족사회의
성립과 발전

제 **3** 장
고려 귀족사회의 성립과 발전

1 | 고려의 건국과 발전

1) 고려건국과 왕권강화 노력

왕건은 송악(지금 개성)출신으로 혈구진을 비롯한 해상세력과 밀접한 관계를 맺고 서남 해안에서 활약한 지방호족이었다. 그는 확고한 경제적·군사적 세력기반을 가졌기 때문에 다른 호족들과의 결속·연합으로 견훤과 궁예를 물리치고 후삼국을 통일하여 새왕조를 개창할 수 있었다. 왕건은 고구려를 계승한다는 뜻으로 국호를 고려라고 하였다. 이는 신라에 대하여 혁명적인 새왕조를 건설하겠다는 의지의 표현이기도 하였다. 919년에 이르러 국도를 철원에서 송악으로 천도하여 개경이라 불렀다. 송악으로 천도한 이유는 이곳에 왕건의 토착적인 기반이 있었기 때문이었다.

당시 신라는 내부적 정치혼란과 외부적 후백제의 침략으로 인하여 국가의 명맥을 유지하기 어렵게 되자 경순왕이 고려에 귀부하였다. 왕건은 이들을 우대함으로써 전 왕조인 신라의 정통과 권위를 계승하고 정통왕조의 지위를 얻게 되었다.

한편 후백제는 934년에 접어들어 운주에서 고려군에 대패하고 웅진 이북의 30여 성이 함락되는 등 쇠락의 길로 접어들었다. 여기에 견훤부자 사이의 권력투쟁으로 인하여 견훤이 큰아들인 신검에 의하여 금산사에 감금되자 3개월 만에 탈출하여 왕건에게 투항하였다. 이러한 내분은 고려군을 고무시켜 왕건은 대군을 이끌고 후백제를 공격하여 신검의 항복을 받음으로서 마침내 936년에 이르러 후삼국을 통일하게 되었다.

왕건은 후삼국을 통일하였지만 통일은 대립되는 정권의 소멸을 의미할 뿐 각 지방은 여전히 호족들에 의하여 지배되었기 때문에 중앙정부에서 지방관이 파견되지 못하였다. 그리하여 왕건은 왕권을 강화하고 여러지방 호족들의 세력을 통합하기 위하여 포섭과 회유의 양면정책을 취하였다.

먼저 지방 호족들에게 중폐비사(重幣卑辭 : 대우를 두텁게하고 자신을 낮춤)의 저자세로 대하고 귀속해 오는 호족들에게는 관직을 주는 등 특별한 대우를 해 주었다. 동시에 호족들과 연합하기 위한 한 방법으로 호족의 딸을 왕비로 맞이하여 왕건은 6명의 왕후와 23명의 부인을 두었다. 이중 경순왕 백부 김억겸의 딸인 신성왕후 김씨를 제외하며 대부분 유력한 호족들의 딸이었다고 한다.

또한 귀부해 오는 호족들에게 왕씨 성을 사성(賜姓)함으로써 왕실과 동성의 권위를 갖게 하는 의제가족적(擬制家族的)인 관계를 맺었고 왕권을 강화하기 위하여 지방호족들의 자제를 인질로 왕경에 두게 하는 기인제도를 실시하였다. 또 신라 경순왕을 경주의 사심관으로 임명한 것을 시작으로 호족들에게도 고향의 사심관으로 삼아 부호장 이하 향리직을 임명할 수 있도록 하였고 그 지방의 치안통제를 책임지게 하였다. 이로써 지방호족들도 중앙정부의 간접적인 통제를 받기 시작하였다.

특히 태조 왕건은 호족들의 세력을 누르고 왕권을 강화시키기 위하여 『정계(政誡)』 1권과 『계백요서(誡百寮書)』 8편을 지어 신하의 도리를 가르쳐 주고, 자손들이 군주로서 지켜야 할 교훈인 『훈요십조』를 지어 정치의 거울로 삼게 하였다.

고려건국 초기 이와 같은 왕건의 왕권확립 노력에도 불구하고 호족들의 세력은 쉽게 수그러들지 않았다. 왕건이 생존해 있는 동안에는 커다란 동요가 없었으나 왕건이 죽자 아들 혜종 때부터 호족세력들과 왕실세력들 사이에 왕권을 둘러싼 알력이 표면화되었다.

혜종 때 광주(廣州)지역 호족인 왕규는 두딸을 태조 왕건에게 시집보내 15·16비가 되었고 16비는 광주원군을 낳았다. 왕규는 다시 혜종에게도 한딸을 시집보내어 중첩되는 외척관계를 맺었다. 외척관계를 맺어 권력을 부리던 왕규는 혜종의 두 아우 요(堯 : 뒤에 정종이 됨)와 소(昭 : 뒤에 광종이 됨)를 싫어하여 혜종에게 중상하였으나 왕이 듣지 않자 왕을 해치고 자신의 외손 광주원군을 왕위에 올리려는 반란을 일으켰다.

이에 혜종이 병에 들어 즉위한지 2년만에 죽게되자 왕규의 음모를 알게 된 혜종의 아우 요가 서경의 진장(鎭將)이었던 왕식렴의 군사를 빌어서 왕규를 제거하고 왕위에 올랐다. 이 왕이 정종(945년~949년)으로 그는 왕권의 미약함을 일신하고 개국공신과 호족들의 세력이 판을 치는 개경으로부터 서경천도를 추진하였다. 그러나 재위 불과 4년 만의 불확실한 죽음으로 실현되지 못하였다. 따라서 정종 때까지만 하여도 왕권이 불안정한 상태에 있었음을 알 수 있다.

2) 통치체제의 정비

정종의 뒤를 이어 즉위한 광종(949년~975년)은 고려 왕권의 강화와 안정에 큰 공적을 세웠다. 광종은 즉위 후 먼저 광덕·준풍의 연호를 쓰고 황제의 칭호를 사용하였으며 개경을 황도, 서경을 서도라 개칭하여 왕권의 권위와 위엄을 보이려고 하였다. 그리고 온건한 방법으로 호족들을 무마하면서 왕권의 안정을 도모하였고 왕권이 안정되자 호족세력들을 억압하기 시작하였다.

광종 7년(956년)에 노비의 신분을 조사하여 원래 양인이었던 자들을 풀어 주는 노비안검법(奴婢按檢法)을 실시하여 호족들의 경제적·군사적 기반을 약화시켰다. 하지만 국가는 양인의 수가 확보됨으로써 재정수입이 증가되었다.

광종 7년(956년)에는 후주에서 고려에 사절로 왔다가 병을 얻어 귀국치 못하고 귀화한 쌍기의 진언에 따라 과거제도를 실시하였다. 광종 9년(958년)에는 과거제도를 시행하여 관인을 등용하는 기준을 무력이나 세력에 의존하지 않고 문예나 유교경전에 관한 지식을 준거로 신진관리를 선발하여 왕권을 강화시켜 나갔다.

광종 11년(960년)에는 관료체계의 안정을 위하여 백관의 공복(公服)을 제정하여 실시하였다. 관리들이 입는 복색을 자삼(紫衫)·단삼(丹衫)·비삼(緋衫)·녹삼(綠衫) 등의 4계급으로 구분하여 관리들의 질서를 확립하고 왕권을 중심으로 귀족층을 안정시키려 하였다. 이러한 광종의 개혁조치에 가장 불만을 가진자는 호족들과 건국에 공이 큰 장수나 그 자손들이었다. 이에 광종이 왕권에 순종치 않는 자는 모조리 과감한 숙청을 단행하여 개경의 호족과 중앙귀족들에게 엄벌을 보이자 중앙에서의 왕권은 안정되었고 중앙집권화가 진전되었다.

광종 이후 경종이 즉위하자 광종 때 개혁정치의 주역들이 제거되고 훈신계열의 반동정치가 행하여졌다. 그러나 경종 때에도 중앙집권화가 계속되었는데 이러한 표현이 바로 경종 원년(976년)에 제정된 전시과(田柴科)이다. 전시과는 모든 관리에게 등급에 따라 토지를 차등 있게 나누어

줌으로써 중앙관료들의 경제적 기반을 마련해 주는 동시에 그들을 중앙집권체제내에 편입시켰던 것이다. 이리하여 호족들의 권한과 왕권이 어느 정도 균형을 갖기 시작하였다.

이러한 고려초기 중앙집권화정책은 제6대 성종(982년~997년) 때에 이르러서 유신(儒臣)인 최승로의 보필을 받아 유교를 정치이념으로 삼고 당나라 제도를 채용하여 중앙집권체제를 확립하였다. 성종은 최승로의 시무책 28조 건의서를 받아들여 중앙의 정치기구를 중국식으로 고쳐 문·무관료로 편제하였고 향직은 고려의 독자적 질서체계인 관계(官階)의 전통을 계승하였다. 성종 2년(983년)에는 지방 행정기구 정비에 착수하여 전국을 12목으로 나누고 중앙에서 처음으로 지방관을 파견함으로써 지방의 자치적인 호족이 중앙정부의 통제하에 들어오게 되었다. 그리고 지방 호족들의 병기를 몰수하여 사병양성을 억제하고 몰수된 병기로 농구를 만들어 권농정책을 실시하였다.

또한 성종은 지방호족의 자제들을 선발하여 개경의 학교에서 교육시키고 과거를 통해 관리를 채용하는 교육정책을 추진하였다. 이는 지방호족을 중앙관료화시켜 중앙집권체제 안에 흡수하려는 의도이었다. 성종의 유교정치 실시는 중앙집권체제를 강화하기 위한 이념과 재상정치의 실현으로 고려왕조의 기반을 확립시킴과 동시에 고려 귀족제도의 밑받침이 되었다.

고려초기의 중앙관제는 태봉의 관제를 주축으로 하고 통일신라의 제도를 가미한 절충제였다. 이후 점차 당의 제도를 모방하고 송의 제도를 참작하면서 독자적인 고려의 특성을 지니게 되었다.

고려 중앙관제의 기본골격은 3성 6부제로 성종 2년에 정비되기 시작하여 문종 30년에 완비되었다. 3성은 중서성(中書省)·문하성(門下省)·상서성(尙書省)을 말하는데 중서성과 문하성은 따로 독립된 기관이 아니라 단일기관으로서 중서문하성 또는 재부(宰府)라고 하였다. 중서문하성은 최고의 정무기관으로서 2품 이상의 재신들이 모든 정책을 결정하였고 3품 이하의 낭사들이 정책을 건의하고 그 잘못을 간하는 기능을 담당하였다. 상서성은 재부 아래에 있어 관료 전체를 통솔하고 재부에서 결정된 정책을 중앙과 지방의 각 기관에 전달하는 임무를 맡았다.

6부는 상서성에 소속된 실무 관장기관으로 이·호·예·병·형·공부로 구성되었다. 이부는 문관의 인사, 호부는 호구와 조세, 예부는 의례·외교·교육·과거, 병부는 무관의 인사와 군무(軍務)·의위(儀衛)·우역(郵驛), 형부는 법률·사송(詞訟)·형옥(刑獄), 공부는 산택(山澤)·공장(工匠)·관조(管造) 등을 담당하였다. 특히 6부에서도 문무관의 인사를 담당한 이부와 병부는 정조(政曹)라 하여 중요시하였다.

또한 3성과 대등한 위치의 중요한 기구로 중추원(뒤에는 추밀원이라고 함)이 있었다. 중추원은 추부(樞府)라고도 하였는데 왕명의 출납과 군가 기밀 및 왕실의 호위를 담당하였다. 그리고 재부와 추부는 양부라 하였으며, 양부의 고관이 모여서 국가중대사를 논의하였는데 이를 도병마사(뒤에는 도평의사사라고 함) 또는 도당이라고 하였다. 도병마사는 본래 국방에 관한 것을 주로 다루었으나 점차 의정기관이 되어 국정일반에 관한 사무를 관장하는 합좌기관이 되었다.

무반의 최고 합의기관은 중방으로 중방은 2군·6위의 정·부지휘관인 상장군과 대장군으로 구성되었다. 권력은 도당에 비해 떨어졌다.

지방관제는 성종 2년(983년)에 12목을 두어 중앙에서 지방에 관리를 파견한 것이 시초였다. 12목은 광주·양주·충주·청주·공주·진주·상주·전주·나주·승주·황주·해주 등 12개 주에 설치하였다. 그 이전에는 금유(今有)·조장(租藏)·전군사(轉軍使) 등의 관리가 파견되어 지방의 호족들을 통제하고 징수·수납의 임무를 맡았으나 호족들이 반독립적인 상태를 유지하고 있었기 때문에 임시적인 것이었다. 이후 지방관제는 몇 차례의 개폐과정을 거쳐서 현종 9년(1018년)에 완성되었다. 이에 의하면 전국을 5도와 양계로 크게 나누고 그 안에 3경·5도호부·8목을 위시하여 주·군·현·진 등을 설치하였다.

도는 양광도·경상도·전라도·서해도·교주도 등 5도로 관찰사를 두어 관리케 하였으며 그 밑에 주·군·현을 두고 각각 수령을 파견하여 통치하였다. 그러나 수령이 직접 파견된 주·군·현이 있는 반면에 인근의 주·군·현에 예속된 경우도 있었다. 이에 비해 동계·북계(서계) 등 양계는 북방의 국경지대에 설치된 군사적 특수지역으로 병마사가 관할하였고 그 밑에 진이 설치되었다.

3경은 풍수지리설과 밀접한 관계가 있는 것으로 처음에는 개경(개성)·서경(평양)·동경(경주)이었으나 뒤에 동경 대신 남경(서울)이 추가되었다. 5도호부는 안동·안남·안서·안북·안변의 5개 도호부인데 사방요지를 차지하여 군사적인 방비와 지방통치의 중심지가 되었다. 그리고 중앙정부의 명령하달기구로서 군사적 연락·조세·공납물의 수송을 위해 역·관·진·포 등이 설치되었다. 또한 주·군·현에 파견된 수령 밑에는 수령을 보좌하며 행정실무를 담당하는 토착인 향리가 있었으며 주·군·현 밑에는 촌이 있는데 여기에서는 토착인 촌장이 촌민을 통치하였다.

이밖에도 주·군·현과는 다른 향·부곡·소 등의 특수행정조직이 있었다. 이들 향·부곡·소의 주민들은 국학의 입학이나 과거의 응시를 금하는 등 일반 주·군·현의 주민들에 비하여 차별대우를 받았다.

3) 토지제도와 군사제도

고려는 토지제도를 교정하고 호족들의 세력을 누루기 위해서 토지제도의 정비가 절실히 필요하였다. 고려는 왕권이 확립되어 감에 따라 토지 국유제의 원칙을 표방하고 전국의 토지를 국가의 대장에 등록시킨 후 필요에 따라 토지를 재분배하였다.

또한 토지의 사유화를 막기 위하여 토지 관리 및 처분의 권한은 국가가 가지고 개인에게는 토지 자체를 지급하는 것이 아니라 지급되는 토지에 대해 조(租)를 거두어들일 수 있는 수조권이나 경작권만을 주었다. 특히 고려의 토지제도는 문무백관으로부터 부병(府兵)·한인(閑人)에 이르기까지 국가의 관직이나 직역(職役)을 담당하는 사람들에게 그들의 지위에 따라 전토(田土)와 시지(柴地)를 차등있게 나누어 준 전시과체제로 운영되었다.

태조는 후삼국 통일 후 구세력들을 포섭하면서 이 세력가들에게 식읍(食邑)·사전(賜田) 등의 형식으로 그들의 전통적인 생활기반을 유지하도록 하였다. 그리고 건국공신들에게는 공로의 대소여하에 따라서 토지를 지급하였는데 이를 역분전(役分田)이라고 하였다. 이후 경종 원년(976년)에 처음으로 전시과가 설정되어 문반·무반·잡업인(雜業人)에게 그들 본래의 사회적 신분과 소유지의 다소를 참작하여 전토와 시지(임야)를 차등있게 지급하였는데 무신이 문신보다 더 많은 전시지를 지급받았다.

목종 때에 이르러서는 관직의 등급에 따라 18과(제1과 전 100결, 시 70결, 제18과 전 20결) 로 구분하여 토지를 차등있게 지급하였다. 이때에는 문관이 무관보다 현직이 산직보다 우대되었으며 군인층이 토지 지급대상에 포함되었다. 그후 전시과는 문종 30년에 이르러 다시 개편되었다. 18등급으로 토지를 나누어 지급한 것은 종전과 같으나 지급토지가 전보다 감소되었으며 무관에 대한 대우는 높아지고 산관은 지급대상에서 제외되는 등 고려의 토지제도가 최종적으로 완성되었다.

전시과는 관료들에게 국가에 봉사한 대가로 지급된 토지로 소유권을 준 것이 아니라 수조권만을 지급한 것이다. 따라서 토지를 지급받은 관료들은 공직에서 퇴직하거나 사망하였을 경우 즉시 토지를 국가에 반납하여야 하였고 자손들에게 상속은 금지되었다. 하지만 국가에 큰 공훈을 세운 공신에게 지급하였던 공음전(功蔭田)은 문종 3년 이후 국가의 공훈과는 관계없이 5품 이상의 모든 관리에게 지급하게끔 제도화되었는데 전시과와는 달리 자손에게 세습이 허용되었다. 이는 5품 이상의 고관자제에게 음서제의 혜택을 준 것과 같이 신분보호를 위한 시책으로 고려귀족의 신분을 경제적으로 뒷받침해 주었다.

6품 이하의 관리 자제에게는 신분유지를 위하여 한인전(閑人田)을 지급하였다. 자손이 없는 하급관리와 군인 유가족에게도 구분전(口分田)을 지급하여 생활대책을 마련해 주었다. 향리들에게도 향역의 대가로 외역전(外役田)을 지급하고 군인들에게도 군인전을 지급하였다. 또한 왕실의 경비를 충당하기 위하여 내장전이 지급되었는데 이 토지를 관리하는 관청을 내장택이라고 하였다. 그리고 중앙과 지방의 여러 관청을 유지하기 위하여 공해전이 지급되었고 이 밖에도 학교에 준 학전, 사원에 기증한 사원전 등이 있었다.

고려는 건국 초기 북방 거란족과 군사적인 충돌이 잦았으므로 군사조직에 대한 관심이 커서 개경 근방에 강력한 직속부대를 두어 유비무한의 태세를 취하였다. 고려의 군사조직은 중앙의 2군 6위(경군)와 지방의 주현군으로 편성되었다.

경군은 2군과 6위의 8개 부대로 편성되었다. 2군은 국왕의 친위대인 응양군(1영)과 용호군(2영)으로 이를 근장(近仗)이라 불러 6위보다 우위에 두었다. 6위는 개경 및 변방의 방비를 담당한 좌우위(13영)·신호위(7영)·흥위위(12영)와 경찰임무를 담당한 금오위(7영), 의장임무를 담당한 천우위(2영), 궁성수비의 임무를 담당한 감문위(1영)로 조직되었다. 2군 6위에는 45개의 영이 있었음을 알 수 있는데 1영은 1,000명의 군인으로 편성되어 있음으로 고려 중앙군인 경군은 전부 45,000명 이었다. 영은 병종에 따라서 보승·정용·역령·상령·해령 등으로 구분되었다. 이 중 보승·정용이 핵심 전투병종으로 경군의 주력부대인 좌우위·신호위·

흥위위 등 3위에 소속되었다.

2군 6위의 부대장은 정3품의 상장군으로 그 가운데 가장 서열이 높은 응양군 상장군은 반주가 되어 상장군과 대장군(부지휘관)으로 구성된 무신의 합좌기관인 중방(重房)의 의장이 되었다. 각 영의 부대장은 정4품의 장군으로 그들도 역시 합좌기관인 장군방을 구성하였다. 2군 6위의 경군은 처음에는 특정한 군반씨족에서 충당한 전문적인 직업군인이었다. 이들은 군역을 세습하는 대신 그에 대한 반대급부로 군인전을 지급받아 생활기반으로 삼았다.

지방군의 효시는 정종때에 조직된 광군으로 뒤에 주현군으로 개편되었다. 5도에 배치된 주현군은 보승·정용·일품군으로 편성되었다. 보승과 정용은 치안과 방비를 담당하였고 일품군은 농민으로 구성된 공병부대이었다. 양계의 각 진에 배치된 주현군은 초군·좌군·우군 등이 있었다. 이들은 유사시에 대비할 수 있는 상비적인 정규군이었다.

4) 신분제와 과거제도

신라 말에서 고려 초기로 접어들면서 골품제도가 무너지고 지방호족세력이 사회의 주체세력으로 등장하여 고려의 지배세력과 중앙귀족이 되었다. 고려의 신분체제는 이들을 중심으로 4계급으로 나뉘어졌다. 상류의 왕족과 문벌귀족, 중류의 하급관리와 군인, 하류의 평민, 최하위 계급의 천민과 노비 등이었다. 이들 계층은 그 자손이 대대로 신분을 세습하였고 신분사이에 구별이 엄격하였다.

고려사회는 상류의 왕족과 문벌귀족이 지배층으로서 모든 면에 걸쳐 주도적 역할을 담당하였기 때문에 귀족사회로 규정된다. 이들은 재추(宰樞)를 중심으로 한 관직을 차지하여 정치권력을 장악하고 과전·공음전 등 막대한 토지를 점유하여 경제적 부를 축적하였다. 이들은 사회적으로도 제1신분으로 면세·면역 등 여러 가지 특권을 누리면서 불교·유교·예술 등 문화면의 주역을 담당하였다.

또 문벌귀족들은 이러한 사회적 신분을 유지하기 위하여 그들 상호간에 폐쇄적인 혼인관계를 맺었고 왕실과 혼인하여 왕실의 외척이 되려고 노력하였다. 그리하여 이들은 정부요직을 차지하여 정치권력을 독점하였고, 그들의 자제들은 과거를 통하거나 음서제에 의하여 관리에 임명되었다. 즉 이들은 가문을 배경으로 중요관직에 올라 문벌귀족으로서의 명맥을 유지해 나갔던 것이다.

중류계급은 하층 지배층으로 중·하급의 관료나 중앙·지방관아의 서리(胥吏), 문무양반의 계열에 들지 못하는 남반·군반 등으로 이들은 지배계급이긴 하나 문벌귀족과 같이 특권을 갖지 못하고 자기의 전문 분야에서만 권리를 가졌다.

평민계급은 피지배층의 대부분을 이루는 농민·상인·각종 장인들인데 어떠한 권리도 없이 국가나 귀족들에게 조세·공물·부역·병역 등의 의무만 있었다. 특히 백정이라고 불리운 농민들은 이러한 힘겨운 역을 피하기 위하여 농토를 떠나 유민이 되거나 권력이 있는 호족들의 집에 들어가 사적 전호(佃戶) 또는 노비로 전락되는 경우가 많았다.

최하위 계급은 천민으로 노비·역정·화척·재인들을 가르키며, 향·소·부곡의 백성들도 포함되었다. 천민의 대부분은 노비로 공노비와 사노비로 구분되었다. 공노비는 국가기관에 소속되어 궁중과 중앙 및 지방의 관청에서 잡역이나 경작노동에 종사하였다. 사노비는 개인에게 소속되어 주인집 종으로 살면서 잡일을 하는 솔거노비와 주인과 따로 살면서 농업에 종사하는 외거노비로 구분되었다.

고려시대에는 특수행정구역으로 향·소·부곡이 있었다. 이곳의 주민들은 주로 농업에 종사하는 농민으로 토지와 호구의 규모가 적어 주·현으로 편입되지 못하였거나 죄와 벌로서 주·현에서 강등된 지역의 주민이었다. 특히 소는 금·은·동·철·종이·먹 등의 수공업에 종사하는 사람들로서 직업상 가장 천시되었다.

고려의 과거제도는 중국 후주사람이었다가 광종때 고려에 귀화한 쌍기의 건의에 의해 시행되었다. 과거제도 실시의 근본적인 동기는 왕권강화책으로서 개국공신 세력을 배제하고 지방호족 출신들을 중앙의 관료체제로 편입시키기 위해서였다.

고려 초기의 과거시험은 제술과(진사과)·명경과·잡과가 있었다. 제술과는 주로 시(詩)·부(賦)·송(頌)·책(策) 등의 문학으로 시험을 거쳐 등용하였고 명경과는 주로 서(書)·역(易)·시(詩)·춘추(春秋) 등 유교의 경전을 시험하였다. 제술과와 명경과는 문신등용을 위한 시험이었으나 특히 제술과를 더 중요하게 여겼다. 잡과는 의학·산학·음양학·지리·천문·법률 등의 과목으로 시험하여 기술관을 등용하였는데 가장 격이 낮은 것이었다. 그러나 고려시대에는 과거를 통해 무신이 되는 길은 없었다. 이밖에 승려를 위한 승과도 마련되어 교종과 선종으로 나누어 시험하였다.

과거를 볼 수 있는 자격은 천민이나 승려의 자식에게는 없었고 양민이면 되었으나 양민은 거의 시험을 치를 수 없었다. 왜냐하면 귀족이나 부유층 자제들만이 공부를 할 수 있었기 때문이었다. 과거의 시험관을 지공거(知貢擧)라 하였는데 초기에는 중임·삼임을 하였으나 현종 이후 중임제가 없어졌다. 그리고 지공거와 과거 급제자는 스승과 제자의 관계를 맺어 사회의 한 집단을 형성해 나갔다.

과거시험의 절차는 중앙과 지방에서 각각 1차 시험을 보고, 1차시험에 합격한 자들은 개경의 국자감에서 2차 시험을 보았다. 1차 시험시 중앙에서 합격한 자들을 상공(上貢)이라 하고 지방에서 합격한 자들을 향공(鄕貢) 이라 불렀다. 2차 시험의 합격자와 국자감에서 3년 이상 공부한 학생 그리고 관직에서 300일 이상되는 자가 모여서 3차 시험을 보았는데 최종으로 33명을 합격시켰다. 3차 시험을 동당시(東堂試)라 하였고 왕이 친히 시험을 보는 것을 친시(親試) 또는 염전중시(簾前重試)라 하였다.

그러나 고려의 과거제도는 관리의 등용에 있어서 절대적인 중요성을 차지하는 것은 아니었다. 왜냐하면 5품 이상의 관리 자제에게는 과거를 거치지 않고도 음서제(蔭敍制)라 하여 관직을 주는 제도가 있었기 때문이었다. 이것은 결국 고려의 관료제도가 강력한 귀족제도에 의해서 뒷받침되고 있었음을 말하여 주는 증거이다.

성종 11년(992년)에 중앙에 정식으로 국자감을 설치함으로써 교육제도의 기반이 확립되었다. 국자감은 당나라의 제도를 본받은 일종의 종합대학으로 국자학·태학·사문학 및 율학·서학·산학으로 구성되었다. 학생의 신분에 따라 국자학(3품 이상의 자녀)·태학(5품 이상의 자녀)·사문학(7품 이상의 자녀) 등으로 구별하고 유교의 경전과 문학을 가르쳤다. 그리고 율학·서학·산학 등 잡학은 8품 이하의 자제와 서인(庶人)들에게 가르쳤다.

지방교육은 성종 때 12목에 따로 경학박사·의학박사 각 1명을 파견하여 교육을 실시하게 하였다. 이후 인종 때에 지방교육기관인 향학이 설립되어 지방 자제들의 교육을 담당하였다.

5) 동아시아의 정세와 고려

고려는 건국 이후 중국의 5대(후량·후당·후진·후한·후주)로부터 송왕조의 수립에 이르기까지 역대왕조와 친선관계를 유지하였다. 특히 송왕조와는 문화적·경제적으로 밀접한 유대관계를 맺어왔다. 하지만 북방민족인 거란·여진·몽고에 대해서는 야만시하고 대립정책을 견지하였다. 그러나 북방민족이 송왕조를 무너뜨리고 중국 대륙에 진출하자 고려의 대외정책은 차질을 빚게 되었고 이들의 침입을 받게 되었다.

북방민족의 침입에 대하여 지배층의 성격에 따라 대응 양상이 달랐다. 처음 거란 침략에는 건국 초기의 강인한 자주적 의식을 바탕으로 강력하게 항쟁하였다. 12세기에 접어들어 문신귀족정치의 동요로 금의 침입에 대하여는 연약한 사대주의를 취하여 강화를 맺는다. 이어 13세기에 몽고가 침입하였을 때는 무신정권이 항쟁을 결의하여 강화도로 천도하였고 이후 삼별초에 의하여 지속적인 항쟁이 계속되었다.

고려 태조 25년(942년)에 거란이 사신을 보내어 낙타 50필을 바치자 태조는 "거란은 발해와의 구맹(舊盟)을 저버리고 하루 아침에 공멸한 무도의 나라이므로 교빙할 수 없다"고 하여 사신을 섬으로 유배보내고 낙타를 개경의 만부교에서 굶어죽게 하였다. 그리고 발해의 유민을 받아들이고 북진정책을 강행하여 청천강까지 국경을 확장시켰다. 이러한 태조의 북진정책은 후대의 제왕들에게 그대로 계승되었다.

거란은 송의 북벌에 대응하기 위한 조처로 먼저 압록강 유역의 여진족과 발해의 유민이 세운 정안국을 정벌하였다. 그리고 그 여세를 몰아 성종 12년(993년)에 고려를 공격하였다. 이것이 고려와 거란 간의 제1차 전쟁이다.

거란의 침공을 받자 고려의 장군 서희는 여진의 방해로 인해 거란과의 통교가 이루어지지 않았으므로 압록강유역에 성을 쌓아 거란과 도로가 통하게 되면 송과의 관계를 끊고 거란과 통교를 하겠다고 하였다. 즉, 서희는 거란과의 무리한 군사적인 대결을 회피하면서 외교적인 실리노선을 추구하였던 것이다.

1004년 송을 멸망시킨 거란은 현종 1년(1010년)에 고려를 침입하였다. 이것이 거란의 제2차 침공이다. 거란은 고려의 제2차 침공에서 고려왕의 친조를 조건으로 소득없이 철군하였다. 이는 아직 항복하지 않은 북계의 제성의 군사력을 두려워하였고 군사적으로도 큰 타격을 입었기 때문이었다. 이후 고려 현종의 친조가 실현되지 않자 거란은 강동 6주의 반환을 강력하게 요구하였다. 이를 고려가 거절하자 거란은 현종 9년(1018년)에 소배압으로 하여금 3차 침공을 하게 하였다. 그러나 거란군은 도처에서 고려군의 저항에 시달리다가 강감찬이 흥화진에서 내침하는 거란군을 맞이하여 크게 무찌르고 퇴각하는 적군을 귀주에서 다시 섬멸하여 거란군의 침입은 완전히 실패하고 말았다. 이 전투가 바로 귀주대첩으로 살아 돌아간 거란군이 수천 명에 불과 하였다고 한다.

현종 10년 거란과 30년간의 전쟁이 끝난 후 고려는 안정국면에 들어가게 되었고 송·거란과의 대외무역도 활발히 전개되었다. 그러나 12세기에 접어들어 동북 만주지역을 중심으로 새롭게 대두한 여진족의 금이 거란을 전복시키고 동북아시아의 강자로 등장하면서 고려·거란·송 등의 국제질서 안정국면은 흔들리기 시작하였다.

고려는 여진의 성장에 대응하여 예종 2년(1107년) 여진정벌을 시도했다. 윤관은 먼저 정주지역의 여진을 섬멸하고, 9성을 쌓아 군사를 주둔시키고, 남방의 백성을 옮기어 민호를 채우고 예종 3년(1108년) 4월에 개경으로 개선하였다. 여진의 고려에 대한 공격은 9성이 구축된 후 발 시작되어 이듬해 7월 양국이 화의를 맺고 9성을 되돌려줄 때까지 계속되었다.

고려가 송과 국교를 정식으로 맺은 것은 광종 13년(962년) 이었다. 국교가 맺어질 수 있었던 이유는 고려가 송에 대해 경제적·문화적 이익을 얻기 위한 것이었고, 송은 고려와 동맹을 맺어 거란의 침략을 막기 위한 것이었다.

거란이 금에 의해 멸망한 뒤, 금과 송이 대립하게 되자 고려는 송과 군사적으로 중립을 유지하면서도 교역은 여전히 계속하였다. 이때 송나라 상인뿐만 아니라 아라비아 상인의 선박도 개경의 해상문호인 예성항에 출입하여 많은 새로운 물자를 들여왔다. 아라비아 상인과의 상거래로 인하여 고려인들의 시야가 넓어졌으며 이들을 통하여 Korea라는 이름이 멀리 바다 건너 서양에까지 전해졌다.

이와 같이 고려가 송과 우호적인 관계를 지속적으로 맺을 수 있었던 이유는 송에 대한 고려의 문화적 욕구와 고려에 대한 송의 군사적 욕구가 서로 일치하였기 때문이었다. 고려는 송과의 관계를 통하여 그들의 선진 문물을 수입하는데 주안점을 두었다. 그리하여 사신과 학생 및 승려를 송에 파견하여 그들의 발달된 유교·불교·예술을 받아들였다. 이에 따라 고려의 유교·불교가 심화되고 송 판본(板本)의 전래로 고려의 인쇄술이, 송자(宋磁)의 전래로 고려청자가 발달하였던 것이다.

2 | 고려의 사상과 문화

1) 불교의 융성

고려시대의 불교는 국가불교적인 성격을 지니고 있어 정신계 지도이념으로 현실생활에 큰 영향을 주었을 뿐만 아니라 고려시대 사상과 문화 가운데 주요한 위치를 차지하였다. 고려의 귀족들은 불교를 국가나 개인의 현세에 있어서 행복과 안녕을 좌우하는 현세 이익의 종교로 생각하여 고려의 불교는 현세구복(現世求福)적이며 호국적인 성격을 띠었다. 그리하여 지배층인 왕실과 귀족들은 불교가 국가를 비보(裨補)하고 국리민복을 가져다주는 것으로 인식하여 국교로 삼음과 동시에 국가와 왕실의 번영을 위하여 각종 불교행사와 사찰을 건립하는 데 힘썼다.

태조 왕건은 고려의 건국 이전부터 불교를 신봉하여 선종의 지지를 받았고 그 결과 후삼국의 통일전쟁에서 승리할 수 있었다. 이리하여 왕건은 건국이후 개경에 법왕사 · 왕륜사 · 흥국사 등 10여개의 사찰을 건립하였고 훈요 10조에서 불법(佛法)이 국가를 비보한다고 강조하여 그 후손들에게 불교국가의 방향을 제시하였다.

불교의 행사로는 연등회와 팔관회가 시행되었다. 연등회는 원래 석가의 입적을 기념하는 불교의식이었으나 고려왕실의 환생설과 결부되어 왕실번영의 축제로 변형되어 매년 2월 성대히 행하여 졌다. 팔관회는 기존의 토속신앙이 불교의 종속적인 차원으로 흡수되어 이루어진 일종의 추수감사제로 민중을 위한 축제였다.

고려 불교의 호국불교적 성격은 불교의 과거제도인 승과제도가 마련된 것으로도 알 수 있다. 승과에 합격하면 다같이 대덕(大德)이 되고 교종선은 승통(僧統), 선종선은 대선사(大禪師)까지 승진할 수 있었다. 이들은 다시 왕사(王師) · 국사(國師) 추대되어 신앙면에서 국가왕실의 고문역할을 하였다. 뿐만 아니라 사원에는 국가로부터 전지와 노비가 급여되고 면세·면역 등의 특전이 베풀어져 사원승려의 세속권이 확대되고 사원경제가 팽창하였으며 승려는 귀족신분으로 대접받았다.

고려불교는 초기에 신라불교를 계승한 화엄종을 중심으로 한 교종과 9 산선문의 선종이 대립하고 있었다. 고려중기에 들어 이러한 양파의 대립에 새로운 자극과 혁신을 불러일으킨 사람이 천태종의 개조인 대각국사 의천이다. 중기에는 특히 보수적인 귀족불교인 법상종이 융성하여 화엄종과 대립하였고 선종은 제3종단으로 밀려났다.

화엄종은 왕실과 밀접하게 연관되었고 법상종은 문벌귀족인 인주 이씨와 연결되어 있었다. 화엄종측의 의천이 법상종을 융합하고 나아가 선종까지도 통합하려는 운동을 전개하였다. 교(敎)·선(禪)통합에 관심을 가지고 있던 의천은 침체해 있던 천태학을 부흥시켜 천태종을 개창하고 이를 중심으로 선종을 포섭하였다. 이것은 교종의 입장에서 선종을 흡수하려는 사상체계로서 교종인 화엄종과 선종의 절충적인 성격을 띠고 있다.

그러나 의천의 통합은 교리적인 통합이 아니라 교단의 통합에 그쳐 의천이 죽자 천태종은 곧 쇠퇴하고 선종은 다시 독립하였으며 화엄종은 균여파와 의천파로 분열되었다.

무신정권 수립이후 불교는 선종이 부흥되었고 신앙결사운동이 전개되었다. 신앙결사운동은 지방사회의 토호세력과 독서층 및 그 이하의 신분층들이 중심이 되어 결성한 일종의 신앙공동체로서 지방 소규모의 사원을 근거지로 하였다. 문신문벌과 결탁하였던 교종은 무신정권 수립이후 교세가 쇠퇴하였고 무신정권과 손을 잡았던 선종은 부흥되었다.

무신정권 수립이전부터 보조국사 지눌은 불교계의 타락을 비판하고 '정혜쌍수(定慧雙修)'라는 새로운 불교이론을 주장하며 선종위주의 불교혁신운동을 전개하였다. 이 이론은 인간의 마음이 곧 부처라는 사실을 먼저 깨닫고 이를 바탕으로 수련을 계속해야 하며 그 수행에 있어서는 정·혜를 함께 닦아야 한다는 것이다. 지눌은 이러한 사상을 바탕으로 당시 불교계의 혁신운동을 도모하고 신앙결사로써 수선사를 조직하였다. 그리고 수선사를 통하여 새로운 선풍(禪風)을 진작하고 불교를 기층사회에 널리 확산시키려 노력하였다.

2) 유교 수용과 주자학의 전래

후삼국을 통일한 고려 태조 왕건은 자신의 집권을 정당화하기 위하여 민본론을 바탕으로 하는 유교사상을 정치이념으로 받아들였다. 왕건은 신국가인 고려의 성립을 역설하고 국왕으로서의 즉위가 하늘의 뜻임을 밝힐 필요가 있었기 때문이었다. 이후 광종은 문치주의 수용하여 무신들을 숙청하고 문신들을 등용하였으며 신정치의 목표하에 교육기관을 정비하고 과거제도를 실시하였다.

성종은 유교와 한문학의 교양이 있는 자를 관리로 등용하고 유신 최승로의 건의를 받아들여 국가의 모든 양식을 유교의 예에 따르게 하는 숭유정책(崇儒政策)을 실시하였다. 특히 성종은 관료들을 교육할 수 있는 국자감을 설치하여 유교경전을 가르쳤다.

고려시대에 있어서 유교가 크게 융성한 것은 귀족정치의 전성기인 문종 때였다. 문종 때에 해동공자라고 불리던 최충이 문하시중의 벼슬을 사임한 뒤, 9개의 전문강좌로 나누어 설강하는 9재학당이라는 사숙을 만들었다.

이어 전직 고관이나 과거의 지공거(시험관)를 지낸 학자들이 앞서 설립된 최충의 9재학당을 본받아 사학을 일으켜 이른바 사학 12도가 신설되었다. 이 때 교수는 사학의 저명한 학자가 가르쳤기 때문에 과거합격률이 국학보다 높고 또 문벌을 존중하는 풍조가 작용하여 귀족자제들은 관학인 국자감보다 사학 12도에 가는 것을 영광으로 생각하였다. 이러한 사학의 발달은 학문을 크게 발달시켰으나 그 반면에 학벌이라고 하는 새로운 파벌 관념을 낳았다.

이와 같이 고려의 유교는 귀족사회의 발달과 함께 귀족문화의 중심을 이루면서 크게 융성하였으나 유학자들이 과거준비에만 급급함으로써 유교의 이론이나 사상면에서의 폭넓은 연구는 이루어지지 못하였다. 그리고 고려의 유교는 불교를 배척하지 않았다. 이 당시의 지식인들은 불교는 정신생활과 안심입명을 위한 종교이고 유교는 실제생활, 즉 제가와 치국을 위한 학문이라고 생각하여 양자를 다 포용하는 자가 많았다.

고려후기에 들어 우주의 근본원리와 인간의 심성문제를 철학적으로 해명하려는 신유학인 주자학이 수용되었다. 주자학은 송의 주자가 완성한 것으로 송이 멸망한 후 원에서 성행하여 지배이데올로기로 채택되었다. 이후 원은 주변국가의 지배관계를 정당화하는 논리로서 주자학을 주변국에 인위적으로 전파시켜 고려는 이 같은 조건에 의하여 주자학을 용이하게 수용하였다.

고려의 주자학 수용자들은 신진사대부들이었는데 이들은 기존의 유학자들과 달리 불교를 적극적으로 비판하였다. 유교는 효 · 충 · 예의 가족과 사회 및 국가의 윤리를 강조한데 비하여 불교는 자기 자신만의 해탈을 강조하고 불교사원이 인민과 토지를 사적으로 점유하여 사회모순의 근원이 되었기 때문이었다.

고려의 주자학은 충렬왕 때 안향이 처음으로 소개하였다. 이후 백이정이 직접 원에 가서 배워와 이제현 등에게 전수하였다. 고려 말에 접어들어 이색 · 이숭인 · 정용주 · 길재 · 권근 · 정도전 등이 이를 발전시켰다. 고려에 수용된 주자학은 송의 주자학이 원에서 한차례 걸러진 것으로 형이상학적 측면보다는 실천적인 측면이 강조되었다.

고려 후기 주자학 수용은 수용자들의 이해방식에 따라 서로 다른 현실정치론을 주장하였다. 이제현 · 이색 · 권근 등은 고려말의 사회모순에 대하여 인간의 본성을 중시한 주자학을 전제로 윤리도덕적 정치론을 전개하였다. 이들은 고려 지배체제의 구조적 제도개혁보다는 개인의 윤리도덕과 사회교화의 실현에 주안점을 두는 현실대응론을 주장하였다. 반면에 정도전·조준 등은 이들과 다른 정치적 입장을 취하여 좀 더 근본적인 개혁을 주장하였다. 이러한 상반되는 주자학 수용자들의 대립은 이후 고려왕조의 수성(守成)과 조선왕조의 창업이라는 정치적 선택을 결정하게 하였다.

3) 대장경과 귀족문화의 발달

고려는 불력으로 외세를 격퇴하고 문화의 우수성을 과시하고자 3차에 걸쳐서 대장경을 간행하였다. 대장경의 조판은 현종 원년(1009년)에 착수되어 선종 4년(1087년)에 완성되었다. 대장경의 간행목적은 불력으로 거란의 침입을 막고자 한 것도 있지만 불교의 교리를 정리하려는 목적도 있었다. 이렇게 간행된 팔만대장경은 고종 22년(1235년)에 몽고의 3차 침입으로 대구 부인사에 소장되었던 경판이 소실되었지만 불력의 힘으로 몽고군을 격퇴시키겠다는 일념으로 고종 24년(1237년)에 완성되었다(81,137매).

팔만대장경

팔만대장경은 전란의 와중에서 간행되었음에도 불구하고 글씨체의 아름다움과 내용의 정확성 및 목판 제작의 정교함은 동양에서 간행된 20여 종의 대장경 중에서 가장 으뜸가는 것으로 알려지고 있다. 팔만대장경은 최초 강화성 양문밖에 있는 대장경 판당에 보관되었다가 이후 선원사로 옮겨졌고 조선시대에 들어와 합천 해인사로 옮겨진 후 현재에 이르고 있다.

숙종때에 이르러 대각국사 의천은 국왕에게 요청하여 교장도감을 설치하고 국내 및 송·요·일본 등지에서 구해 온 논(論)·소(疏) 등 4,740여권을 조판하였는데 이것이 속장경이다. 현재 속장경은 전해지지 않고 인본(印本)만 순천의 송광사와 일본 등에 남아있다.

고려 미술품의 대표적인 것으로 고려청자를 들 수 있다. 고려청자는 중국 송자(宋磁)의 영향을 받았지만 송자보다 훨씬 우수한 것을 만들어 냈다. 고려청자가 발달한 시기는 인종·휘종 때이며 주산지는 강진·부안·진안 등이었다. 고려청자가 예술적으로 높이 평가받고 있는 이유는 청자에 아름답고 독창적인 비색(翡色)을 사용하고 고려인들만의 비법인 상감법을 이용하여 청자의 우아한 아름다움을 표현해 냈기 때문이다.

고려 초기의 석탑은 신라의 것을 계승하였지만 신라의 예리한 직선미보다도 둥근 맛을 나타내는 석탑이 나왔으니 그 대표적인 것이 개풍 현화사의 7층탑이다. 오대산 월정사의 7층탑은 팔각탑의 양식인데 중국 송탑의 영향을 받았고 논산 관촉사의 미륵불은 균형이 잡히지 못한 소졸한 작품이지만 영주 부석사의 아미타여래상은 걸작품으로 꼽히고 있다.

회화는 도서원을 중심으로 발전하였는데 송의 화풍을 모방하였다. 인종 때 이영은 송에서 예성강도를 송의 휘종에게 바쳐 칭찬을 받았으며 그의 아들 이광필도 화명을 날려 명종의 총애를 받았다. 그러나 이들의 작품은 전해지지 않는다. 서도는 신라이래 구양순체가 유명하였는데 유신·탄연·최우 등이 유명하여 신라의 김생과 더불어 신품4현이라 일컬어졌다.

3 | 무신정권의 성립과 대몽항쟁

1) 무신난의 발생

고려의 문벌귀족들은 과거와 음서제를 마련하여 관직을 독점하고 정치권력을 장악하였을 뿐만 아니라 관직에 따른 전시과나 공음전 외에도 사전(賜田)을 받아 특권을 누려왔다. 이들은 왕권의 전제화를 제약하고 귀족전체의 특권을 공동으로 보장하는데 문종 때에 전성기를 이루었다. 그러나 문벌귀족정치가 전개되면서 귀족사회 내부에 모순이 축적되었고 그것이 귀족들 상호간의 항쟁과 반란의 형태로 나타나기 시작하였다. 그 대표적 반란은 인종 4년에 일어난 이자겸의 난과 묘청의 난이었다.

이자겸과 묘청의 난으로 동요되기 시작한 고려의 문벌귀족사회는 의종 24년(1170년)에 일어난 무신의 난에 의하여 붕괴되고 말았다. 무신난이 발생한 원인은 문벌귀족사회의 내부 모순에 있었다. 소위 문벌귀족들은 정치를 독점하고 광대한 토지와 특권적 지위를 가지고 있었으며 군대를 지휘통솔하는 병마권까지도 장악하고 있었다.

이에 비하여 무신들은 경제적으로 군인전조차 유지할 수 없는 형편이었고 무신의 최고 영예라 할 수 있는 군사령관마저 문신이 맡는 상황이었다. 이와 같이 문무의 차별이 심하여 문신만이 귀족이 되고 무신은 문신귀족들을 섬기고 보살피는 존재로 사회적 지위가 하락하였다. 이러한 사태 속에서 무신들의 불만은 걷잡을 수 없이 커져서 난의 형태로 폭발되었다.

현종 5년(1014년) 문신 황보유 등이 문신들에게 지급하는 녹봉이 부족하여 무신 군인들에게 지급한 군인전을 빼앗으려 하였다. 이에 상장군 최질과 김훈 등이 난을 일으켜 정권을 잡았으나 왕가도 등에게 살해되어 실패하였다. 이와 같은 불만은 마침내 의종 24년(1170년) 8월에 왕이 경기도 장단 보현원에 행차하였을 때 이를 호위하게 되었던 장군 정중부를 비롯하여 이의방 · 이고 · 이소응 등이 군졸들에게 "문신의 관을 쓴 자는 모조리 죽이라"고 선동하여 난을 일으켰다.

이 난으로 의종은 거제도로 유배되고 그의 동생인 익양공이 왕으로 추대되었으니 그가 바로 명종이다. 이후 무신들이 정부의 요직을 차지하고 정권을 잡아 고려 문벌귀족사회는 붕괴되고 새로운 무신정권이 수립되어 정치 · 경제 · 사회적으로 커다란 변화가 일어났다.

이후 약 20년 동안 무신들 사이에서 치열한 권력투쟁이 발생하였다. 명종 26년(1196년) 최충헌 형제가 정권을 잡으면서 무신정권은 안정기에 들어섰다. 최충헌은 군사적 능력과 정치적 수완이 대단한 사람이었다. 그는 권력의 집중화를 위해 자기파라도 명을 어기는 자는 과감히 제거해 버렸다. 이리하여 그는 독재정권을 수립하고 명목상 왕씨 왕조를 받들고 반대세력을 숙청하였다. 그는 궁중의 내시들을 몰아내고 왕자 출신의 승려(소군)들을 사원으로 몰아내어 궁중의 출입을 막고 정사에 관여하지 못하도록 하였다. 그리고 명종 27년(1197년)에는 중신(重臣) · 장신(將臣) · 고승(高僧) 등을 해도로 유배하여 세력을 분산시켰다.

최충헌은 그의 1대 동안에 명종과 희종 두왕을 폐하고 신종 · 희종 · 강종 · 고종 등의 네왕을 옹립하여 왕의 권력을 무력하게 하였다. 그는 자신의 독재정권을 유지하는 데 방해가 되는 무신은 가차없이 제거하고 중방 무신들의 권위도 무시하였다. 반면에 무신정권에 위험이 없는 이규보 같은 문인들을 등용하여 그들의 행정적인 능력을 이용하였다. 따라서 실제 왕권은 최충헌 자신이 행사하였는데 왕권을 폐지하지 않은 것은 문벌이나 전통에 대한 강한 집착을 사회에서 씻어 버릴 수 없었기 때문이다.

최충헌은 왕실과 귀족의 비호하에 성장한 사원세력을 억압하는 데 성공하였다. 당시의 사원은 왕 및 문신의 세력과 연결되는 유일한 무력체(武力體)였다. 그리하여 무신정권에 대한 승도들의 반란은 초기부터 발생하였으며 최충헌이 집권하자 귀법사 등 교종계통의 사원세력이 수천의 승병으로 무신정권에 대립하는 복고적인 항쟁을 일으켰다. 이에 최충헌은 무력으로 교종계통의 사원세력을 억압하고 교종을 대신하여 선종사원 세력과의 연결을 도모하였다.

최충헌은 또한 당시 무단통치로 반발이 심하였던 농민과 노비들의 봉기를 무력으로 진압하는 데도 성공하였다. 최충헌은 이들에게 회유책을 써서 관작(官爵)을 주거나 향·소·부곡 등을 현으로 승격시켜 그들의 신분을 양민으로 높여주기도 하였다. 이와 같이 최충헌의 정권은 여러 난의 진압으로 안정을 가져올 수 있었다. 이후 최씨 무인정권은 최충헌의 아들 최의가 고종 45년 김준·임연 등에 의하여 제거됨으로써 붕괴되었다.

2) 무신정권의 지배와 농민봉기

무신정권이 들어선 후 무인들이 정권을 행사한 기관은 중방으로 모든 무신들의 연합정권기구와 같은 구실을 하였다. 그러나 최충헌의 무인독재정권이 성립되면서 중방의 권위는 사라지고 독재에 알맞는 지배기구가 성립되었다. 최충헌은 희종 2년(1206년)에 왕으로부터 진강후(晉康侯)에 책봉되고 부(府)를 세워 흥녕(興寧)이라 하였다. 이는 최씨 무인정권의 형식적인 공인을 뜻하는 것으로 무신정치의 정당화를 의미하였다.

그러나 최씨 무인정권에 있어서 실제로 최고 집정부의 기능을 한 것은 교정도감(敎政都監)이었다. 최충헌 이후 김준·임연·임유무에 이르기까지 모든 무인정권은 교정도감을 통하여 국가의 모든 서무를 관장하였다. 교정도감은 국내외의 중요 국사를 관장하고 조세를 징수하며 관리를 감찰하는 등 무인정권의 중추적인 정청(政廳)으로서 막강한 권력을 행사하였다.

이외에도 독자적인 인사행정기구로 고종 12년(1335년)에 정방(政房)이 설치되었다. 이것은 최우가 유명한 문사들을 모아 설치한 것으로 여러 관료에 대한 인사권을 처리하였다. 정방은 최우가 자기집에 설치한 것으로 문무관의 인사를 관장하는 이부·병부 등의 공적기관을 초월하여 독자적인 인사권을 행사하였다.

이때 정방의 문사들을 정색승선(政色承宣)이라고 칭하였는데 문인들은 이 정방을 중심으로 세력을 다져 나갔다. 정방은 왕의 백관 임명권을 빼앗아 왕은 형식적인 결정을 할 뿐 정방에서 모든 일을 결정하였다. 또한 최우는 그의 문객 중의 문인들로써 서방(書房)을 조직하여 3번으로 나누어 교대로 숙위(宿衛)하게 하여 그들의 전문적인 지식으로 고문역할을 맡게 하였다.

한편 최씨 무인정권을 뒷받침하여 준 것은 관병이 아니라 사병이었다. 최씨 무인정권의 군사적 기반이 된 것은 도방과 아울러 삼별초(三別抄)를 들 수 있다. 삼별초는 원래 최우가 나라 안에 도적의 행패를 막기 위하여 설치한 야별초에서 비롯되었다. 이후 야별초 소속군인의 수가 많아지자 이를 좌별초와 우별초로 나누었고, 몽고군과 싸우다 포로가 된 뒤 도망하여 돌아온 자들로 조직된 신의군을 합하여 삼별초라 부르게 되었다. 이 삼별초는 경찰·전투 등의 공적인 임무를 수행하였는데 이것으로 미루어 보아 6위의 관군이 유명무실했다는 것을 알 수 있다. 그리고 삼별초는 국가에서 지출되는 녹봉을 받으면서 공병의 성격을 가졌지만 실제에 있어서는 최씨 무인정권의 사병과 같았다.

위와 같은 독자적인 지배기구와 막대한 사병집단을 유지하기 위해서는 경제적 기반이 필요하였다. 그리하여 최충헌은 진주지방을 식읍으로 받아 그 조를 징수하여 막대한 미곡을 소유하였으며, 대토지를 겸병하고 남의 전조를 탈취하여 사적인 경제력을 축적하였다. 이러한 경제력으로 최충헌은 사병과 독자적인 권력기구를 유지 할 수 있었다.

무신난 이후 집권한 무인들이 토지를 겸병함으로서 농민들은 민전을 빼앗기고 지방관리들의 과중한 수탈로 인하여 농민들의 생활이 더욱 궁핍하여지게 되었다. 이에 농민들은 무인 상호간의 정권다툼으로 정부 통제력이 약화되자 대규모의 반란을 일으켰다. 이 반란은 최충헌의 무인정권이 형성되기 이전인 명종·신종때의 30여년 간에 지방에서 집중적으로 발생하였다.

무신정권 하에서의 최초의 민란은 명종 2년(1172년) 서북계(평안도)의 창주(창성)·성주(성천)·철주(철산) 등지에서 일어난 것이다. 이 서북계는 군사지대로서 그 주민들은 모두가 군인과 같았으므로 무신난 이후 크게 기세를 떨쳤는데 지방관의 횡포에 분격한 나머지 반란을 일으켰다. 그 뒤 조위총의 나머지 무리들이 농민의 호응을 받으며 묘향산을 근거로 하여 몇 해 동안 반란을 계속하였다.

농민생활이 불안하여 야기된 순수한 민란으로는 명종 6년(1176년) 공주의 명학소에서 일어난 망이·망소이의 난을 들 수 있다. 명학소는 특수행정구역으로 천민수공업자의 집단 거주지였는데 망이·망소이의 지휘 아래 봉기하여 공주를 점령하였다. 이 난은 약 1년 반 동안 충청도 일대를 휩쓸었으며 개경을 공략한다고 호언하는 경지에까지 이르렀다. 그러나 정부에서 소(所)를 충순현(忠順縣)으로 승격시켜 주는 회유책에 항복하였고 대대적인 토벌에 의하여 진압되었다.

명종 12년(1193년)에는 전주에서 군인들이 관리들의 가혹한 조반독역(造般督役)에 반항하여 관노들과 함께 난을 일으켜 전주를 40일 동안 점령하였다. 이와 같이 무신정권기에 있어서의 민란은 전국 각처에서 산발적이고 비조직적으로 일어났으며, 대체로 지방관의 억압에 반항하여 군인·농민·노비들이 일으켰다. 이들은 자신들이 받는 부당한 압박을 제거하기 위하여 일어났던 것이다.

이외에도 무신정권기에 천민과 노비 등 천민계층이 지방통제력이 약화된 틈을 타서 신분해방을 목표로 봉기를 일으켰다. 가장 대표적인 난이 신종 원년(1198년)에 개경에서 일어난 만적의 난이다. 만적은 최충헌의 노비였는데 자신이 주동이 되어 귀족의 본거지인 개경의 북산(송악산)에서 공·사노비를 모아 난을 일으켰다.

비록 이 난은 도중에서 발각되어 실패하고 말았지만 개경의 모든 노비들에게 연락하여 계획적으로 이루어졌다는 점과 천민신분에서의 해방을 목표로 하였다는 점, 그리고 정권의 탈취를 꾀하였다는 데 중요한 의의가 있다고 하겠다.

결국 민란은 모두 진압되었지만 직접 생산을 담당하고 있는 민중들과 노비들이 그들의 지위를 향상시키기 위하여 주장을 표면화함으로써 무신정권은 이것을 정치에 반영하지 않으면 안되었다. 그리하여 최씨 무신정권은 민중들의 생활을 안정시키기 위하여 권농을 하고 조세를 감면하였으며 부곡과 소를 폐지하였다. 따라서 최씨 무신집권기에 있어서의 민란은 사회의 기층에까지도 커다란 변화를 일으켰으며 귀족중심의 신분사회에서 새로운 사회체제로 넘어가는 원동력이 되는데 큰 구실을 하였다.

3) 몽고의 침입과 항쟁

13세기에 접어들어 최씨 무신정권이 성립되었을 때 동아시아의 국제정세는 몽고족이 흥기하여 새로운 정세변동을 가져왔다. 몽고족은 12세기 경 중국북방의 흑룡강 상류지역과 몽고고원 일대에 흩어져 살던 유목민족으로 오랫동안 거란과 금에 예속되어 왔다. 몽고족은 13세기 초에 접어들어 테무진(철본진(鐵本鎭 ; Temuchin)이라는 영웅이 나타나 여러 부족을 통일하고 1206년(희종 2년) 황제에 즉위하여 징기스칸이라고 칭하였다.

여진과 거란 등의 유목민족을 평정한 몽고는 매년 고려로부터 조공을 바치게 하는 등 과중한 요구를 해와 고려와 사이가 멀어지기 시작하였다. 이와 같이 양국 간의 관계가 소원해 가던 중 고종 12년(1225년)에 몽고의 사신 저고여가 고려로부터 조공물을 받아 귀국하는 길에 여진족의 도적들에게 살해당하는 사건이 발생하였다. 몽고는 이 사건이 고려인의 소행이라고 주장하면서 이것을 빌미로 고려를 침입해 들어왔다. 이것이 바로 몽고의 제1차 침입이다.

몽고의 제1차 침입은 몽고장군 살례탑이 대군을 거느리고 압록강을 건넘으로서 시작되었다. 고려에서는 박서 장군을 귀주에 보내 저항하였으나 몽고군은 북계의 여러성을 점령하고 개경을 포위하였다. 이에 고려에서는 고종의 동생 회안공을 적진의 본영인 안주에 보내어 강화를 체결하였다. 몽고는 다루가치(달노화적(達魯花赤))를 서북면에 두고 조공할 것을 조건으로 군대를 철수하였다.

그러나 이후 몽고의 요구가 많아지자 최우 무신정권은 몽고와의 장기적인 항쟁을 결의하고 고종 19년(1232년)에 수도를 강화도로 옮기었다. 강화도로 수도를 옮긴 이유는 바다를 두려워하는 몽고인의 약점을 이용한 것이다.

몽고는 고려의 이러한 단호한 태도에 자극 받아 제2차 침입을 단행하였다. 몽고군은 제2차 침입시 개경을 함락하고 한강 이남까지 진출하였으나 처인성(용인)에서 고려의 승려 김윤후에게 살례탑이 살해되자 몽고군을 사기를 잃고 철수하였다. 몽고의 제3차 침입은 태종이 금나라를 멸망시키고 남송을 공격하면서 그 여세를 몰아 고려를 공격하였다. 몽고군은 고려의 여러 성을 유린하였으나 해전에 약해서 강화도는 공격도 하지 못하였다. 그러나 내륙 남부지방인 전주·경주에까지 침입하여 국토를 유린하였다. 이때 경주 황룡사 9층탑과 대구 부인사의 고려 초조대장경 등이 소실되었다.

몽고군 장수를 죽이는 김윤후

　이후 몽고는 고종 34년(1247년)에 아무간이 제4차로 침입하였다. 고종 39년(1252년)에는 장수 에구가 제5차로 충주까지 침입하였으나 김윤후의 공격으로 철수하였다. 그리고 고종 41년(1254년)에는 자랄타이가 제6차로 침입하였다. 이와 같이 몽고는 약 20년 동안에 6차례나 침입하였으나 최씨 무신정권의 대몽항쟁도 끊임없이 이어졌다.

　실제로 대몽항쟁을 전개한 것은 일반 민중들이었다. 박서 · 김윤후 · 최춘명 같은 관군의 지휘관도 있었지만 각처에서 민병들이 정부군과 합세하여 항전하였고 농민들은 물론 천민과 초적들까지도 가담하였다. 이리하여 김윤후는 항전하는 농민 · 관노들에게 "분전하는 자에 대해서는 귀천을 막론하고 관직을 주겠다"고 하여 호적문서를 불살라 버리고 민중들의 사기를 복돋우어서 몽고군과의 70여 일간의 항전을 승리로 이끌었다. 이와 같이 대몽항쟁에 있어서 일반 민중들이 주체세력이 되어 국난을 극복하였음은 매우 의미있는 일이라 하겠다.

　한편 국왕 및 귀족들은 사방이 바다로 둘러싸여 몽고군이 침공하지 못하는 강화도에서 호화스런 사치생활을 하였다. 대몽항쟁으로 인한 고통과 국왕 및 귀족들의 수취는 일반 민중들을 더욱 빈곤의 참상에 빠지게 하여 최씨 무인정권에 대한 불신의 기운이 일기 시작하였다. 아울러 대몽항쟁의 의식도 저하되어 문신들이 중심이 되어 몽고에 대한 강화론이 대두되었다.

이때 대몽항쟁을 고수해 오던 최우가 무신 김인준과 문신 유경 등에 살해되어 최씨 무인정권이 붕괴되자 대몽항쟁에 커다란 변화가 생기게 되었다. 고종 46년(1259년) 대몽강화를 주장해 오던 왕과 무신 및 문신들에 의하여 태자 전(倎)을 몽고에 입조(入朝)시켜 항복의 뜻을 표하고 몽고의 요구에 따라 항전을 단념한다는 표시로 강화도의 성을 허물어 버렸다.

고종이 사망하고 태자 전이 왕위에 올랐는데 그가 바로 원종이다. 원종 11년(1270년)에 강화도에서 출륙하여 개경으로 환도하였다. 이리하여 무신정권은 종식되었고 왕정이 복구되었으며 대몽항쟁도 끝나게 되었다. 하지만 고려는 이때부터 몽고의 간섭 하에 들어가게 되었다.

무신정권의 전위부대이자 대몽항쟁의 중심부대였던 삼별초는 무신정권이 타도되고 몽고와 강화가 성립되자 이를 굴복이라고 하여 강한 불만을 품고 있었다. 이때 개경 환도가 발표되고 원종이 삼별초를 폐하여 그 명부를 빼앗아 가자, 삼별초는 그 명부를 몽고에 넘기는 것으로 판단하고 원종 11년(1270년) 6월에 반란을 일으켰다. 즉, 원종 11년에 출륙명령이 내리자 배중손의 지휘 아래 삼별초는 강화도에서 왕족 승화후(承化候) 온(溫)을 왕으로 추대하고 몽고세력을 등에 업은 개경정부에 반기를 들었다.

그러나 강화도내 인심이 동요되어 문무관이나 수졸 중에서 탈출하는 자가 속출하므로 배중손 등은 어려움을 깨닫고 항구적인 근거지를 구하고자 진도로 내려갔다. 그들은 그곳에서 부근의 여러 섬과 해안 일대를 지배하여 해상왕국으로 발돋움하였다. 또 격문을 내어 국민들의 대몽항쟁 의식을 고무시켜 많은 호응을 얻었지만 고려의 장군 김방경과 몽고의 원수 김흔도가 이끄는 연합군에 의하여 진도는 함락되었다.

이 때 삼별초는 큰 타격을 받아 별장 김통정은 남은 무리를 이끌고 제주도로 옮겨 항전을 계속하다가 원종 14년(1273년)에 진압되고 말았다.

4 | 원 간섭기 고려사회의 변화

1) 원의 간섭과 통치체제의 변동

고려는 최씨 무신정권이 붕괴되고 왕정이 복고됨으로써 커다란 전환점을 맞이하게 된다. 이후 고려는 몽고의 철저한 지배간섭을 받게 되는데, 몽고가 원종 12년(1271년)에 중국대륙을 지배하면서 국호를 원이라 개칭하였다. 원은 고려를 효과적으로 지배하기 위하여 고려국왕과 원 왕실의 공주와 혼인관계를 맺게 하였다.

이리하여 충렬왕이 원 세조의 딸인 제국공주와 결혼한 이후 고려 왕은 원 왕실의 공주를 정비로 삼게 되고 왕자는 독노화(禿魯花 ; 질자)로서 원의 수도인 대도(대도(大都) ; 베이징)에 가서 원 황실에서 숙위(宿衛)하였다. 이후 고려 왕은 원 황제의 부마로서 고려 왕위를 계승하는 것이 하나의 통례가 되었다.

이러한 원과의 밀접한 관계에 의하여 왕권은 어느 정도 강화시킬 수 있었으나 그 대신 왕실 지위의 격하라는 대가를 치루지 않으면 안되었다. 폐하는 전하, 짐은 고, 선지는 왕지, 태자는 세자로 용어가 격하되고 왕은 조나 종을 붙여서 묘호(廟號)를 지을 수가 없게 되었다. 대신 왕을 사용하게 되었고 앞에다 충자를 붙여서 원에 대한 충성심을 표시하여야만 하였다.

중앙관제도 원의 강요로 전반적인 개편을 하게 되었다. 고려는 원래 3성 6부의 제도로 운영되었다. 그런데 중서문하성과 상서성을 통합하여 첨의부(僉議府)라 하고 6부는 이부·예부를 합하여 전리사로, 호부를 판도사, 형부를 전법사로 고치고 공부는 폐지하였다가 뒤에 공조라 하였다. 그리고 중추원(추밀원)은 밀직사로, 어사대는 감찰사로 재상들의 합의기관인 도병마사는 도병의사사로 각각 개편되었다.

병제에 있어서도 원의 영향을 받아 만호제(萬戶制)를 기간으로 하였다. 만호부(萬戶府)는 만호·천호·총파 등의 군관과 그 밑에서 군사행정을 맡는 수령관, 군령을 맡는 진무소가 있었다. 중앙에는 경찰과 근위를 맡아보는 순군만호부가 설치되었다. 원 무관의 직첩이 수여되었으며 홀적·조라적 등의 원나라식 숙위 군사의 칭호가 사용되었다.

지방에는 합포만호부·전라만호부·서경만호부·탐라만호부 등의 5개 만호부가 설치되었다. 일단 만호가 되면 관직에 관계없이 만호의 지위를 유지하고 자손에게 세습하였다.

한편 원은 고려를 통하여 일본으로부터 조공을 받고자 하였다. 그러나 이에 대하여 일본은 응하지 않을 뿐 아니라 도리어 사신을 쫓아내고 해변의 방비를 더욱 강화시켰다.

원은 일본원정을 감행하는데 필요한 준비를 고려에 부담시켜 군량의 공급과 전함을 비롯한 군비를 조달함으로서 다시 커다란 피해를 보게 되었다. 원의 일본원정은 2차례에 걸쳐서 행하여졌는데 제1차 원정은 충렬왕 원년(1274년)에 이루어졌다. 이때 원은 일본원정을 위한 함선의 건조를 고려에 책임지워 고려에서는 3만 5천명 여 명을 징발하여 대·소 군함 900여 척을 건조하고 막대한 군량도 제공하였다. 원은 900여 척의 군함과 4만의 군(고려군 5천명)을 이끌고 합포(마산)을 출발하여 일본원정에 나섰으나 강한 태풍과 일본의 저항으로 실패하고 말았다.

원의 세조는 일본원정의 뜻을 관철시키고자 제2차 원정을 계획하였다. 원은 충렬왕 5년(1279년)에 남송을 멸하고 남송과 고려 양쪽에서 일본 원정군을 징발하였다. 원의 제2차 일본원정은 충렬왕 7년(1281년)에 이루어졌다. 이때 동로군이 군량미 11만석, 전함 900여척, 병사 4만이었고 강남군이 전함 3500 여척에 10만의 병력이었다.

제2차 일본 원정시에는 고려의 김방경이 원의 강남군과 합세하여 일본을 공격하였으나 이번에도 강한 태풍으로 인하여 실패하고 말았다. 원의 2번에 걸친 일본원정의 실패이유는 첫째 해상의 기후에 대한 정보가 부족했고, 둘째 일본원정에 동원되었던 고려의 보이지 않는 저항이 있었으며, 셋째는 일본의 완강한 저항때문이었다.

또한 원은 고려에 원의 관부를 설치하여 영토일부를 지배하고자 하였다. 원은 일본원정을 위한 목적으로 정동행중서성(征東行中書省)이라는 관부를 두었다. 원정이 실패로 끝난 뒤에도 존속시켜 고려의 내정을 간섭하였다. 정동행중서성의 장을 승상(丞相)이라고 하였는데 이 승상에 고려의 왕을 임명하였다. 그러나 정동행중서성은 원과의 공적인 연락기관 일뿐 실제는 부속기관인 이문소(理問所)가 불법적으로 사법권을 행사하는 등 직ㆍ간접으로 고려의 정치에 간섭하였다.

고종 45년(1258년)에 접어들어 조휘ㆍ탁청 등이 반역하여 철령 이북의 함경도 지방이 원의 영토로 편입되자 원은 이 지역을 통치하기 위하여 화주(영흥)에 쌍성총관부(雙城摠管府)를 설치하였다. 원종 10년(1269년)에는 최탄 등이 원종을 폐위시킨 무인 임연을 토벌한다고 군사를 일으켜 자비령 이북 지방을 원에 내어주는 반역행위를 하였다.

이에 원은 이 지역을 통치하기 위하여 원종 11년(1270년) 서경에 동녕부(東寧府)를 설치하였다. 또 원종 14년(1273년)에 삼별초의 난을 진압한 다음 제주도에 탐라총관부(耽羅摠管府)를 두고 대규모의 목마장을 설치하였으며 다루가치를 파견하여 이를 관할하게 하였다. 이후 고려의 요청으로 동녕부와 탐라총관부는 충렬왕 16년(1290년)에 반환되었으나 쌍성총관부는 공민왕이 무력으로 철령 이북의 옛 땅을 회복할 때까지 존속하였다.

오랫동안 전란으로 황폐화된 고려는 원의 경제적인 수탈에도 시달렸다. 원은 고려에 여러 가지 명목을 붙여서 금ㆍ은ㆍ포백ㆍ곡물ㆍ인삼ㆍ자기ㆍ해동청(海東靑 ; 사냥용 매) 등의 공물을 강요하였고 심지어는 동녀(童女)ㆍ환관(宦官)ㆍ장인(匠人)까지도 요구하였다. 특히 해동청의 요구에 응하기 위하여 응방(鷹坊)이 설치되었다. 이 응방에 소속된 관리들이 원의 세력을 등에 업고 여러 가지 특권을 행사하여서 폐해가 많았다.

당신의 조상도 외국인일지 모른다

오래 전부터 한반도에는 외국인으로써 이 땅에 들어와 뿌리를 내리고 살아 온 사람들이 있다. 우리는 이들을 '귀화인'이라고 한다.

김해허씨의 조상은 인도인이다.

2천 년 전, 인도 아유타국의 공주가 가야국에 도착한다. 한반도 역사에 기록된 최초의 국제결혼. 바로 가야국 김수로왕과 아유타국 공주 허황옥의 만남이었다. 남자의 성을 따르는 관습을 탈피해 10명의 아들 중 두 명에게 자기의 성을 따르게 했던 인도의 공주 허황옥. 여자였음에도 불구하고 그녀는 김해 허씨의 시조가 되었다.

화산이씨의 조상은 베트남인이다.

1010년 하노이를 수도로 세운 베트남 리왕조는 200년 동안 번성했던 최초의 독립 왕조였다. 하지만 이후 진씨 왕조가 창립되자 리왕조는 멸망한다. 이 때 리왕조의 8대왕 혜종의 숙부이자 군총수였던 이용상은 배를 타고 3,600여km 떨어진 서해안 황해도 옹진반도의 화산으로 탈출하는데 성공했다. 1226년 고려로 귀화한 이용상은 몽골군의 침입에 맞서 전투를 지휘하게 되었으며 이에 고려 고종은 이용상의 공을 인정해 본관을 화산으로 하는 이씨 성을 하사했다. 이렇게 고려의 위기를 막아낸 명장 이용상은 화산 이씨의 시조가 되었다.

일본군 장수, 김해김씨가 되다.

1592년 임진왜란이 발생했다. 일본군의 선봉장 가토 기요마사의 좌선봉장으로 전투에 참가한 22살의 사야가(沙也加). 그러나 조선의 문물을 흠모하게 된 그는 돌연 조선에 투항해 귀순의 의사를 밝힌다. 귀순한 사야가는 경주, 울산 등지에서 일본군의 침공을 막아내고, 조총과 화약 제조법을 조선군에게 전수했다. 자원하여 조선 사람이 되고, 전장에서 한

때 동료였던 일본군과 싸웠던 일본인 사야가는 김해김씨 성을 하사받고 조선인 '김충선'으로 다시 태어났다.

삼국시대 이전부터 정치적 망명, 피난, 정략결혼 등을 원인으로 한반도에는 외부로부터 많은 사람들이 유입되었다. 이들은 한반도에 정착해 살면서 동화되었는데, 이들을 귀화인이라 한다. 이들 중에는 중국으로부터 들어온 성씨들이 많았고, 일본, 몽골, 베트남, 아랍 등 출신지는 다양했다. 특히 귀화 정책이 가장 개방적이었던 고려 초, 100년 동안 무려 20만 명 가까이 귀화했다. 당시 고려 인구가 210만이었으니 10%에 달하는 적지 않은 숫자다.

얼마 전까지 대한민국은 단일민족이라는 점을 자랑스럽게 주장했었다. 하지만 앞에서 보았다시피 한국인은 하나의 민족으로 이루어진 국민이 아니었다. 100만 명이나 되는 귀화 외국인이 함께 살아가고 있는 대한민국에서 '한민족'이 실제로 있으리라는 착각은 사라져야 하지 않을까.

2) 권문세족의 성장

최씨 무인정권이 붕괴되고 원의 지배간섭을 받는 시기에 새로운 지배세력으로 등장한 사회세력이 권문세족이다. 이들 권문세족들은 4부류로 나눌 수 있는데 다음과 같다.

첫째는 고려전기 문반가문으로 된 문벌귀족과는 달리 무신정권기에 새로 부상한 무신세력이다. 이들은 무신정권기에 정치적으로 높은 관직과 경제적인 부를 독점하였다. 이후 이들은 무신정권이 붕괴되고 왕정복고 뒤에도 유력한 가문으로 남았다. 언양 김씨의 김취려와 평강 채씨의 채송년 등이 대표적인 가문이다.

둘째는 최씨 무신정권기에 등장한 하급관리나 지방의 향리출신으로 문학과 행정실무에 능한 자들이다. 무신정권이 성립된 후 문신들을 축출한 무신들은 문신들과 비교가 되는 이들을 선발하여 효과적인 정책입안과 능률적인 행정을 실시하고 정권을 장악하였다. 이후 이들은 과거를 통하여 정계에 등장한 후 점차 기반을 구축하고 문벌가로 성장하면서 권문세족이 되었다.

셋째는 원의 고려에 대한 영향력을 배경 삼아 등장한 부원세력을 들 수 있다. 이들은 몽고어의 역인으로 출세한 세력가, 응방과 같은 원의 기관을 통해 출세한 자, 왕이 원에 행차할 때 수행한 공로로 출세한 자, 원 공주의 사속인으로서 고려에 와서 출세한 자, 삼별초 난과 일본원정의 공로로 원 만호의 직을 받아 출세한 자 등을 들 수 있다. 이들은 정규적인 관인으로 단계적으로 승진하지 않고 원 세력에 힘입어 급속하게 고위관직으로 승진하면서 권문세족이 되었다.

넷째는 전기의 몇몇 전통 있는 문벌귀족들이 왕실이나 다른 권문세족과 혼인관계를 맺어 권문세족으로 남아 있는 경우이다. 이들의 대표적인 권문세족은 경주 김씨와 파평 윤씨를 들 수 있다.

이 시기의 권문세족들은 고려 초기의 문벌귀족과는 차이점이 있었다. 첫째는 권문세족들이 고려 초기의 문벌귀족으로는 생각할 수 없는 무반 가문이나 부원세력 등의 새로운 성분으로 구성되었다는 점이다. 둘째는 문벌귀족은 가문자체의 권위로 귀족적 특권을 누렸으나 권문세족들은 현실적인 관직을 통하여 정치권력을 행사하였다는 점이다.

따라서 고려의 지배세력은 초기 가문중심의 귀족제적인 성격에서 관료적 권문세족으로 발전하여 갔던 것이다. 또한 권문세족들은 높은 관직을 차지하고 첨의부의 재신(宰臣)이나 밀직사의 추신(樞臣)으로 도평의사사에 참석하여 정치권력을 장악하였다. 도평의사사는 군사문제뿐만 아니라 인사 · 녹봉 · 전제 등의 중요 국사를 회의 · 결정하는 권한을 가지고 있어서 왕권의 약화를 초래하였다.

권문세족들은 경제적으로도 농장이라는 형식으로 대규모의 토지를 소유하였다. 농장 중에는 산천을 경계로 하거나 주 · 군에 걸치는 광대한 것도 있었다. 이들은 공식적으로 관리들에게 지급되는 녹과전이나 녹봉보다는 사전 · 개간 · 매입 · 투탁 및 고리대나 불법적 점탈 등의 방법으로 농장을 소유하였다. 특히 이들의 농장은 몽고의 침략이후 자영농민이 몰락하여 전호화되는 과정에서 더욱 비대하여 졌다.

그리고 농장주인 권문세족들은 대개 개경에 거주하는 부재지주였으며 전국 각처에 소유지를 가지고 있었다. 이들은 고려 전기의 전시과체제와는 달리 토지소유에 따른 조세를 납부하지 않았고 농장의 전호들도 국가에 바쳐야 할 공부와 요역을 부담하지 않음으로써 불륜(不輪)의 특권을 누렸다.

이와 같은 농장의 발달은 국가와 사회에 부작용을 가져오고 정치적인 혼란을 야기 시켰다. 여기에 농장의 확대로 국가지배의 공전이 침식되어 관리들에게 녹과전을 지급할 수 없었고 노비와 농민이 농장으로 흡수됨으로써 국가지배의 공민이 감소되어 국가재정이 궁핍해지는 결과를 초래하였다.

그리하여 국왕과 신진관료들은 권문세족들의 농장을 혁파하려고 몇 차례의 토지개혁을 실시하였다. 충렬왕 때부터 공민왕 때에 이르기까지 전민변정도감이란 기관을 설치하고 권문세족들이 강점한 토지와 노비를 조사하여 원주인에게 돌려주게 하였다. 그러나 이러한 토지개혁운동은 막대한 세력을 가진 권문세족들의 강력한 반대에 부딪쳐서 좌절되고 말았다. 이후 고려 토지제도의 모순은 공양왕 때 신진사대부에 의한 사전개혁으로 결실을 보게 되었다.

3) 신진사대부의 등장과 공민왕의 개혁정치

고려 후기에 지배세력인 권문세족과는 성격이 전혀 다른 새로운 사회세력이 등장하였다. 이들은 학문적인 교양을 갖추었을 뿐만 아니라 정치의 실무에도 능한 신진사대부들이었다. 사(士)란 독서인을 말하며, 대부(大夫)란 관리를 말하는 것이므로 사대부란 곧 학자적 관료 및 관료적 학자를 뜻하였다.

신진사대부들은 최씨 무신정권기에 문신으로 등용되기 시작하였다. 최씨 무신정권은 그들의 정권을 유지하기 위하여 학문적 교양이 높고 행정실무에 밝은 능문능리(能文能吏)들을 채용하였다. 이들은 유교적 지식이 부족한 무신정권에 학문과 행정능력을 보충해 주는 관료적 학자가 되었다. 이후 신진사대부들은 무신정권이 붕괴된 후에도 더욱 활발히 정치적인 진출을 하여 커다란 사회세력으로 성장하였다.

이들 신진사대부들은 가문이 보잘 것 없거나 지방의 향리출신들이 많았다. 그리하여 권문세족들 같이 음서제도를 통하여 관직에 진출하기보다는 학문적 실력을 바탕으로 한 과거제도를 통하여 정치적인 진출을 꾀하였다.

향리출신의 신진사대부들은 소규모의 농장을 가지고 있었다. 권문세족과는 달리 토지를 개간하거나 사들여서 농장을 가지게 된 자들이었다. 그리하여 이들은 농장을 전호나 노비를 써서 경영하거나 직접 경작하였다. 이 점은 권문세족들이 권력을 이용하여 불법적인 방법으로 대규모의 농장을 소유하였던 점과는 달랐다. 따라서 신진사대부들은 권문세족들의 정치독점과 농장확대를 시정하기 위하여 개혁정치를 주장하였다. 이리하여 고려 후기 보수적인 권문세족과 진보적인 신진사대부 사이에 정치적 대립이 나타나게 되었다.

이후 신진사대부들은 중앙권력층과 밀착되어 있던 불교 대신에 새로운 이념의 성리학을 수용하였다. 이들은 불교의 비현실적 사고를 배척하고 성리학의 현실적인 사회윤리를 강조하였다. 그리고 대내적으로는 농장과 노비제에 대해서 개혁을 주장하였고 대외적으로는 권문세족들의 친원정책을 반대하고 친명정책을 취할 것을 주장하였다. 그러나 정치적으로 강대한 원의 세력과 결탁하여 권력을 장악하고 경제적으로 광대한 농장을 소유한 권문세족들을 대항하여 개혁정치를 시행하기는 무척 어려웠다.

이들 신진사대부와 함께 개혁정치에 앞장 선 왕이 공민왕이다. 공민왕의 재위기간은 중국대륙에서 원과 명의 교체기에 해당하는 시기였다. 한민족이 건립한 명나라가 흥기하고 원의 세력이 약화되어 북으로 쫓겨가는 대륙의 국제적인 변동기에 공민왕이 즉위하였다. 이때 공민왕은 반원적인 개혁정치를 실시하여 국가의 자주성을 회복하고 내부적으로 권문세족억압정책을 추진하여 왕권의 회복을 도모하려고 하였다.

그리하여 종래 무신정권의 본거지였던 정방을 폐지하고 권문세족들을 억압하는 한편 원에 의하여 변형되었던 여러 제도를 원래의 상태로 복구시켰다. 이어서 공민왕은 기철 등 부원세력과 친원파를 숙청하고 원의 간섭기구이었던 정동행성의 이문소를 혁파하였다.

그리고 원나라 영토에 편입되어 있던 철령 이북의 옛땅을 회복하고자

유인우에게 명령하여 무력으로 쌍성총관부를 되찾는 한편 공민왕 17년
(1358년)에는 이성계 등을 시켜서 요동지방의 동녕부를 공격하고 서북방
면에서는 임사(벽동)·이성(창성) 등 여진의 거주지인 압록강 남안지역
까지 공격하였다. 또 공민왕은 지방 군관들이 원으로부터 받은 군패(軍
牌)를 모두 몰수하여 병권을 회복하고 지방군을 재배치하였다. 동시에
고려의 자주성을 회복하려고 원의 연호를 정지하고 관제를 고쳐 관직의
이름을 대개 문종시대의 것으로 복구하였다.

그러나 이와 같이 공민왕이 개혁정치를 시행하고 있는 동안에 홍건적
과 왜구가 침입하여 국내정세가 동요하게 되자 부원세력들이 저항을 하
게되고 정치적·사회적으로 혼란을 일으키게 되었다. 홍건적과 왜구의
침입은 정세운·이방실·최영·이성계 등의 무신세력에 의하여 격퇴되
었다. 이후 이들은 새로운 무신세력으로 성장해갔다.

새로운 무신세력의 대두는 상대적으로 왕권의 약화를 초래하였다. 공
민왕은 왕권을 강화하기 위하여 권문세족들의 세력과 새로이 대두한 무
신세력들을 제거하여야만 하였다. 이에 공민왕은 어느 세력과도 연결되
어 있지 않고 어떠한 세력기반도 없는 승려 신돈을 기용하여 자신의 개혁
의지를 반영하는 개혁정치를 실시하고자 하였다. 공민왕은 신돈을 국사
(國師)로 임명하여 삼중대광령도첨의(三重大匡領都僉議)란 직명을 붙여
서 국정을 총괄하게 하였다.

공민왕의 강력한 후원을 받는 신돈은 왕권의 대행자로서 이공수·경
천흥·이수산 등 세력이 강대한 권문세족들을 정계에서 축출하고, 당
시 실권자였던 최영을 위시하여 많은 무신세력들을 정권에서 몰아내는
데 성공하였다. 그리고 권문세족들의 세력기반을 박탈하기 위하여 전민
변정도감(田民辨整都監)을 설치하여 자신이 총재가 된 다음 권문세족들
이 불법적으로 겸병한 토지나 억울하게 노비가 되었던 사람을 본래의 신
분으로 환원시켜 주거나 본래의 주인에게 반환하여 주었다. 또 성균관을

중건하여 유교교육을 부흥시키고 과거제도를 실시하여 유교적 관료정치가 이루어지도록 하였다. 이와 같은 개혁은 당시 민중들에게 절대적으로 환영을 받아 민중들이 신돈을 성인이라고 하였다 한다.

이 당시 성균관을 중심으로 세력을 결집한 사람들은 이색 · 정몽주 · 이승인 · 정도전 · 권근 등 신진사대부들이었다. 이들은 지방사회에 기반을 둔 중소지주들로서 새로운 사상인 성리학을 수용하여 사상적인 면에서 일체감을 가지고 있었다. 따라서 신돈과 이들 신진사대부들 사이에 정치적인 제휴가 가능하여 신진사대부들이 신돈의 개혁정치에 동조하고 실제로 그 개혁을 추진하였다. 그 결과 신진사대부들은 독립된 정치세력으로 등장하였고, 이후 권문세족들과 대립할 정도로 그 세력이 성장하게 된다.

그러나 신돈에 의한 일련의 개혁정치는 현상유지를 바라는 권문세족들의 반발과 저항에 부딪쳤고 신돈이 개혁정치를 진행하면서 자신의 세력기반을 확대하여 가자 공민왕은 신돈을 견제하기 시작하였다. 여기에 당시 중국대륙에서 일어난 원 · 명 교체에 따른 대륙정세의 변동으로 명과의 외교관계가 급진전되는 가운데 공민왕이 친정(親政)을 선포함으로서 신돈의 개혁정치는 중단되고 말았다.

제 **4** 장

조선 양반관료사회의
성립과 발전

제 4 장
조선 양반관료사회의 성립과 발전

1 | 조선의 건국과 통치체제 정비

1) 위화도 회군과 조선건국

반원친명정책을 추구하던 공민왕의 영향으로 명과의 외교관계가 성립되었으나 명은 고려에 과중한 공물을 요구하는 등 압박을 가하여 왔다. 더구나 명은 우왕 14년(1388년)에 접어들어 철령위를 설치한다고 통보하였다. 명은 원의 쌍성총관부 소관이었던 철령 이북의 땅을 명에 직속시키려 하였다. 이때는 이인임 일파가 물러나고 최영·이성계 등이 권력을 장악하고 있었는데 최영은 명의 철령위 설치 통보를 받고 분개하여 요동정벌을 주장하였다. 여기에 우왕도 동조하여 전국에 징병령을 발동하였다.

이성계는 출정명령을 받고 요동정벌의 불가론을 왕에게 상소하였다.

태조 이성계

이성계의 요동정벌 반대는 고려 후기 새로운 사회세력으로 등장하여 친명정책을 주장해 왔던 신진사대부들의 입장과 일치하는 것으로 이후 이성계와 신진사대부들이 협력관계를 유지하는데 밑거름이 되었다.

최영 등의 주장에 의하여 요동정벌이 단행되었지만, 이성계가 위화도에서 군사를 회군하여 개경을 점령한 후 우왕과 최영을 비롯한 권문세족들을 제거하고 신진사대부들과 함께 정권을 장악하였다. 정권을 장악한 이성계는 정도전·조준 등 신진사대부들과 함께 조민수의 주장에 의하여 옹립된 우왕의 아들 창왕까지 축출하고 공양왕을 세웠다. 이것이 바로 고려를 무너뜨리고 새 왕조를 개창하는 결정적인 계기가 되었다.

이후 이성계는 공양왕 3년(1391년)에 삼군도총제부를 설치하여 군사권을 완전히 장악하고 사전의 개혁을 완수하여 새로운 토지제도로서 과전법을 제정하였다. 이로써 권문세족들의 경제적 기반이 완전히 붕괴되었고 고려왕조는 몰락을 가져오게 되었다. 공양왕 4년(1392년)에 정도전·조준·배극렴 등 신진사대부들은 이성계를 추대하는데 성공하여 조선이란 새 왕조가 창업되었다.

태조 이성계는 즉위 초 국호를 여전히 고려라 하였으나 태조 3년(1393년)에 접어들어 국호를 조선이라고 개칭하였다.

이성계는 즉위 후 수도를 천도하는데 최대의 관심을 보였다. 왜냐하면 개경은 고려왕조의 도읍지로 고려 귀족세력들이 뿌리 깊게 박혀있어 새 왕조의 면목을 일신하고 민심을 수습하기 위해서는 새로운 수도가 필요하였기 때문이었다. 이에 태조는 풍수지리도참설을 참작하고 무학대사의 권고에 따라 한양을 수도로 결정한 후 천도하였다.

태조는 유교의 성리학을 조선사회의 지배이념으로 채택하였다. 태조는 고려사회를 병들게 한 것이 고려 불교의 폐단으로 보았다. 그리하여 고려왕조의 국교인 불교를 억압하고 성리학을 새 왕조의 정치이념으로 삼았다. 태조는 성균관과 향교 등의 교육기관을 정비하여 성리학 교육의 도장으로 삼았다. 그러나 불교에 대해서는 불교억압책을 실시하여 국가에 끼치는 불교의 폐해를 없애려고 노력하였다. 태조 이성계의 이와 같은 숭유억불책(崇儒抑佛策)은 이후 계승되어 조선왕조 기본정책 중 하나가 되었다.

고려 말에 수용된 성리학이 강조하는 것은 삼강오륜(三綱五倫)을 비롯한 유교적 윤리도덕과 관료제적 통치질서 및 신분제적 사회질서, 그리고 가부장적·종법적(宗法的) 가족질서를 포함하는 명분론적 질서였다. 성리학은 고려 말 조선 초의 정치변동 속에서 사변적인 측면보다는 국가 위주의 실용적·공리적인 측면이 중시되어 조선에 의하여 수용되었다.

2) 왕권강화 노력

태조 이성계가 조선이란 새 왕조를 개창하는데 있어서 이성계를 뒷받침해 준 것은 신진사대부들이었다. 이들은 조선건국 이후 개국공신이 되어 강력한 권력을 행사하게 되었다. 따라서 왕권강화를 꾀하던 왕실세력과의 마찰이 불가피했다.

왕권의 강화를 위하여 공신세력들이 제거 당한 첫 번째의 경우가 태조의 다섯째 아들 이방원에 의한 정도전 등의 숙청이었다. 조선왕조의 창업에 공로가 많았던 방원은 부왕 태조가 이복동생 방석을 세자로 책봉하자 불만을 품고 태조 7년(1398년)에 세자 보도(輔導)의 책임을 맡았던 정도전과 남은을 살해하였으며 방석·방번의 형제마저 주살하였다. 이에 태조 이성계는 1398년 9월 둘째 아들 방과에게 왕위를 물려주니 이가 바로 정종이다.

그러나 1년 만인 정종 2년에 제2차 왕자의 난이 일어났다. 태조의 넷째 아들 방간도 왕위에 대한 야심이 있었으나 자신의 공이 방원에 미치지 못하여 항상 시기하였다. 이때 논공행상에서 제외된 박포가 불만을 품고 방간을 충동하여 방원에게 도전하게 하였다. 그리하여 방원과 방간은 개경에서 상호 교전을 전개하였는데 방간이 패하였다. 이후 방간은 유배를 당하고 방원은 세자로 책봉되었다. 이어서 정종이 왕위를 양위하니 방원이 즉위하였는데 이가 바로 제3대 태종이다.

태종은 즉위 후 왕자나 공신들이 저마다 사병을 소유하고 있어서 병권이 국가에 집중되어 있지 않음을 직시하였다. 그리하여 사병의 소유를 엄금하는 사병의 혁파를 단행하여 왕권을 보다 확고하게 하고자 하였다.

동시에 중앙관제를 개혁하여 고려의 구제도를 탈피하고 조선왕조의 새로운 통치체제 기틀을 마련하고자 하였다. 태종은 먼저 도평의사사를 의정부로 고쳐서 그 권한을 크게 축소시켰다. 그리고 충추원을 폐하고 그 직장(職掌)을 삼군부에 소속시켜 문무관이 서로 합좌기관에 관여하지 못하도록 하여 정부와 군부를 완전히 분리시켰다. 또 태종은 의정부를 구성하는 중신의 권한을 축소시키고 6조의 직권을 확대하는 관제를 개편하여 새 왕조의 정치체제를 정비하였다. 이러한 정치체제의 정비는 신권을 억제하고 왕권의 강화를 가져오게 하였다.

태종은 중앙집권체제를 강화하기 위하여 모든 백성들에게 호패를 소지하게 하였으며 전국의 호구와 국민의 동태를 명확히 파악하게 하였다. 호패는 성명·신분·출생·주거 등을 기록한 일종의 증명서였다. 이 호패법이 실시된 이후 백성은 이주의 자유가 제한되었지만 정부는 유민이 방지되어 조세부과 대상이나 부역의무의 인적자원을 확보하게 되었다.

새 왕조의 국가체제를 어느 정도 안정시킨 태종의 뒤를 이어 즉위한 세종은 학문의 진흥을 꾀하여 집현전이라는 일종의 왕립학문연구소를 설치하고 유능한 학자들을 모아 제도와 역사 등의 학술연구와 토론을 하게 하였다. 동시에 국왕에 대한 학문상의 고문(顧問)과 진강(進講) 및 각종 서적의 편찬·저술 등을 담당케 하였다. 특히 세종이 훈민정음을 창제하여 오랜 기간 동안 한자를 빌어 써오던 우리 민족은 비로소 독자적인 문자를 소유하게 되었고 민족문화 발전에 커다란 전환기를 맞이하게 되었다.

세종은 한글, 즉 훈민정음의 실제 사용과 보급을 위해서도 많은 노력을 기울여 「용비어천가」·「석보상절」·「월인천강지곡」 등의 한글을 사용한 서적을 간행 보급시켰다. 세종은 근농정책(勤農政策)의 시행에 따라 정초와 변계문 등을 시켜 『농사직설』과 같은 농업전문서적을 간행케 하였다. 그리고 농사와 관계가 있는 천문·측우·시계 등의 여러 기기를 발명하여 제작하게 하였다. 또 전제를 정비하고 징세의 공평을 위하여 전분 6등법과 연분 9등법을 시행하여 전세제도를 확립하였다.

세종은 대외정책에 있어서도 변경지방의 방비와 개척에 힘을 기울여 동북과 서북면에 각각 6진과 4군을 설치함으로써 영토의 확장과 여진족의 침입을 막았다. 또 고려시대부터 침입이 잦았던 왜구에 대해서도 강경책을 추진하여 세종 원년(1419년)에 대마도를 정벌하고 왜구를 소탕하였다. 이후 왜구와는 계해조약을 맺고 3포를 개항하여 이들의 무역을 허락하였다.

세종의 뒤를 이어 문종이 즉위하였으나 일찍 사망하여 12세의 나이 어린 세자가 왕위에 오르니 이가 바로 단종이다. 단종을 영의정 황보인과 좌의정 김종서 및 집현전 학자들이 보필하였다. 그러나 단종의 숙부인 수양대군과 안평대군 및 대신들 사이에 권력투쟁이 전개되어 다시 한번 정국이 동요하게 되었다. 수양대군은 세종의 셋째 아들로 야망과 수완이 대단하였다. 수양대군은 단종의 왕위계승을 못마땅하게 생각하여 단종 원년(1453년) 10월에 측근인 정인지·한명회 등과 공모하여 황보인·김종서 등 여러 대신들을 살해하였다. 그리고 왕권에 야망을 가지고 있던 친동생 안평대군을 강화도에 유배시켰다가 사사(賜死)케 하였다.

이후 수양대군은 영의정·이조판서를 겸하고 내외병마도통사의 직까지 겸하여 정권과 병권을 장악하였다. 이리하여 마침내 단종은 즉위 3년 6개월만에 왕위를 숙부인 수양대군에게 선양하여 수양대군이 즉위하니 이가 바로 세조이다. 세조는 즉위하자 바로 의정부 의의(擬議)의 제를 폐지하고 6조 직계(直啓)의 제를 복구시켰다. 이는 관료들의 권한을 축소시키고 왕권을 강화시키기 위한 조처였다.

세조의 왕위찬탈에 대하여 집현전 학자들이 반발하였다. 이들은 단종의 복위를 도모하였지만 김질의 배신으로 실패하였다. 이들이 성삼문·박팽년·하위지·유응부·유성원·이개 등의 사육신이다. 이 사건으로 인하여 단종은 노산군으로 강봉되어 영월로 유배되었다가 죽음을 당하였다. 그러나 사육신의 절의사상은 유교관료들에게 영향을 미쳐서 이후 왕위계승 문제를 둘러싸고 유교관료들 내의 대립을 초래하였다. 반면에 찬탈을 도운 자들은 정난공신(靖難功臣)으로 세조 때 공적을 남기고 그들 자손들에게 권세가 계승되었다.

세조의 업적 중에서 가장 중요한 것은 『경국대전』의 편찬에 착수한 일이다. 세조는 조선 초부터 제반의 법전과 일체의 교령·전례를 종합하여 조선의 근본인 『경국대전』을 최항과 노사신에게 명령하여 편찬토록 하였다. 그 중 호전(戶典)과 형전(刑典)의 2개 부분이 세조 6·7년에 각각 편찬되었다.

세조 때의 『경국대전』 편찬사업은 예종 원년에 완료되어 그 다음해에 반포하려고 하였으나 예종의 승하로 중지되었다가 성종 즉위 후 수차의 개정을 거쳐 성종 2년(1471년)에 전 6권이 완성되어 반포되었다. 이 6권은 이전·호전·예전·병전·형전·공전 등이다. 이로써 조선왕조의 문무관료체제와 사회경제체제가 확립되었을 뿐만 아니라 조종지법(祖宗之法)으로서 조선왕조의 정치에 커다란 근본이 되었다.

3) 정치 · 행정 · 군사제도

조선시대의 관제는 문반과 무반으로 구분되었는데 문반이 무반보다 우대되었다. 그리고 문반은 경직(京職 ; 중앙직)과 외직(外職 ; 지방직)으로 나누어졌다. 중앙정부의 주된 기구는 의정부 · 6조 · 승정원 등의 3기관이었다. 의정부는 고려시대의 도평의사사를 계승한 것으로 영의정 · 좌의정 · 우의정 등 3정승으로 편성된 합좌기관이다. 정승은 백관과 서정을 총괄하며 그들의 합의는 왕에게 품의(稟議)하고 결재를 얻은 후 의정부에 회송하였다.

의정부 밑에는 일반정무를 보는 이 · 호 · 예 · 병 · 형 · 공 등의 6조가 있었다. 승정원은 왕명을 출납하는 국왕의 비서기관으로서 중요한 구실을 하였는데 여기에 소속된 6승지가 6조와 연결을 맺고 업무를 처리하였다.

이 밖에도 관료의 부정과 실정을 규찰하는 사헌부와 국왕에게 간쟁과 논박을 전담한 사간원이 있었다. 이 같은 기관은 관료의 전횡과 왕의 전제를 견제하는 체제는 조선왕조 정치의 한 특징이라고 할 수 있다. 또한 집현전의 후신으로 경적(經籍)을 모아 토론하고 문한(文翰)을 다스려 왕의 고문역할을 담당한 홍문관이 있었다. 이 홍문관은 사헌부 · 사간원과 함께 3사(三司)라고 불렸다. 3사는 언론 · 문필기관으로서 조선 양반관료사회에서 일정한 역할을 하였다.

그리고 왕명에 의하여 모반 등의 중죄인을 다스리는 의금부가 있었다. 의금부는 왕명에 의해서만 열리는 특별재판소이었다. 중앙의 일반적인 재판은 형조 · 사헌부 · 한성부가 맡았는데 이 3기관을 3법사(三法司)라고 하였다. 여기에 경적의 간행 등을 관장하는 교서관, 고등문관의 양성기관이며 국립대학인 성균관, 왕의 교서 등을 제선하는 예문관, 사대 · 교린의 외교문서를 제선하는 승문원이 있어 이를 4관(四館)이라 하였다.

조선은 전국의 행정구역을 경기도 · 충청도 · 경상도 · 강원도 · 황해도 · 전라도 · 함길도 · 평안도 등 8도로 구분하였다. 그리고 그 밑에 경주 · 전주 · 영흥 · 평양 등의 4부를 설치하였으며 48도호부 20목 82군 175현으로 세분하였다.

도에는 지방장관으로서 관찰사(감사)가 임명되었다. 이 관찰사를 방백(方伯)이라 하였고 하급관서인 부 · 목 · 군 · 현 등에 배치된 지방관을 통할 · 감시하였다. 부에는 윤(尹), 목에는 사(使), 군에는 수(守), 현에는 영(令)을 중앙에서 임명하였다. 부 · 목 · 군 · 현까지의 지방관은 수령 또는 목민관이라 불렀다. 이들의 임무는 농업의 장려 · 호구의 확보 · 교육진흥 · 군정수비 부역의 균등 · 송사의 간결 · 향리의 부정방지 등이었다.

지방관은 행정 · 사법 등의 광범위한 권한을 위임받고 있었으나 관찰사는 임기가 1년, 수령은 임기가 5년(뒤에는 3년)으로 제한되어 있었고 자신의 출신지에는 임명될 수 없었다. 왜냐하면 관찰사 · 수령 등이 출신지방의 양반들과 결탁하여 양반전체의 이익에 배반되는 일을 저지를까 두려워했기 때문이다.

그러나 군 · 현에는 각각 그 지방 양반으로 조직된 향청이라는 것이 있었다. 이 향청은 좌수와 별감을 두어 지방의 수령을 보좌하였으며 풍속을 바로잡고 향리를 관찰하는 임무를 담당하였다. 이후 향청은 양반세력의 본거지와 같은 구실을 하며 지방행정에 막대한 영향을 미쳤다.

지방의 행정단위도 6방으로 나누어서 지방 토착의 향리들이 일을 맡았다. 향리들은 향역(鄕役)이라 하여 그 의무가 세습되었으며 실질적으로 지방행정을 운영하였다.

조선의 군제는 세조 때에 이르러 점차 정비되어 삼군부 예하의 각 위가 5위제로 확립되고 삼군부도 5위도총부로 개편되었다. 5위의 편제는 병종과 주둔지에 따라 구성되었다. 서울에서는 중위 · 좌위 · 우위 · 전위 · 후위 지구로 구분하여 각각 1위를 두었다. 그리고 5위는 의흥위(중위) · 용양위(좌위) · 호분위(우위) · 충좌위(전위) · 충무위(후위) 등으로 불렸으며 각 위는 분담된 지역의 병력을 통괄·지휘하였다.

또 각 위의 밑에도 5부를 두어 이 5부도 각각 분담된 지역내의 병력을 관장하였으며 부 밑으로는 통·여·대·오·졸 등을 두었다. 지방의 군제는 각도마다 병영과 수영을 두어 병마절도사는 병영의 최고사령관으로 육군을, 수군절도사는 수영의 최고사령관으로 수군을 지휘하였다. 영 아래에는 진을 두어 진수군과 선군이 진에 예속되었다.

병력의 보충은 3가지 방법으로 이루어졌다. 첫째, 왕실보호 임무를 진 특수부대는 상징적으로 군대를 편성하였고 왕실의 먼 친족, 대신의 자제, 공신의 자손 등으로 부대를 구성하였다. 둘째, 무예시험을 거쳐 선발된 자들은 일종의 직업군으로서 정예부대에 편성되었다. 셋째, 군역의 의무를 지는 양인들은 갑사부대와 함께 군의 기간병력 역할을 하였다.

양인의 군역은 16~60세 사이의 남자에게만 부과되었다. 군역을 치르지 않는 남자는 군역 대신에 포를 대납하였는데 포는 양인 군역의 경비로 사용하였다. 양반의 자제는 군역을 면제받았고 향리나 천인계급 자제도 병역에 대신하는 역이 있어서 군역을 면제받았다.

봉수제는 전국 각 지방에서 발생하는 군사적인 긴급사태를 알리는 것으로 높은 산봉우리에 봉수대를 설치하여 낮에는 연기로 밤에는 불꽃으로 신호하여 연락하게 하였다. 전국에 흩어져 있는 6백여 개의 봉수대는 수도 한양의 남산에 있는 봉수대에 통신이 취합되도록 조직되었다.

역마제는 각 지방에서 발생하는 군사적인 긴급사태를 문서로 중앙에 알리기 위하여 실시되었다. 그렇지만 이 일 외에도 공문서 전달과 관물의 운송 및 관리들의 왕래에도 이용되었다. 또 교통의 요지에 공무 여행자의 편의를 제공하기 위한 여관으로서 원(院)이 있었다.

4) 신분과 과거제도

조선시대의 신분계급은 법적으로는 양인과 천인, 두 계층으로 나뉘었다. 양인은 국가에 의무를 지고 있었으나 천인 중 사노비는 국가가 아닌 자신의 주인에게만 의무를 지고 있었다. 하지만 조선시대 실제 사회에서는 양반·중인·상민·천민 등의 4계층으로 나뉘어졌다. 양반체제는 관료체제 특유의 상하 위계질서에 의해서 유지되었다.

양반은 최상층의 사회계급으로 생업에 종사하지 않았다. 양반은 관리로 등용되기 위해 소정 단계의 교육기관에 입학하여 치자(治者)로서의 지식을 닦았다. 그리고 과거를 통해 관리로 등용되어 관직에 오르면 국가의 녹봉을 받아가면서 생활기반을 확보하였다. 양반은 조선사회의 지배층으로서 갖추어야 할 덕목들을 유교경전을 통해 익혀야 했다.

중간계급은 역관·의관·관상감원·사자관·계사·검율·화원·아공 등의 잡업에 종사하는 자들과 여러 관아에서 실무를 담당하는 서리·군관 등 하급관리들을 들 수 있다. 이들은 특수직을 세습하였고 과거시험의 잡과에 응시할 수 있는 자격이 있었다.

상민은 조선시대에 있어서 국민의 대부분을 이루는 계층으로 농·공·상·어업에 등에 종사하였다. 이들은 양반들의 사전이나 국가기관에 소속된 전지를 경작하고 전호로서 수확 중에서 조세를 납부하고 나머지로 생계를 유지하였다. 이들은 국가의 부역과 군역 등의 의무를 졌고 계급적인 속박에서 벗어나지 못하였다.

천민은 조선시대에 가장 천대를 받았던 계급으로 공사천·무당·광대·사당·창기·점복·백정 등이었다. 불교 억압이후 승려도 이 계급에 속하였다. 특히 노비는 인신매매·증여·상속·공출의 대상이 되었다. 따라서 노비 중 관에 속한 노비를 공천(公賤), 개인에 속한 노비를 사천(私賤)이라고 하였으며 신분도 세습되었다.

◆◆◆◆

조선시대 왕세자는 공부벌레였다

조선에서 국왕의 역할은 매우 중요하였다. 따라서 조선 왕실은 왕위 계승자인 왕세자 교육에 큰 공을 들였다. 태교부터 출산, 양육, 교육 등 모든 분야에서 치밀하고 세심하게 준비하고 실행했다. 왕세자는 조선의 최고 지도자로 자라야 할 것이기 때문에 최고의 스승과 환경이 제공되는 엘리트 교육이었던 것이다.

그러면 조선의 왕세자가 구체적으로 어떠한 교육을 받았는지 살펴보자.

왕세자의 거처는 동궁(東宮)이다. 이 동궁은 왕세자의 집무실이며 교실로서 스승을 만나고 개인수업을 받는 곳이었다. 동궁 앞에는 왕세자의 공부를 전담하는 세자시강원이 있었다. 왕세자 한 사람을 가르치기 위해 20명이 넘는 당대 최고의 학자들, 영의정을 포함한 당대 최고직 관리들이 이 세자시강원에 배치되었던 것이다. 왕세자 교육에 투자된 인적자원도 상당하지만 세자에 대한 교육이 시작된 시점도 우리를 놀라게 한다. 왕세자 교육은 보통 5살이 되면 본격적으로 시작되었는데 기록에 따르면 사도세자는 3살, 정조는 4살 때부터 교육을 시작하였다 한다.

교육 내용과 방법 또한 우리의 상상을 뛰어 넘는다. 수업시간은 아침, 점심, 저녁으로 2시간씩 진행되며 야간 보충수업까지 있었다. 배운 내용을 스승들에게 평가 받기 위해 스스로 학습해야하는 부담도 상당했다. 매일 진행되는 점검수준의 평가 이외에도 한 달에 두 번씩은 학습수준을 평가하는 엄격한 시험을 치러야만 했다. 이 엄격한 시험을 회강(會講)이라 하는데 20명의 스승이 모두 모인 자리에서 평가를 받아야 했으며, 경우에 따라 국왕이 직접 참석하기도 했다. 왕과 스승을 합한 21명 앞에서 1명의 학생이 평가를 받아야 했던 것이다. 그 내용은 소학, 천자문, 격몽요결, 동몽선습 같은 유교경전들이었으며, 시험 내용을 모두 외워내야 했다.

 이뿐 아니라 유교적인 '전인교육'을 지향하여 다양한 분야를 섭렵하도록 교육하였다. 왕세자가 글공부를 시작하기 전 보양청을 설치하여 사회적 기술을 연마하게 하였으며 배동이라는 또래친구들을 통해 관계기술을 익히게 하였다. 또한 효와 예를 배우고 습관화 할 수 있도록 일상생활에서부터 훈육을 실시하였다. 더불어 '육예(六藝)'라고 하여 왕세자로서 갖추어야 할 6가지 교양인 예절, 음악, 활쏘기, 말타기, 글쓰기, 수학에도 정진하게 함으로써 전인적이고 총제적인 인문교양인을 육성하고자 하였다. 백성을 위한 정치를 하는 성군(聖君)이 되는 것이 조선 군주의 목표이자 이상이었으니, 높은 학문 수준뿐 아니라 훌륭한 인품 또한 중요한 교육 영역으로 취할 수밖에 없었다.

 조선의 왕세자들은 혹독한 교육과정을 통과해야만 했다. 아침부터 끊임없이 공부를 해야 했고 철저한 행동교육도 받아야만 했다. 이러한 철저한 왕세자 교육시스템이 조선 500년을 번성케 한 원동력이 되었던 것이다.

조선의 교육제도는 주로 양반 자제를 대상으로 하였고 교육내용은 과 거준비를 위한 4서 5경 등의 유교에 치중하였다. 전국 각처에는 서당이 있었는데 일종의 사설기관으로 7·8세가 되면 들어가서 16세가 되면 서 당의 교육과정을 마쳤다. 서당교육 후 서울에서는 학당으로 지방에서는 향교로 진학하였다. 또 서울에는 중급교육기관인 4학당이 있었는데 이것 을 동학·서학·남학·중학이라 하였다.

성균관은 문과응시를 위한 준비기관으로서 생원과 진사를 비롯하여 4 학의 생도나 공신과 훈신의 자제로서 입학시험에 합격한자, 그리고 하급 관리 가운데 희망자가 입학할 수 있었다. 성균관은 명륜당과 공자의 제 사를 지내는 문묘 및 유생들의 거처인 재(齋)가 있어서 학생 모두가 기숙 하면서 학문을 연마하였다.

전문적인 것을 요구하는 역학·의학·율학·천문지리학·산학 등은 각각 사역원·전의감·형조·관상감·호조 등의 해당 관청에서 교육하 도록 하였다. 그리고 여기에서 학문을 닦은 자들 가운데 과거의 잡과에 응시하여 합격하면 정부의 기능직에 등용하였다. 사대부 자제들은 전문 적인 것을 요구하는 학문을 비천하게 취급하여 해당 관방의 기능직 관리 들의 자손들이 세습적으로 이러한 학문을 이어갔다. 이들이 사회의 새로 운 신분층을 형성하였는데 중인계급이 바로 이들이다.

조선시대의 과거제도는 양반관료체제를 유지하기 위한 수단으로 시행 되었는데 크게 문과·무과·잡과 등의 3개 과로 나뉘었다. 문과는 문관 을 선발하는 시험으로 대과는 중급문관을 선발하였고 소과는 초급문관 을 선발하였다. 그러나 보통 문과라고 하면 대과를 가리킨다.

초급문관시험인 소과는 생원과와 진사과가 있는데 생원과는 유교의 경적(經籍)을 시험하고 진사과는 시·부·표·전·책 등을 시험하였다. 이 소과는 3년마다 각 도별로 실시하였는데 1차 시험인 초시는 향시에서 생원·진사과별로 700명을 선발하였다. 그리고 서울에서 복시, 즉 2차 시험을 실시하여 생원·진사과별로 100명을 선발하였다. 100명의 합격자들에게는 생원·진사의 칭호를 주고, 초급문관에 임용될 자격과 대과에 응시할 자격 및 성균관에 입학할 자격을 주었다.

중급문관시험인 대과는 생원·진사와 하급관리들에게 응시자격이 부여되었다. 초시는 도에서 실시하고 복시는 서울에서 실시하였는데 33명을 선발하였다. 이 시험은 국왕이 직접 친시를 실시하였는데 갑·을·병 등의 3과로 등급을 결정하여 합격시키고 등급에 의해 관급의 차이를 두어 관리로 기용하였다. 갑과의 일등을 장원이라고 하였으며 대과에 합격한 사람에게는 합격증서로 홍패(紅牌)가 수여되었다.

정기시험은 3년에 1회씩 정기적으로 시행되었으나 부정기적인 임시시험이 자주 시행되어서 많은 인원을 배출하게 되었다. 임시시험의 예는 다음과 같다. 왕이 새로 즉위하거나 왕과 왕비 및 세자의 생일을 맞아 증광시라 하여 문무관을 뽑았다. 또 왕이 성균관에 친임하여 유생들을 상대로 알성시라 하여 시험을 치렀다. 이외에도 매년 절일인 1월 7일·3월 3일·7월 7일·9월 9일 마다 실시하는 절일시가 있었는데 정원이 한정되어 있지 않는 것이 특징이었다.

무과는 문과처럼 대·소과의 구분이 없었다. 3년마다 도별로 실시되는 초시에서 200명을 선발하여 서울에서 실시하는 복시에 응시할 자격을 주었다. 복시에서 선발된 28명은 국왕이 실시한 친시에서 갑·을·병의 성적에 따라 합격을 시켰다. 무과의 시험내용은 궁술·창술·격술 등의 무예실기와 경서·병서 등의 이론시험으로 실시되었다. 합격자에게는 문과와 마찬가지로 홍패가 수여되었고 합격자를 선달이라고 호칭하였다.

5) 토지와 조세제도

태조 이성계와 신진사대부 세력들이 고려말에 정권을 장악하면서 처음 단행하였던 조치는 토지개혁이었다. 이들은 과전법을 시행하여 토지 국유의 원칙을 확립하고 집권체제를 정비하였다. 이 때 실시된 과전법은 현직과 전직을 불문하고 18등급의 관계(官階)에 따라 과전을 지급 받게 하였다. 그리고 관료들에게 지급되는 과전은 경기도 내에 국한하여 생활 기반을 중앙에 두게 하였다. 이는 지방 호족들의 성장을 막고 중앙집권 적 관료체계를 구축하려고 하였기 때문이었다.

과전은 원칙적으로 관료 본인 1대에 국한하도록 하였으나 관료 본인이 사망하고 처가 수절할 경우 수신전이라는 명목으로 지급되었다. 또 본인 과 처가 사망하고 자녀들만 남았을 경우에도 휼양전이라는 명목으로 과 전이 지급되었다. 이와 같은 예외 조치는 결국 과전의 세습화를 가져오 게 하였다.

따라서 관료의 수는 증가되었으나 과전이 세습화되어 관료들에게 줄 토지가 부족하게 되었다. 여기에 조선 초기 정변과 반란이 있을 때마다 배출된 공신에게 공신전이 지급되어 토지의 부족을 가중시켰다. 또한 국 가에 특수한 공로를 세운 자에게는 별사전이 지급되었는데 이 별사전도 경기도 지방으로 한정하여 토지의 부족이 심각한 상태에 이르게 되었다.

이와 같이 경기도 지방에 지급된 과전·공신전·별사전 등은 세습이 인정되었을 뿐만 아니라 날로 증가하는 추세여서 군역을 치르는 번병(番 兵)의 경비조달에도 타격을 입었다. 이러한 어려움을 타개하기 위하여 세조는 과전법을 폐지하고 직전법을 시행하였다(세조 11년 1465년). 직 전법은 전지(田地)의 지급을 현직자에게만 한정하고 산직자에게는 중지 한 것으로 과전의 경작 관리를 1대에 국한시킨 것이었다.

성종은 다시 직전법을 고쳐서 관수관급제를 실시하였다. 관수관급제

는 관료에게 토지를 지급하되 관료 자신이 직접 수조할 수 없도록 한 것
이다. 이는 사전의 조세 포탈을 방지하고 토지 농장화를 예방하려는 데
그 목적이 있었다. 그러나 16세기에 접어들어 이 관수관급제도 유명무실
하게 되어 버렸고 관료들은 녹봉만을 받게 되었다. 한편 공신전·별사전
이외에도 군전이 있었다. 이밖에도 지방관아나 공공기관의 경비와 하급
관리의 급료를 충당하기 위하여 각종 명목의 토지가 지급되었다.

조선시대의 조세제도는 전조·공납·요역으로 구분되며 이 외에 잡세
가 있었다. 수조의 규칙을 보면, 국가로부터 개인·관아·공공기관에 지
급된 토지를 경작하는 농민은 수확의 10분의 1을 지대로서 전주에게 납
부하도록 규정하였다. 전주가 개인일 경우 전주는 경작자로부터 받은 조
가운데서 15분의 1을 조세로 국가에 납부하게 하였다. 그런데 토지의 비
옥도에 차이가 있고 풍년·흉년에 따라 일정한 면적에서의 수확량이 달
랐으므로 전국 각지에서 고정된 조세를 징수한다는 것은 불가능하였다.

세종은 조세제도의 확립을 위하여 여론을 청취하고 실지의 상황을 조
사하여 전제상정소(田制詳定所)를 설치 한 후 조세제도의 정비에 착수하
였다. 세종은 전국의 토지를 비옥도에 따라 6등급으로 구분하여 등급제
로 측정하는 기준을 달리하였다. 이것이 전품6등법과 그 실측 방법인 수
등이척법이다. 또 농작의 풍년·흉년에 따라 9등급으로 나누는 연분9등
법을 제정하고 그 등급에 따라서 조세를 징수하였다. 이와 같이 세종은
전품6등법과 연분9등법을 골자로 하는 공법(貢法)을 제정하고 결당 최고
20두에서 최하 4두의 조세율을 정하여 조세제도를 정비하였다.

농민들은 각 지방의 특산물에 대한 현물세로서 공납의 의무가 부여되
었다. 공물은 0관청의 수요를 충당키 위한 것으로 각종 모피·과실·기
물·직물·목재·지물 등이 요구되었다. 공물은 군·현 등 지방 행정구
역 단위로 책임량이 할당되어 농민들에게 부과되었으며 지방관은 해마
다 책임량을 징수하여 납부해야만 하였다. 그런데 공납의 실제 부담량은

전조보다 과중하였고 지방관의 부담이던 진상(進上)도 농민의 부담으로 돌아와 농민들은 2중의 고통에 시달렸다.

또한 군역과 요역의 의무가 있었는데 16~60세까지의 상민 장정들이 해당되었다. 군역과 요역은 교대로 실시되었는데 당번이 아닌 자는 당번자의 경비를 부담하였다. 그런데 관리들이 군역과 요역을 면제해 주는 대신 포를 받고 대역을 내세우는 일이 성행하여 역의 의무는 군포 납부의 의무로 바뀌어졌다. 한편 노역은 1년에 6일간이라고 법으로 규정되어 있으나 실제에 있어서는 관청에서 임의대로 징발하였다. 결국 농민들은 영세농인데다가 조세·공납·역 등의 과중한 부담으로 인하여 어려운 생활을 영위할 수밖에 없었다.

2 | 조선전기의 사회와 문화

1) 조선의 산업과 교통체계

조선시대의 상업은 농업 위주의 경제체제와 교통의 미발달, 자급자족인 자연경제상태라는 한계성, 수요와 공급의 불균형에 따른 상업유통의 부진성, 화폐경제의 미숙성 등의 약점을 갖고 있었다.

조선 초기의 상업형태는 서울의 시전과 각 지방 장시를 중심으로 한 보부상들의 행상 및 국제무역 등을 들 수 있다. 시전은 고려시대 서울에 있었던 체제를 전승한 것으로 육의전(명주·주단·면포·모시·종이·어물)이 가장 번창하였다. 육의전은 궁부(宮府)와 관부(官府)의 수요를 조달하는 어용 독점상인으로 상품에 대한 전매권을 차지하고 그 대가로 궁부 및 관부의 제수 및 수리 등에 따르는 부담 등을 부과받았다. 육의전은 다른 상점이 전매품을 판매하는 것을 금지할 수 있었는데 이와 같은 행위는 조선시대 상업발전을 저해시키는 요인이 되었다.

한편 서울 근교와 지방에서는 사상(私商)에 의한 장시가 발달하였다. 15세기 말부터 대두하기 시작한 장시는 당시 농업 생산력의 발달과 지주제의 확대로 말미암아 발달하기 시작하였다. 정부는 농민들이 토지에서 이탈하여 장시에 몰리는 것을 막고 육의전의 어용상인에게 상권을 독점시키기 위하여 장시의 금지령을 내렸다. 그러나 장시는 5일장으로 정착해 갔으며 보부상들에 의하여 각종 물품들이 유통되었다. 보부상들은 견고한 조직을 바탕으로 합법적 단체권을 가진 부상청(負商廳)을 조직하기도 하였다.

수공업은 관에 의한 장인 수공업과 농민들의 가내 수공업으로 분류되었다. 장인 수공업은 관에 예속되어 관의 수요를 충당시키기 위한 책임량을 제작하는 수공업체제였기 때문에 수공업의 발전을 저해하였다. 또

수공업에 종사하는 자들은 양인으로 공납과 공역의 의무를 지녔기 때문에 신분상으로도 천시되었다. 그러나 공장 수공업이 발달하여 철제농구·유기·금은세공품·문방구·생활필수품 등을 만들었다. 이들은 공조에 예속되어 있었고 경공장과 외공장으로 구분되었다. 이 밖에 특수한 수공업으로는 사원에서의 제지 생산과 백정에 의한 제혁(製革)제품·유기제품 생산 등이 있었다. 특수한 수공업은 전통적 업으로 계승되었다. 특히 백정은 도살을 전문적으로 하는 신분이어서 극히 천시되었다.

조선사회에서 교역의 매개가 된 것은 주로 쌀과 포였다. 조선 정부에서는 몇 차례에 걸쳐서 화폐를 주조하여 유통시키려 하였지만 당시의 자연경제하에서는 큰 성과를 거둘 수가 없었다. 이러한 상공업체제하에서 화폐경제가 제대로 발달할 수 없었다. 따라서 태종은 사섬서를 두고 저화를 주조하여 유통시켰으며 세종은 조선통보를 주조하여 저화와 병용 유통시켰다. 그리고 세조는 전폐라는 것을 만들어 유통을 꾀하였으나 화폐는 기대와 같이 유통이 되지 못하였고, 농민들은 화폐를 구경조차 못하는 형편이 되었다. 이후 인조 11년에 상평통보가 발행되고 효종·숙종때에 김육·허적 등의 주장으로 화폐를 주조하여 조선말기까지 사용되었다.

조선시대에 있어서 교통·통신을 관장한 기관으로는 역(驛)과 원(院) 및 봉수제를 들 수 있다. 역은 주요 도로 30리를 간격으로 전국에 약 500여 개를 설치하였다. 역에는 역마를 배치하여 관청문서의 전달이나 관물의 수송 및 군사기밀 등을 담당케 하였다. 그리고 공무로 인한 여행자에게도 역마를 제공케 하고, 역마 이용 허가증으로 동으로 만든 마패가 발급되었다. 또한 역에는 역리를 파견하고 연도(沿道)의 역을 총괄하는 찰방을 임명하여 소속 역리들을 관할케 하였다. 원은 교통요지에 설치한 일종의 관설 여관으로 공무 여행자에게 편의를 제공하였다.

봉수제는 변방의 긴급한 상황을 봉화로서 중앙 및 지방에 연락하는 군사적 경보전달방법으로 전국에 약 600여 개의 봉수대가 있었다. 이 밖에 통신만을 담당하는 기관으로 공조에 예속된 파발(擺撥)이 있었고, 이후 선조 때에는 걸어서 전달하는 통신망인 보파(步擺)도 있었다.

조운(漕運)은 전국에서 현물로 징수한 세미(稅米)를 선박으로 운반하여 경창에 보관한 것으로 국가재정상 주력하지 않을 수 없었다. 그러나 평안도와 함경도의 세미는 내왕이 빈번한 사신일행의 식량과 북부 방수군의 군량으로 충당키 위하여 양도에 유치하여 보관하였다. 평안도·함경도를 제외한 모든 지방의 세미는 서울로 운송되었다. 그리하여 국가에서는 하천과 각 해안 요지에 조창(漕倉)을 설치하고 각 지방에 할당된 세미를 수합하였다.

2) 한글 창제와 과학기술의 발달

한민족은 독자적인 문자를 소유하지 못하고 중국의 문자인 한자를 사용하여 왔다. 세종대왕은 이러한 사실을 인식하고 한민족에게 적합한 문자가 있어야겠다는 민족의식과 어리석고 우매한 백성도 사용할 수 있는 문자가 있어야 겠다는 애민정신으로 한민족 고유의 문자인 한글을 창제하였다.

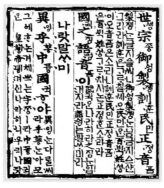

훈민정음

◆◆◆◆◆
한글은 어떻게 만들어졌을까

현재 대다수의 나라에서 사용되고 있는 알파벳 계열의 문자와 동아시아의 국제어로서 발전한 한자 계열의 문자까지, 지구상에 존재하고 있는 다양한 문자들이 있다. 그런데 이러한 계보에 속하지 않는 독창적인 문자가 있다! 지금으로부터 600년 전 소리문자 '훈민정음'을 어떻게 만들 수 있었을까?

세계에 무수히 많은 소리문자들이 있지만 유일하게 발음기관을 본 따 만든 문자가 바로 한글이다. 그런데 그 모양만 발음기관을 따라 만든 것이 아니라 사람의 발음기관에서 나는 소리를 체계적으로 분석해 같은 성질의 소리는 비슷한 생김새를 갖도록 만들었다. 한글은 소리의 성질까지 담고 있는 자질문자로써 선진적이라고 평가된다.

훈민정음 기원설로 몽골의 파스파문자와 신라시대에 들어온 인도의 산스크리트어가 논의되고 있다. 정확히는 알 수 없지만 고려말까지 한반도에 큰 영향을 준 몽골제국의 언어인 파스파 문자의 모양과 원리가 국의 창제에 많은 도움이 되었으리라 추측할 수 있다.

당시 지식인들은 한자를 익혀 한문은 자연스럽게 사용하고 있었다. 그렇다면 세종은 왜 굳이 새로운 글자가 필요했을까. 당시 조선의 법전이었던 〈대명률〉은 한자와 이두로 복잡하게 쓰여 있었다. 이두는 우리 글이지만, 한자의 음과 훈(訓:새김)을 빌려 한국어를 적던 표기법으로 일반 백성은 이두를 잘 읽을 수 없었다. 그리하여 문자 모르는 백성들은 법을 몰라 억울한 일을 당하는 경우가 많았다. 바로 세종은 이런 백성들을 불쌍히 여긴 것이다.

문자 모르는 백성에 대한 세종의 안타까운 마음은 〈삼강행실도〉에 잘 나타나있다. 유교의 가르침을 삼강행실도를 통해 그림으로 그려 백성들에게 알리려 했으나 그 조차도 백성들 이해하지 못할까 세종은 걱정했다. 백성들과의 소통을 원했던 세종은 결국 백성들의 말을 그대로 옮겨 적을 수 있는 소리문자 창제를 생각해 낸 것이다. 어린아이의 말과 사투

리까지 표기하고자 했던 세종은 실제 백성들의 소리를 철저히 담아내려 노력했다.

세종은 음의 높낮이와 발음기관을 통해 말소리가 나는 이치에 대해 섭렵했던 음운학자이기도 했다. 세종은 우리말을 수없이 들으며 철저히 분석하여 차자표기법을 통해 우리말 구조를 분석했다. 훈민정음에서 보이는 초성, 중성, 종성의 삼분법과 초성과 종성을 같은 자음을 쓰는 것, 이어쓰기에서 종성이 초성으로 넘어가는 특징은 이러한 분석에서 나온 결과물이다.

어리석은 백성들이 쉽게 배울 수 있도록 같은 성질의 소리는 같은 모양으로 만들어 누구나 쉽게 배울 수 있게 만든 훈민정음. 그 창제 과정 곳곳에는 세종의 백성에 대한 연민과 사랑이 베어 있다.

세종대왕은 정음청(언문청)을 설치하고 집현전의 최항·성삼문·박팽년·신숙주 등과 함께 오랜 기간동안 심오한 음운연구를 하여 세종 25년(1443년)에 훈민정음, 즉 한글을 창제하였다. 훈민정음이 창제된 후 최만리·신석조·하위지·정창손 등이 반대하였지만 1446년(세종28년)에 훈민정음을 반포하여 한민족 문화의 기반을 마련하였다.

세종대왕은 훈민정음의 활용을 위하여 권제·정인지 등을 시켜 조상의 덕을 찬양한 「용비어천가」와 「석보상절」을 짓게 하였다. 그리고 세종대왕 자신은 소헌왕후의 명복을 빌고 불덕을 찬양한 「월인천강지곡」을 훈민정음으로 제작하였다. 이후 『법화경』·『원각경』·『금강경』 등의 불경이 언해로 출판되었고, 세조 때에도 불경언해사업은 계속 추진되었다. 이 밖에 농잠과 유교경전 등이 한글로 번역 간행되었다.

중종 때에 접어들어 한글에 대한 연구가 활발하여 최세진은 『사성통해』·『훈몽자회』 등의 저서를 간행하였으며, 『여씨향약정속』·『농서』·『열녀전』 등이 한글로 번역 간행되었다. 이 밖에도 대외적으로 비밀유지를 요하는 병서가 한글로 기록되기도 하였으며, 궁중의 비빈이나 양반가정의 부녀자들이 한글을 많이 사용하였다.

한글의 창제는 국문학을 획기적으로 발전하게 하였다. 세종 때에 훈민정음을 사용하여 만들어진 「용비어천가」는 국문학 작품의 효시가 되었고, 불교가사인 「월인천강지곡」은 정음으로 지어진 악장이라는 독특한 시형으로 발전되었다. 고려시대부터 존속하여 왔던 별곡체도 조선전기까지는 유지되었지만 점차로 정리되어 장형시인 가사로 발전되어 갔다.

가사는 성종 때 정극인이 만든 「상춘곡」에서 새로운 체가 나타났는데 선조 때 정철의 작품집인 『송강가사』에서 절정을 이루었다. 또 고려후기부터 있었던 단가도 발전하여 시조로 정형화되었다. 이후 시조는 가사와 함께 조선시대 시가문학의 가장 대표적인 장르가 되었다.

조선시대의 국문학은 운문에서 더욱 발전하였다. 그 이유는 한시가 우리말이 아니라 창을 하기가 불편하였으므로 가창을 위한 우리말의 시가가 필요하였기 때문이었다. 따라서 조선시대의 한문학은 산문에서 국문학은 운문에서 각각 발달하여 상호 보완적인 관계로 발전하였다.

조선전기에는 과학기술의 진보도 크게 이루어졌다. 세종(20년 1438년)은 이천과 장영실로 하여금 의기(儀器)인 대소간의·혼천의·앙부일구·자격루 등을 제작 완성케 하였다. 1442년(세종 24년)에는 동으로 제작된 측우기를 서운관과 각 도에 나누어 주고 비의 양을 측정케 하였다. 측우기는 서양에서 최초로 발명한 이탈리아 카스텔리의 측우기보다 200년이 앞선 것이었다. 또한 세조(12년 1466년)는 토지측량기인 인지의를 만들고 성종(22년 1491년)은 규표를 제작하였다.

농업에 관한 서적으로는 세종 때에 간행된 『농사직설』이 있다. 이 책은 중국에서 수입한 농서에서 탈피하여 우리 풍토에 맞게 편찬된 책이다. 이후 강희맹이 『사시찬요』를 저술하였다. 이 책은 사시(四時)의 농작기술서이고 양잠에 관한 관심을 표명하였다. 이 같은 농업서적들은 수리시설 및 댐 등의 수축을 논하였고 양수용 수차도 논의하고 있는 것이 특징적이다.

수학은 실용적인 회계·측량 등의 필요에 의해 『산학계몽』과 『상명산법』등이 만들어졌다. 이중 『산학계몽』은 아라비아 수학이 전수된 것이었다. 의학에 있어서는 세종 15년(1433년)에 임상 의서인 『향약집성방』이 편찬되었고 이후 세종 27년(1445년)에는 중국 역대 의서를 수집하여 병문을 분류·편찬한 의학백과서인 『의방유취』가 완성되었다. 그리고 광해군 2년(1610년)에는 조선 뿐만 아니라 동양 의학사상 특이할 만한 역저인 허준의 『동의보감』이 편찬되었다.

군사분야에 있어서는 세종 32년(1450년)에 『동국병감』이라는 전사(戰史)가 편찬되었으며 군사훈련의 지침서인 『병장도설』 등이 있었다. 화포는 종래의 방어용에서 공격용으로 전환되었는데 제작법과 사용법이 세종 30년(1448년)에 간행된 『총통등록』에 그림과 함께 자세히 기록되어 있다. 이와 같이 세종은 선진적인 군사개혁을 수립하여 실행하였음을 알 수 있다. 문종 때에는 화차가 제조되었다. 이것은 수레 위에 신기전 100개를 설치하고 심지에 점화하여 발사할 수 있는 장거리 포였다. 이러한 무기제작술은 이후 화포와 화약의 개량에 노력하게 되었다. 그 결과 임진왜란 때 비격진천뢰가 발명되어 왜구를 쳐부수는데 큰 기여를 하게 되었다.

한편 조선시대에는 편찬사업의 번창으로 금속활자가 주조되어 서적간행을 더욱 촉진시켰다. 태종 3년(1403년)에는 주자소를 설치하여 동활자를 대량으로 주조하였다. 이것이 계미자이다. 이 계미자는 독일의 구텐베르크의 활자보다 훨씬 앞서 제작되었다. 세종 때에 와서 종래의 활자를 동판 위에 놓고 납으로 안정시킴으로써 활자가 움직여서 불편하였던 점을 보완·개량하였고 식자도 정확하여 수많은 서적을 간행하는데 불편이 없었다. 이것을 토대로 세종 16년(1434년)에는 자체가 미려한 갑인자를 만들 수가 있었다.

3) 양반문화의 발전과 불교의 쇠퇴

조선은 편찬사업으로 각종 서적을 간행하는데 힘을 기울였다. 특히 세종에서 성종에 이르는 시기는 집현전과 홍문관의 학자들을 동원하여 실제의 정치나 사회의 질서를 유지하는데 필요한 여러 서적들을 편찬하였다. 또한 고려시대의 목판·활자 인쇄기술을 계승하여 금속활자가 크게 개량되어 편찬간행사업이 성행할 수 있었다.

세계문화유산으로 지정된 조선왕조실록은 조선이 남긴 위대한 문화유산이다. 조선은 개국 초부터 정사(正史)의 편찬을 위하여 춘추관을 설치하였다. 그리고 사관을 두어 사초(史草)를 준비하고 국왕이 바뀔 때마다 실록청을 두어 실록을 편찬하였다.

『조선왕조실록』은 태종 13년(1413년)에 『태조실록』을, 세종 8년 (1426년)에 『정종실록』을, 세종 13년(1431년)에 『태종실록』을 편찬한데 이어 역대로 왕의 실록을 차례로 편찬하였다. 현재는 태조 이성계로부터 제25대 철종까지의 왕조실록 총 825권이 전하여 오고 있다. 『조선왕조실록』은 서울의 춘추관·성주·전주·충주 등 4개의 사고에 보관되어 있다.

그리고 세종 때에는 정인지의 감수하에 『고려사』를 편찬하기 시작하여 단종 2년(1454년)에 완성되었으며 이와 거의 동시에 『고려사절요』도 편찬되었다. 세조 때에는 『조선왕조실록』을 기본사료로 삼아 정치에 모범이 될 만한 것을 간추려서 『국조보감』을 편찬하였으며 성종 때에는 『삼국사절요』가 완성되었다.

조선시대에는 각 지역의 인문·자연지리 지식을 담은 지리서들도 유행하게 되었다. 세종 14년(1432년)에 『팔도지리지』가 제작되었고, 『세종실록』을 참작하여 탁월한 인문지리서가 만들어졌다. 이후 이를 계승하여 성종 12년(1481년)에 『팔도지리지』를 수정·보완하여 『동국여지승람』이 편찬되었고, 중종 25년(1530년)에 다시 『동국여지승람』을 보완하여 『신증동국여지승람』이 편찬되었다.

정치에 관한 편찬서적은 조선과 중국의 정치사적 흥망을 다룬 세종 때의 『치평요람』이 있고, 국가의 여러 의식을 기술한 『국조오례의』, 유교의 도덕적인 질서를 다지기 위해 편찬된 『삼강행실』 등이 있다. 기술 방면에 관한 편찬서적은 세종 15년(1433년)에 『향약집성방』·『의방유취』·『신주무원록』 등이 간행되었으며, 각 도 노인들로부터 농법의 자료를 모아 세종 23년(1442년)에는 『농사직설』이 간행되었다. 또 음악에 관한 것은 성종 때에 성현이 편찬한 『악학궤범』 등이 있다.

조선시대 문학의 주류는 한문학이었다. 한문학은 양반관료 사회에 있어서 필수적인 소양으로 한시를 짓는 것은 이들 생활의 일부분이었다. 그리하여 수많은 한문학의 문장가들이 나왔으며 이들의 시문을 모은 문집들이 편찬되었다. 대표작으로는 성종 때 서거정이 편집한 시문집 『동문선』과 그의 설화문학 『필원잡기』, 그리고 성현의 『용재총화』 등을 들 수가 있으며 김시습은 우리나라 최초의 소설인 『금오신화』를 지었다.

조선시대의 음악은 궁중음악인 아악과 민속음악으로 나뉘었다. 궁중에서의 음악은 각종 의례와 관례가 있었기 때문에 태조 이성계는 아악서와 전악서를 설치하여 아악을 권장하였다. 세종은 관습도감을 설치하고 박연을 시켜 궁중음악을 정리하게 하였다. 성종 때에는 악률로부터 실제 응용에 이르기까지를 그림과 함께 상세히 설명된 『악학궤범』이라 책자가 편찬되었다. 한편 민속음악으로는 가곡·창악 등 노래가 보급되었으며 전통적인 농악이 농민들 사이에서 유행하였다. 그리고 이 밖에 무가(巫歌)나 범패(梵唄) 등 특수분야의 음악이 행하여 졌다.

조선의 회화는 양반문화를 반영하여 소박하면서 은은한 정취가 깃들여 있는 것이 특징이다. 조선시대의 회화는 양반들이 문인화(수묵화)를 그렸고, 직업적인 화원들이 초상화와 산수화를 그렸다. 이 당시 대표적인 화가로는 강희안·안견·최경·이상좌 등을 들 수 있다.

강희안은 세종 때에 직제학의 직위까지 오른 인물로 시·서·화에 능통하였고 남송의 화풍을 습득하여 산수·인물화에 능하였다. 안견은 양반출신의 화원으로 산수에 뛰어났고 안평대군은 「몽유도원도」로 유명하다. 최경은 산수화와 안물화에 능하였고 이상좌는 노비출신으로 재주가 뛰어나 훌륭한 산수화 인물화를 남겼다.

조선시대의 서예는 고려후기부터 존속하였던 조맹부체(송설체)가 인기가 있었는데 안평대군이 그 대가로 유명하였다. 이후 중종 때에 접어들어 김구가 왕희지체를 배워 인수체라는 독자적인 필법을 개창하였다. 인종 때의 한호(호 : 석봉)도 왕희지의 필법으로 대성하여 조선시대 최고의 서예가라는 칭호를 들었다. 안평대군·김구·한호는 초서를 잘 썼던 인종 때의 양사언과 더불어 조선전기 서예 4대가로 불리어졌다.

조선시대의 공예는 생활필수품이나 사대부의 문방구로 발전하였다. 공예 가운데서 대표적인 것은 자기로서 분청사기와 백자를 들 수 있다. 분청사기는 고려청자가 퇴화한 것으로 표면에 회청색의 유약을 발라 만들었는데 세련미는 떨어지지만 참신하고 소박한 감이 서민정취를 잘 표현하고 있다.

백자는 고려백자에서 유래되어 명 백자의 영향을 가미한 것으로 고려시대에 비해 질적인 향상을 이루었다. 조선시대의 백자는 형태에 있어 밑바닥이 넓고 간결하여 안정된 느낌을 주었다. 이는 사대부들의 취향에 맞았을 뿐만 아니라 서민들의 실생활에도 이용될 수 있었다. 그리하여 점차 조선의 분청사기는 쇠퇴하고 백자가 조선자기의 주류를 이루었다.

조선시대의 건축은 고려시대의 사원건축과는 달리 도시의 궁궐이나 성곽·성문·학교 건축이 발달하였다. 그 대표적인 것으로 서울의 경복궁·창덕궁·창경궁과 남대문 등 4대문을 들 수 있다. 특히 조선은 서원의 유행으로 조선 특유의 서원건축양식이 발달하였다. 사원과 석탑은 불교가 쇠퇴함에 따라서 발달하지 못하였지만 그러한 와중에서도 법주사의 팔상전과 원각사지(탑골공원)의 대리석 다층탑은 조선의 대표적인 사찰 건물로 꼽힌다.

불교는 삼국시대와 고려시대를 통하여 한민족의 문화 발전에 큰 기여를 하여왔으나 조선시대로 접어들면서 성리학자들이 반발하여 침체되었다. 태조 이성계 이후 유교가 숭상되고 불교의 여러 폐단이 지적되면서 억불정책이 실시되었다. 먼저 도첩제를 실시하여 승려의 출가를 억제하고 사찰의 남조를 금지시켰다. 그리고 승려가 되려는 자는 신분에 따라 최고 100필을 관방에 납부하도록 하고 사찰건축·불서간행·모금 등을 금지시켰다.

태종 6년(1406년)에는 사찰을 대폭 정리하여 전국에 224사찰만 두고 그 이외의 사찰은 폐하였으며 사찰의 전지와 노비를 관에서 몰수하였다. 세종 7년(1425년)에는 난립되어 있는 불교의 종파를 선종과 교종의 양종으로 통합하고 18사찰만을 본거로 인정하였으며 불교의식을 금하고 유교의식을 따르게 하였다.

이후 세종은 억불정책이 어느 정도 마무리가 되자 불교비호정책을 추진하였다. 왜냐하면 유교는 현실사회사상이기 때문에 인간 본래가 지니고 있는 종교적인 욕구를 충족시키지 못하였기 때문이었다. 그리하여 세종은 불교 사찰의 건립을 허락하고 성리학자들의 반대를 무릅쓰며 궁중에 내불당을 설치하였다.

세조는 즉위 후 불교의 부흥에 노력하여 간경도감을 설치하고 불전을 번역·간행케 하였다. 그리고 세조 자신이 『법화경』을 번역하고 『영가집』·『금강경』·『화엄경』·『반야심경』 등을 국역케 하였다. 또 세조는 해인사 대장경 50부를 인출하여 명찰에 보관케 하였고 원각사를 창건하였다.

이와 같이 불교는 세조 때에 어느 정도 중흥의 기세를 보였으나 성종이 다시 억불정책을 단행하여 도첩제조차 폐지되고 승려가 되는 것을 엄격히 제한하여 불교의 사찰과 승려의 수는 다시 격감되었다. 이후 연산군은 서울의 선종과 교종을 폐쇄하였고, 중종 2년(1507년)에는 고려시대부터 존속되어 왔던 승관과 승과마저 완전히 폐지하였다.

이후부터는 불교가 다만 일반 민중들의 민간신앙의 대상이 되었을 뿐 사회에서는 그 세력을 펴지 못하였다.

조선시대 남자들은 귀고리를 했다

오늘날 여성들의 중요한 패션 아이템인 귀고리. 하지만 한반도에서 귀고리는 오랫동안 남성들의 전유물이었다.

5천여기의 조선시대 무덤이 출토된 서울 은평구 뉴타운 발굴 현장. 12호 무덤에서 수습한 유물에는 귀고리 한 쌍이 들어있었다. 그런데 놀랍게도 귀고리의 주인은 조선시대 관리를 지낸 남성이었다. 남성들의 귀고리 문화와 관련해서는 다음과 같은 기록도 있다.

> "양평군의 나이 9세 때, 큰 진주 귀고리를 달았으니..."
> 조선왕조실록 중종 8년 1월 7일

중종실록에 실린 양평군 사칭사건 관련 내용이다. 큰 진주귀고리를 달았던 귓불의 구멍으로 양평군을 구별할 수 있다고 한다. 즉 귀에 뚫린 큰 구멍이 왕실의 핏줄을 증명하는 수단이라는 것을 보여준다. 귀하신 왕자의 귓불에까지 구멍을 뚫고 귀고리를 달았던 것이다.

머리카락 한 올도 함부로 하지 않았던 유교의 나라 조선에서 남자들이 귀를 뚫어 귀고리를 착용했다? 도포자락을 휘날리며 도성의 거리를 걷던 남자들의 귀고리 문화에 대해 알아보자.

실제로 조선왕조실록 곳곳에 남자들의 귀고리 착용문화에 관한 내용이 등장한다. 유교이념으로 무장한 사대부가의 자제들은 물론이요, 왕자들까지 진주귀고리를 했다는데 남자들은 언제부터 귀고리를 했고, 그 이유는 무엇이었을까? 그리고 남성들의 귀고리 착용 문화는 언제 시작되었을까?

고대시대 귀고리는 부적으로써 종교적인 의미가 더 컸지만 점차 장식의 의미만 남게 되었다. 그리고 귀고리의 굵기는 귀고리를 한 사람의 권위를 상징했다. 따라서 높은 사람일수록 크고 두꺼운 귀고리를 하고 있었을 것이다.

당나라에 파견된 고구려, 백제, 신라의 사신들의 모습을 그린 당염립본왕회도(唐閻立本王會圖)에는 귀고리를 착용한 삼국시대 사신들의 모습이 등장한다. 현재까지 성별이 확인된 국내 남성 귀고리 착용자 1호는 김포 양촌리에서 발굴된 3세기 초의 금귀고리의 주인이다.

남성들의 귀고리 문화는 한반도를 비롯한 북방 유목민족의 문화에서 찾아볼 수 있다. 반면 중국 남성들은 귀고리를 착용하지 않았으므로 이를 통해 중국인과 한반도 사람을 구분하기도 했다.

이렇게 오랫동안 한반도 남성들의 사랑을 받았던 귀고리. 1500여 년의 전통을 가진 남자들의 귀고리 문화가 갑자기 사라진 까닭은 뭘까? 그것은 남성들의 귀고리 풍습이 유교 가치관에 맞지 않는다고 판단한 조선정부가 귀고리 착용을 금지하면서부터였다. 1572년인 선조 5년 선조는 부모님이 물려주신 신체에 구멍을 뚫는 것은 옳지 않다고 지적하면서 귀고리 착용을 금지시키게 되었다. 이후 귀고리 문화는 점차 사라지게 되었고 조선후기에는 일부 여성들만이 착용할 뿐이었다.

문화와 풍습은 시간의 흐름에 따라 변하기 마련이다. 따라서 유행을 따르는 행위도 유행을 막으려는 행위도 어쩌면 다 부질없는 짓일지 모른다.

3 | 성리학 이념의 확산과 갈등

1) 사림의 성장과 사화의 발생

당시 정치력을 장악하고 있던 훈구세력들은 세조의 찬위에 협조하여 공신이 된 자들로서 정인지·신숙주·최항·서거정·양성지·강희맹·이극돈 등이 이에 속한다. 이들은 고위관직을 독차지했을 뿐만 아니라 방대한 토지와 노비를 소유하고 있었다.

한편 사회문제에 직면하여 훈구세력을 비판하고 향촌사회의 안정을 기하려는 사림(士林)의 세력도 점차 성장하고 있었다. 사림은 국가운영에 성리학 이념에 따라 이루어져야 한다고 주장하는 이상주의자들이었다.

사림세력들이 중앙정계에 본격적으로 진출한 것은 성종 때에 이르러서였다. 성종은 학문을 흥기(興起)하기 위하여 홍문관을 설치하였으며 훈구세력들의 일방적인 비대를 막기 위하여 새로운 관료층을 육성하였다. 따라서 사림세력들이 정계에 진출할 수 있었다.

이들은 고려말 선산에 은둔하여 학문과 후진 양성에 몰두한 야은(冶隱) 길재(吉再)의 제자들로 절의를 지켜 조선에서 관료가 되기를 거부한 길재의 학통을 이어받은 학자들이었다. 길재의 제자인 김종직이 출사한 것을 계기로 그의 제자인 김굉필·정여창·김일손 등이 뒤를 이음으로써 중앙정계에 하나의 정치세력을 형성하였다. 이들은 문장과 경학에 능한 도학자와는 달리 주자학 본위의 학파를 고수하고 있었다.

사림파는 3사(三司 : 사헌부·사간원·홍문관) 등 주로 언론·문필기관의 관직을 통해 중앙정계에 진출하였으며 진보적인 경향을 띠었다. 그러나 훈구파는 사림파와는 달리 사장(詞章)을 주로 하고 세조의 총신을 중심으로 한 정치·경제적 기반이 확고한 인물이 많아서 보수적인 경향을 띠었다. 사림파가 중앙정계에 진출하여 훈구파에 도전함으로써 상호

반복과 대립이 심화되어 갔다.

훈구파와 사림파의 대립이 표면적으로 노골화 된 것은 연산군이 집권한 시기에 일어났다. 사림파의 관리이었던 김일손은 『성종실록』을 편찬하는 사관으로 있을 때 이극돈 등 훈구파의 비행을 기록하였으며, 김종직은 중국의 항우가 의제를 폐시한 것을 조위한 것으로 비유하여 지은 「조의제문(弔義帝文)」을 사초에 올려 은근히 세조의 찬위을 비난하였다.

이를 발견한 훈구파의 이극돈은 유자광과 모의하여 연산군을 움직였다. 이들은 김종직이 선왕의 행위를 비난한 것으로 연산군에게 사주하여 훈구파와 평소 대립하고 있던 신진 사림파를 제거하게 하였다. 이리하여 이미 고인이 된 사림파 김종직의 무덤까지 파헤쳐 사체의 목을 베고 김일손을 비롯한 다수의 사림파를 사형에 처하거나 유배시켰다. 이것을 무오사화라고 한다. 이는 중앙정계에 대두하는 사림파에 대한 훈구파의 최초의 공격이었다. 1498년 무오사화 이후 사림파의 세력은 크게 꺾이게 되었다.

1504년 또 한번의 사화가 일어났다. 생모 윤씨의 폐출·사사사건을 보고 받은 연산군은 이를 계기로 하여 이 사건에 관계된 사림파 김굉필·정여창 등과 훈구파를 포함하여 관계된 자 100여명을 죽였다. 이것을 갑자사화라 한다. 이 사건은 임사홍 등 궁중파 세력들이 연산군을 움직여 사림파·훈구파 등에 가한 반격이었다.

무오·갑자사화 후 연산군은 전국에 채홍사와 채정사를 파견하여 미녀·창기·양마 등을 강제로 뽑아 올리게 하고 성균관과 원각사를 향락의 장소로 삼는 등 더욱 방탕한 생활을 하였다. 그 결과 연산군은 중종반정으로 쫓겨나게 되었다.

중종은 훈구파 세력을 견제하고 정치의 새로운 풍토를 구현하고자 사림파를 등용하였다. 이 때 등용된 조광조는 김종직의 학통을 이어받은 신예의 성리학자로서 중종의 신임을 얻어 혁신적인 개혁정책을 실시하였다. 그는 농장의 소유를 제한하고 성리학을 장려하였다. 그는 성리학의 소학(小學)을 주장하고 향촌사회의 질서를 재편하는 향약을 실시하였다. 그리고 과거 대신 현량과를 실시하여 새로운 인재를 등용하는 등 새로운 면모를 갖춘 혁신정치를 단행하였다.

이후 사림파 세력들은 도학정치(道學政治)를 주장하며 군주의 수신과 민의 교화를 강조하였다. 이들은 재지사족의 입장에서 성리학을 이해하고 재지사족까지 포함한 지배층의 도덕적 실천을 통해 당면한 사회문제를 적극적으로 해결해 갈 것을 강조하였다. 그리고 국가의 예제와 함께 향촌사회의 질서, 가족제도까지도 성리학의 이념을 따를 것을 주장하였다.

이와 같이 조광조 등 사림파 세력이 커지자 훈구파의 반발은 위훈삭제사건을 계기로 폭발하였다. 위훈삭제사건이란 당시 대사헌의 요직에 있던 조광조가 훈구파를 제거할 목적으로 중종반정의 공신 중에서 아무 공도 없이 공신이 된 76명의 공훈을 깎으려하였다. 이에 남곤·심정 등 훈구파 세력들은 음모를 꾸며 조광조가 왕이 되려고 한다는 유언비어를 퍼뜨리고 중종을 충동하였다. 중종은 조광조 등 사림파 세력들의 현실을 무시한 도학정치에 염증을 느끼고 있던 차에 훈구파의 음모에 속아 조광조 등 사림파 세력들을 사형시키거나 귀향 보냈다. 이것이 중종 14년(1519년)에 일어난 기묘사화로 사림파가 제거되어 개혁정치는 실패로 돌아갔으며 현량과도 폐지되고 말았다.

이후 명종 원년(1545년)에는 다시 한 번 사림파 세력이 크게 숙청된 을사사화가 발생했다.

네 차례에 걸친 사화를 겪으면서 사림파 세력들은 심한 타격을 받게 되었다. 그리하여 사림파 중의 많은 수가 고향으로 돌아와 서원을 건립하고 학문과 교육에만 전념하였다. 이후 향촌사회에서 확고한 기반을 갖고 있던 이들은 서원과 향약이 발전하게 되자 선조 때에 접어들어 다시 중앙정치무대에 등장하게 되었다.

2) 성리학의 확산과 심화

고려말 한반도에 들어온 성리학이 본격적으로 지방사회에 뿌리를 내릴 수 있었던 것은 서원과 향약을 통한 사림세력의 노력 덕분이었다. 서원의 시초는 중종 38년(1543년)에 풍기군수로 있던 주세붕이 주자의 백록동 서원을 모방하여 세운 백운동 서원이었다. 이후 이황의 건의에 의하여 이를 권장하는 뜻에서 왕은 소수서원(紹修書院)이라는 친필의 사액을 내렸다. 그리고 서적·전지·노비를 하사하였으며 면세와 면역의 특전까지 부여하였다. 이러한 특전으로 인하여 낙향한 사림세력들이 서원을 건립하니 선조 때에 이르러 사액서원이 100여 개가 넘을 정도로 늘어났다.

서원은 네 차례의 사화로 낙향한 사람들에게 활로와 재기의 힘을 길러주는 장소가 되었다. 또 사회에서 격리된 서원에서 독시와 유교의 철학적 연구가 행해져 성리학의 발달을 가져오는 계기가 되었다. 이후 서원은 붕당의 근거지가 되었다.

서원과 함께 지방에서 사림파 세력들의 지위를 굳게 하여 준 것은 향약(鄕約)이었다. 향약은 각 향촌사회에 권선징악과 상호부조의 생활풍습을 고취하기 위한 자치규약이었다. 향약은 중종 때에 사림파의 조광조가 유교예속의 생활화를 위하여 보급하였다. 이후 이황과 이이가 조선의 실정에 맞도록 고쳤다.

조선시대 향약의 공통된 강목은 덕업상권(德業相勸)·과실상규(過失相規)·예속상교(禮俗相交)·환난상휼(患難相恤)로, 이를 위반하는 자에게는 태벌 등을 가하였다. 조선시대의 향약은 민중을 지배하는 도구이면서 유교예속과 도덕의 실천을 알리는 계몽적인 역할을 담당하기도 하였다.

성리학은 유교의 인륜주의에 철학적 고찰이 가미된 것으로 우주와 인간을 일관하는 사상체계이었다. 성리학에서 주자가 내세운 근본사상은 이기(理氣)이었다. 주자는 이(理)는 천지만물의 본체로, 기(氣)는 그 본체가 구체화된 것이라고 하면서, 이차원적인 이와 기의 관계를 형이상학적이고 우주론적 입장에서 설명하였다. 주자의 이기이원론(理氣二元論)에 대한 본격적인 탐구는 서경덕과 이언적에 의하여 이루어졌다. 이후 서경덕의 주기설(主氣說)은 이이에 의하여, 이언적의 주리설(主理說)은 이황에 의하여 대성되었다.

이황은 주자의 이원론을 계승하였다. 그러나 이는 기의 활동 근원이 되며 기를 주제하고 통제하는 실재라 하였다. 심성의 문제에 있어서도 이는 순선무악(純善無惡)한 절대적인 가치를 가진 것이고, 기는 가선가악(可善可惡)한 상대적인 가치를 가진 것이라 하여 인식론에 있어서 지선행후(知先行後)를 내세움으로써 주리적인 성격을 나타내었다. 이후 이황의 학문은 유성룡·김성일 등의 영남학파에 의하여 계승되어 갔다.

한편 이이는 우주만물의 존재근원이 기에 있으며, 이는 기의 작용에 내재하는 보편적인 원리에 지나지 않는다고 하였다. 이이는 이통기국(理通氣局)을 내세움으로써 모든 이상의 변화와 발전을 기의 작용으로 보는 주기적인 성격을 띠었다. 이 주기설은 내향적인 도덕법칙의 탐구도 중요시하였지만, 그 방법이 외향적이어서 보다 외적 경험과 박학을 존중하였다. 따라서 이이는 학자로서 뿐만 아니라 경세가로서 정치·경제·국방 등 현실문제에 대해서도 여러 가지 개혁론을 주장하였다. 이후 이이의 학문은 성혼과 제자인 김장생·정엽 등 기호학파에 의하여 계승되었으며, 18세기를 전후한 실학사상에 큰 영향을 끼쳤다.

또 유교에서 사단(四端)이란 인·의·예·지의 단서가 되는 측은(惻隱)·수악(羞惡)·사양(辭讓)·시비(是非)의 네 가지 마음을 가리킨다. 그리고 칠정(七情)은 희(喜)·노(怒)·애(哀)·락(樂)·애(愛)·악(惡)·욕(欲)의 일곱 가지 감정을 가리킨다. 따라서 사단과 칠정은 모두 인간의 마음 작용을 설명하는 개념이다.

퇴계 이황

여기에서 이황은 사단과 칠정의 차별을 강조하여 사단은 이가 발한 것으로 오직 선한 것이고, 칠정은 기가 발한 것으로 선악이 함께 있다는 이기호발설(理氣互發說)을 주장하였다. 이에 대하여 이이는 사단은 칠정 속에 포함되는 것임을 강조하여 사단과 칠정이 모두 기가 발한 것이며 이는 기가 발하는 것을 타는 것이고, 이 가운데 선한 것만을 가리켜 사단이라고 하는 이기겸발설(理氣兼發說)을 주장하였다. 이러한 사단칠정의 논쟁은 결국 인간의 마음이 작용할 때 본연의 성으로서의 인의예지라는 도덕규범이 어떻게 실천되는지를 둘러싼 견해의 대립이었다.

이와 같이 성리학의 발전은 예학(禮學)의 발전으로 이어졌다. 김장생은 단순한 모방에 불과하였던 종래의 예제(禮制)에 반하여 그것의 본래적인 의미를 탐구함으로써 의식적인 실천과 궁행에 예학의 본지가 있다고 하여 가례(家禮)와 심경(心經)을 중요시하였다. 이로부터 예의 인식범위는 확대되었고 중소지주층들은 예학을 생활화하기에 이르렀다.

사림파 세력들의 성장과 더불어 성리학은 16세기를 통하여 지방 양반들의 사상체계로까지 그 영역을 넓혔다. 그러나 기존의 생활양식까지 성리학적으로 바꾸는 데에는 더 많은 시간이 걸렸다. 성리학적 사상은 남성·장자 중심의 제사 봉사와 재산상속의 관습을 만들었다. 또한 친족의식이 강화되어 문중이 발달하고 족보가 유행하였다. 그러나 이러한 변화는 18세기에 와서야 본격화되었다.

3) 붕당정치의 전개

사림파 세력들은 네 차례의 사화 속에서 심한 타격을 받았으나 서원을 토대로 하고 학벌을 중심으로 하여 발전하였다. 이들은 선조 때 재차 중앙정계에 진출하여 관계를 지배하였는데 정부 요직을 차지하기 위한 내부대립이 원인이 되어 당쟁과 붕당정치를 일으켰다.

이러한 당쟁의 시초는 선조 8년에 김효원과 심의겸이 이조전랑(吏曹銓郎)의 임명을 둘러싸고 서로 반목하면서 일어났다. 이때 김효원의 집이 동쪽에 있기 때문에 동인, 심의겸의 집이 서쪽에 있기 때문에 서인이라 하여 두 당파로 분열되었다. 김효원을 지지하는 동인은 사림파의 이상을 준엄하게 내세우는 신진관료들로 김우현·이발·이산해·유성룡 등이었고, 심의겸을 지지하는 서인은 척신정치의 과감한 개혁에 소극적인 기성관료들로 박순·정철·김계휘·윤두수 등이었다.

동인과 서인의 대립과정에서 이황·조식·서경덕의 문인이 동인이 되고, 이이·성혼의 문인은 서인으로 모이게 되어 학맥이 세력을 결집하는 중요한 기반이 되었다. 선조 24년(1591년)에 접어들어 동인이 정권을 잡았는데 동인의 내부에서 온건파와 강경파가 대립하였다. 여기에서 동인은 이황의 제자들로 구성된 남인과 조식의 제자들로 구성된 북인으로 나뉘어졌다.

이후 정국이 복잡하게 전개되다가 광해군 즉위 후에는 북인이 정국을 주도하였는데 북인도 대북과 소북으로 나뉘어졌다. 서인은 다시 노론과 소론으로 갈라졌다. 그리하여 동인의 남인과 북인, 서인의 노론과 소론을 통틀어서 사색당파라고 한다.

선조 말년 광해군을 지지하는 이이첨 등의 대북파와 인목대비가 낳은 선조의 적자 영창대군을 세자로 삼고자 하는 유영경 등의 소북파와의 대립속에서 선조가 갑자기 세상을 떠나자 광해군이 즉위하여 대북파가 정권을 장악하였다. 대북파는 영창대군의 존재가 자신들의 정치생명과 관련이 있다고 판단하였다.

그리하여 광해군을 움직여서 영창대군과 그의 외조부 김제남을 살해하고 인목대비를 서궁에 유폐시켰다. 이에 이귀·김류·이괄 등의 서인들이 광해군의 패륜적 행위를 구실로 삼아 구데타를 일으켰다. 이들은 광해군을 강화도로 귀양보내고 인목대비의 명에 따라 능양군(선조의 손자)을 즉위시키니 이가 바로 인조이며, 이 사건을 인조반정이라고 한다.

한편 분열을 거듭하여 오던 서인은 효종 때에 이르러 송시열과 송준길을 중심으로 다시 규합하게 되었다. 서인이 권력을 장악하여 서인에게 압박받던 남인은 기회를 노리고 있다가 효종이 사망하자 그의 모후인 조대비의 예론문제(禮論問題)를 구실 삼아 서인과 대결하였다. 그러나 서인들의 주장이 관철되어 남인의 반격은 실패로 돌아갔다.

이후 현종 때에 이르러 효종의 비 인조왕후의 상을 당하여 역시 조대비의 예론문제가 재연되었다. 이때 서인은 대공설을, 남인은 기년설을 각각 주장하였다. 이번에는 남인의 기년설이 채택되어 송시열을 위시한 서인들이 축출되고 남인이 정권을 장악하게 되었다. 이때 남인은 송시열에 대하여 극형을 주장한 과격파와 온건파로 나뉘어졌는데 과격파를 청남이라고 하였고 온건파를 탁남이라고 불렀다.

14세의 어린 나이로 즉위한 숙종을 받들고 집권한 남인 세력들은 전제적인 경향을 띠었는데 숙종 6년(1680년)에 접어들어 신왕 옹립 음모를 꾸민다는 혐의로 정권에서 축출되었다. 이리하여 송시열 등 서인세력들이 다시 집권하였다. 이후 숙종 15년(1689년)에 장희빈 소생인 왕자 윤을 세자로 책봉한다는 문제로 일시 남인이 등용되었으나 5년만에 정권에서 물러나면서 남인세력들은 완전히 세력을 잃고 말았다.

남인이 세력을 상실하자 서인들의 세상이 되었는데 서인은 송시열 중심의 노장파와 윤증 중심의 소장파 사이에 분열이 일어나 다시 노론과 소론으로 분열되었다. 이러한 가운데 경종이 즉위하자 소론이 득세하고 노론이 실각하였다. 소론은 왕세자인 연잉군(영조)를 살해하려다가 실패하면서 실각되었고, 소론에 의하여 추대되어 소론을 보호하였던 경종이 사망하자 정권은 노론에게로 돌아갔다.

　왕권의 약체화를 목격한 영조는 왕권강화가 필요하다고 생각하여 탕평책을 시정목표로 삼고 노론을 등용함과 동시에 실력 있는 소론의 인재들도 등용하여 관직을 안배하였다. 이후 정국은 안정되었고 왕권은 강력하게 확립되었다. 영조로부터 정조에게 계승된 탕평책은 영조와 정조 양대의 사회안정과 문예진흥에 크게 공헌하였다. 그리고 이러한 결과 당쟁은 어느 정도 완화가 되었으나 완전히 뿌리가 뽑힌 것은 아니었다.

4 | 왜란과 호란

1) 왜란의 발생배경

건국 이후 200년 동안 지속된 평화는 조선의 국방력 약화를 가져왔다. 반면 당시 동아시아 국제정세는 급변하고 있었다. 당시 요동지방에서는 건주위 추장 누르하치가 왕이라 자칭하며 세력을 확대하였고, 국경 연안 일대에는 왜구가 창궐하고 있었다.

일찍이 중종 36년에 대마도의 왜인들이 고성 사량도를 침범하여 난동을 부리자 조선 정부는 일본과의 통상을 단절하였다. 이후 일본의 아시카막부가 사신을 파견하여 통상의 재개를 간청하였다. 이에 조선 정부는 명종 2년(1547년)에 이 요청을 받아들여 과거의 조약보다 엄중한 제한을 가하고 위약시의 벌칙까지를 규정하여 정미조약을 체결하였다. 그런데 명종 10년(1555년)에 접어들어 왜선 60여 척이 전라도 지방에 침입하여 달량포(현재 전남 해남지방)를 점령하고 약탈을 일삼는 등 을묘왜란을 일으켰다.

조선 정부는 이와 같은 침입에 대비하기 위하여 병사의 기무를 관장하는 비변사를 설치하였다. 그러나 국방력 강화를 위한 노력은 이어지지 않았다. 조선 정부가 이러는 동안 일본은 선조 18년(1585년)에 100여 년간의 전국시대를 끝내고 도요토미 히데요시(豊臣秀吉)가 전국을 통일하여 조선 침략의 계획을 진행시키고 있었다.

일본을 통일한 풍신수길은 중국 명을 침범하고자 하는 야망을 품고 선조 20년(1587년)에 대마도 도주를 통하여 조선 정부에 수교를 요청하였다. 그러나 조선 정부가 수교를 거절하자 풍신수길은 명을 칠 것이니 길을 빌려 달라고 조선에 요구하였다. 이에 조선 정부에서는 일본의 야욕을 알아보기 위하여 선조 23년(1590년)에 사신으로 정사 황윤길과 부사 김성일을 일본으로 파견하였다.

부산진순절도

선조 24년(1591년) 3월 일본에서 돌아온 두 사신은 의견을 달리하였다. 정사 황윤길은 반드시 일본의 침입이 있을 것이라고 예견하였고 부사 김성일은 일본의 조선침략은 없을 것이라고 예견하였다. 당시 조선의 위정자들은 황윤길의 의견을 무시하고 김성일의 의견을 채택하였다.

이러한 가운데 선조 25년(1592년)에 접어들어 풍신수길은 20만 대군을 보내어 조선을 침략하였다. 풍신수길은 일본을 통일한 후 불만 봉건제후의 세력들을 해외로 배출하여 일본의 통일을 공고히 하고 자신의 세력을 강화하기 위한 필요에서 임진왜란을 일으켜야만 했던 것이다. 왜군이 침입해 오자 부산 첨사 정발과 동래 부사 송상현이 왜군을 맞아 싸웠으나 실패하였다. 이후 왜군은 3로로 나누어 서울을 향해 진격하였다.

2) 왜란의 전개와 항쟁

당황한 조선 정부에서는 여진족 이탕개의 난을 진압하여 공을 세운 신립을 도순변사로 임명하여 왜군의 진로를 차단케 하고 충주 탄금대에서 배수의 진을 치며 왜군과 대항하였으나 실패하여 충주마저 함락되고 말았다.

충주가 왜군에 의하여 함락되었다는 비보에 접한 선조는 광해군을 비롯하여 여러 신하들을 거느리고 의주로 피난길에 올랐다. 한편 왜군은 부산에 상륙한 지 20일 만에 서울을 함락하였고, 40여일 만에 평양성을 점령하기에 이르렀다. 일본은 전국시대의 전란기를 겪으면서 전쟁의 경험을 쌓았고 또 신무기인 조총을 사용한데 반하여 조선의 군사는 훈련도 없었을 뿐만 아니라 구식 무기에 수적으로도 열세였기 때문에 도저히 당해낼 도리가 없었던 것이다.

육지에서 참패를 거듭하는 동안 반대로 수군은 연전연승을 거두고 있었다. 이순신은 임진왜란 전부터 거북선 등 함선을 건조하였으며 군사들의 훈련도 게을리 하지 않았다. 거북선은 옥포·당포·당황포·한산도·안골포·부산 등의 해전에서 왜의 수군을 대파하였다. 특히 한산도 앞바다에서의 해전은 일시에 적을 공격하여 적선 70여 척을 나포 또는 격침시키는 대전과를 거두었다. 이것이 바로 한산대첩이다. 한산대첩은 김시민의 진주성 및 권율의 행주성과 더불어 임진왜란의 3대첩으로 꼽히고 있다.

이순신의 승전으로 서해를 통하여 북상, 육군과 합세하려던 왜군의 계획은 수포로 돌아가고 여기에 보급로까지 차단되어 왜군은 육전에서도 고군분투하였다. 이러한 공으로 삼도수군통제사로 임명된 이순신은 한산도에 통영을 설치하고 충청·전라·경상 등 삼도의 수군을 총지휘하였다. 특히 이순신의 공적으로 곡창지대인 전라도 지역이 안전하여 전란에 따른 식량부족의 위기를 모면하였다.

한편 각 지방에서는 양반과 농민들이 의병을 일으켰다. 대표적인 의병장으로는 충청도 옥천에서 봉기하여 청주의 왜병을 격퇴하고 금산에서 왜병을 공격하다 전사한 조헌, 경상도 의령에서 거병하여 의령·창령 등지에서 왜적을 섬멸하고 진주에서 김시민과 함께 왜병을 격퇴한 곽재우, 전라도 장흥에서 거병하여 금산에서 전사한 고경명, 수원을 중심으로 여러 차례 왜군을 격파하고 제2차 진주전에서 전사한 김천일, 함경도에서 거병하여 경성과 길주의 왜적을 격파한 정문부 등을 들 수가 있다. 이밖에도 휴정과 유정 같은 승려 의병장도 있었다. 의병장들은 유격전술로 왜군의 군사행동에 막대한 손실을 끼쳤고 조선의 관군이 전열을 가다듬을 수 있는 시간적 여유를 벌어 주었다.

선조는 명에 사신을 보내어 파병을 요청하였다. 명은 내부상서 석성의 주장으로 구원병을 파견하였다. 그러나 명의 요양부총병 조승훈은 군사 5천명을 거느리고 평양성을 공격하였으나 실패하였다. 이에 명에서는 심유경을 보내어 화의를 모색케 하는 한편 재차 이여송의 5만 대군을 파견하여 평양을 공격하였다. 명은 평양을 함락시킨 후 철수하는 왜군을 쫓아 개성까지 점령하였으나 벽제관 전투에서 대패하여 다시 후퇴하였다.

조선 정부는 관군·의병·승병 등의 통합군 만여명을 행주산성에 집결시켜 명과 연합한 후 서울을 수복하려고 하였다. 그러나 왜군에게 명군이 패배하여 조선 정부 통합군의 지휘자인 권율이 고립상태에 빠지게 되었다. 이때 왜군은 서울에 집결하고 있던 때라 3만의 대병력으로 계속적인 공격을 해왔으나 권율은 고군분투하여 왜적을 물리쳤다. 이후 권율은 대원사가 되어 조선의 수군과 육군을 총지휘하게 되었다.

행주성 전투에서 패배한 왜군은 서울에서 철수하였고, 충청·강원도 지방의 왜군도 남하하였다. 이후 왜군이 울산·동래·거제 등에 진을 치고 장기주둔에 들어가자 화의가 진행되었다.

조선 정부의 반대에도 불구하고 명과 일본 사이에 진행되던 화의는 양측이 모두 승전자임을 자처하고 무리한 조건을 제시하였으므로 결렬되고 말았다. 이에 왜군이 다시 공격하였으니 이것이 바로 정유재란이다. 풍신수길은 가등청정과 소서행장을 선봉장으로 하여 조선에 15만 대군을 보내 침입하였다.

그러나 조선 정부도 군비를 갖추고 있었으며 명의 원군도 즉시 출동하였기 때문에 일본의 침입은 경상도 지역을 넘지 못하였다. 그러나 해군의 활동은 임진왜란 때와 달랐다. 삼도수군통제사 이순신이 투옥되어 있는 사이에 원균의 지휘체제하에 있던 해군이 안골포·칠청양 등의 전투에서 대패하였기 때문이다.

조선의 해군을 물리친 왜군은 기세가 높아져 사천·하동·구례·남원·전주를 점령하고 익산까지 진격하였다. 이에 조선 정부에서는 이순신을 재기용하여 삼도수군통제사로 임명하였다. 이순신은 12척 밖에 남지 않은 전함을 이끌고 명량해전에서 왜군 선함 133척을 대파하여 제해권을 다시 회복시켰다. 이후 왜군은 경상·전라도 해변지대로 몰리고 연합군에게 포위되어 공격을 당하자 철수하기 시작하였다. 명군도 선조 33년 9월에 완전히 철수하였다.

조선은 일본과 7년간의 전란으로 인하여 인구의 감소와 더불어 농지의 황폐화를 가져왔다. 특히 농지의 황폐화는 농민들의 생활을 더욱 피폐하게 만들었다. 임진왜란 후 전국의 경작면적은 종전의 3분의 1에도 못 미쳤으며 가장 피해를 많이 본 경상도의 경우는 겨우 6분의 1에 불과하였다. 여기에 기근과 질병이 만연하여 농민들의 고통은 이루 말할 수 없었다. 조선 정부의 재정 역시 악화되었고, 조세의 파악 근거인 호적과 양안마저 전란으로 인하여 소실되어 버렸다.

3) 호란의 전개와 그 결과

16세기 후반기에 조선과 명의 세력권에서 벗어난 여진족은 누루하치에 의하여 강대한 세력을 형성하여 광해군 8년(1616년)에 후금을 세우고 국력이 쇠퇴해 가는 명의 변경지방을 자주 공격하기 시작하였다. 이후 누루하치는 광해군 10년(1618년)에 명의 무순을 점령하였다.

이에 명은 조선에 원병을 요청하였으나 광해군은 중립적이고 이중적인 외교정책을 추진하여 후금과의 충돌을 피하였다. 광해군은 명의 요구에 따라 강홍립에게 군사를 주어 출전케 하고 전세를 보아 향배를 결정짓도록 비밀리에 지시하였다. 강홍립은 명이 후금과의 사르후전투에서 패배한 후 계속하여 수세에 몰리자 후금과 휴전하고 출병이 불가피하였음을 해명하였다.

광해군은 대북파와 제휴하여 정권을 잡은 후, 사림파의 정치견해가 국제정세에 대처하는데 불리하다고 판단하여 서경덕과 조식을 추앙하고 정통파 성리학자들을 비판하였다. 또한 임진왜란 복구책으로 국가부흥을 위해 양전과 호적사업을 실시하고 국방체제도 강화하였다. 그러나 광해군은 성리학자들의 비판을 받고 정권에서 소외된 서인에 의해 인조반정으로 축출되었다.

인조가 즉위하면서 서인들이 정권을 장악하게 되자, 명망 있는 사림파를 재등용한 후 향명배금책(向明排金策)을 취함으로서 후금을 자극하였다. 여기에 명의 모문룡이 후금이 차지한 요동을 탈취하기 의하여 가도에 체류하면서 후금을 긴장시키자 후금은 조선과 명을 공격할 계획을 세웠다.

이때 조선에서 이괄이 논공행상에 불만을 품고 반란을 일으켰는데 반란군의 잔당이 후금과 내통하였다. 이에 즉위 전부터 주전론을 주장하여 왔던 후금의 태종은 1627년 3만의 병력으로 조선을 침입하였다. 후금은 가도에 있던 명의 모문룡을 공격하고 평산으로 진격해 왔다. 이를 방어하지 못한 조선은 형제의 맹약을 체결하고 교역할 것과 명·후금 전쟁에 중립을 지킬 것을 약속함으로써 후금을 철수시켰다. 이것을 정묘호란이라고 한다.

정묘호란 이후 후금은 명을 정벌하기 위한 병선과 식량을 조선에 요구하였고 가도의 명군을 소탕한다는 구실을 내세워 자주 조선을 침입하였다. 후금은 국호를 청이라 고치고 사신을 파견하여 조선이 청의 신하 국이 될 것을 요구하였다. 조선 정부는 크게 반발하여 청의 사신을 접견하지도 않고 그 국서를 물리치고 전국에 청과 싸울 것을 명하였다. 이에 청의 태종은 인조 14년(1636년)에 10만 대군을 거느리고 재차 침입하였다.

중국 청나라 황족은 경주김씨였다

중국의 심장부 중원, 한족의 자존심인 이 지역에서 한족을 처음으로 쫓아낸 나라는 여진족이 세운 금(金, 1115~1234년)나라였다.

금나라의 역사서인 금사(金史)에는 금나라를 세운 아골타라는 인물에 대해서 이렇게 기록하고 있다. "금시조의 이름은 함보인데 처음에 고려에서 온 신분이다." (金史 本紀 제1권, 世紀) 또 다른 역사서인 송막기문에서는 이렇게 기록한다. "여진의 추장은 신라인이고 완안씨는 중국말 왕과 같다" (松漠記聞)

조선의 유학자 김세렴이 쓴 『동명해사록(東溟海槎錄)』에는 함보의 9대손 아골타에 대한 이야기가 전한다. "김부(신라의 마지막 왕인 경순왕)가 비록 항복하여 고려왕이 합병하였으나 김부의 외손 완안아골타는 곧 권행의 후예로서 능히 중국을 갈라 다스려 백년동안 대를 이었으니"

김세렴은 여진족의 아골타를 경순왕의 외손이며 안동권씨 권행의 후예라고 주장한다. 그런데 권행의 본래 성은 김씨, 즉 김행이었으므로 그 주장은 신빙성이 있는 것이다. 당시 신라 왕족들은 같은 성씨끼리 결혼했으니 함보 역시 성이 김씨가 된다. 이 주장이 맞다면 신라말 고려초에 여진으로 건너간 김함보라는 인물의 후손이 금나라를 건국하고 중원을 정복했던 것이다.

금나라는 100년 정도 뒤에 멸망했지만, 약 400년 뒤 여진족은 다시 한 번 중국을 정복하여 중원을 완전히 장악하고 당시 세계에서 가장 강력한 나라를 건설했다. 바로 청(淸, 1589~1912년)나라가 그것이다. 여진족 중 청을 세운 청나라의 황족들의 성씨는 애신각라(아이신쥐러, 愛新覺羅)였다. 여기서 애신은 금(金), 각라는 씨(氏)를 의미한다. 즉, 청나라 황실의 성씨 역시 김씨였던 것이다. 이들의 후손들은 지금도 중국에서는 보기 힘든 성씨인 김씨를 성으로 사용한다.

이러한 사실을 종합한다면 신라 김씨 왕족의 후손들이 여진족으로 건너가 그들의 후손이 중원을 두 번이나 정복하고 강력한 왕국을 세웠다는 말이 된다. 그리고 한반도의 경주김씨 일족은 이들과 친족이 되는 것이다. 사실 여진족이 살고, 금과 청을 세운 만주지역은 우리의 고조선, 부여, 고구려, 발해가 있던 곳이기도 하다.

중원을 정복하고 강력한 국가를 세운 여진족, 그들 선조가 신라인이라는 사실에 주목하는 것은 국수주의적 우월감을 주장하자는 것이 아니다. 우리의 고대사를 가져가려는 중국의 의도에 대응하여 우리의 역사는 어디까지 확대될 수 있는지, 민족과 국가라는 개념이 얼마나 유동적인지를 생각해 볼 필요가 있음을 말하려는 것이다.

청이 침입하자 인조는 왕자와 왕족 및 비빈들을 강화도로 피난시키고 자신도 피난하려다가 길이 막혀서 남한산성으로 들어갔다. 이에 청은 서울을 함락시키고 남한산성으로 공격하여 왔다. 그런데 남한산성은 군량이 적었고 구원병도 오지 않았다. 여기에 강화도가 함락되어 왕자와 왕족 및 비빈들이 포로가 되자 인조는 최명길 등 주화파의 건의를 받아들여 청에 항복할 것을 결심하고 삼전도(현재 서울 송파)에서 성하(城下)의 맹(盟)을 맺고 말았다.

이후 조선은 명과의 관계를 단절하고 청의 황제에 대하여 신하로서 군신의 예를 지켜 조공을 바치기로 하였으며 청의 명 정벌 때에는 원병을 파견하기로 약속하였다. 한편 청 태종은 소헌세자와 봉림대군 등 두 왕자를 인질로 데리고 갔으며 척화파의 강경론자인 홍익한·윤집·오달제 등의 3학사도 데리고 철수하였다. 이들 3학사는 번양(봉천)에 끌려가 살해당하였고 인질로 끌려간 왕자 이하 많은 조선인들은 비참한 삶을 살아야 했다.

청에 인질로 끌려갔던 봉림대군이 인조의 뒤를 이어 왕위에 오르니 이가 바로 효종이다. 효종은 삼전도의 치욕을 씻기 위하여 이완을 훈련대장으로 임명하고 제주도에 표류해 온 네덜란드인 하멜 등 30여 명을 훈련도감에 위촉시켜 신무기를 제작케 하였다. 그러나 점차 강성해지는 청의 세력 앞에서 조선의 북번론은 구호에 불과할 뿐 실효성은 없었다. 효종이 재위 10년만에 타계하면서 북벌계획은 좌절하고 말았다.

5 | 조선후기 사회의 변화

1) 통치체제의 개편

16세기 말 17세기 초에 걸쳐 일어난 임진왜란과 병자호란이 조선 왕조의 교체는 가져오지 못했지만 왕권과 정부의 권위를 떨어뜨리는 계기가 된 것은 사실이다. 여기에 양란의 후유증으로 제도의 붕괴와 이에 편승한 관료들의 기강해이도 문제려니와 경제적 손실은 그 어느 것보다도 심각하였다. 이에 조선 정부는 이러한 국가적 위기를 타개하기 위하여 기구의 개편을 단행하지 않을 수 없었다.

먼저 관제에 있어서 강력한 제도적 통일과 국방의 전담을 요하는 비변사의 기능을 확대시켜 국가 최고의 기관이 되게 하였다. 비변사는 중종 5년(1510년)에 설치한 군기관으로 명종 10년(1555년)에 접어들어 상설기관이 되었으며 임진왜란 이후 그 기능이 강화되었다.

비변사는 새 정승이 겸임하는 도제조(都提調)와 6조의 판서·5군영의 우두머리로 구성된 제조(提調) 및 실무 담당의 낭청(郎廳)으로 구성되어 있었다. 이후 비변사는 의정부의 직능을 차지하여 군사·치안·행정 등 국가의 안보를 담당하는 기관이 되었다. 이 비변사는 고종 2년(1865년) 대원군에 의하여 폐지될 때까지 존속되었다.

한편 군사제도도 임진왜란 때 5위제가 모순점을 드러내자 개편이 불가피 하였다. 조선 정부는 임진왜란 중에 중국 병서 『기효신서』를 참고한 후 중국 절강군의 병술을 습득하여 삼수병을 양성하는 훈련도감을 설치하였다. 이후 총융청·수어청·금위영·어영청 등을 신설하여 5군영을 만들었다.

5위에서 5군영으로의 개편은 일관된 계획과 방침에 의한 것이 아니라 시대상황에 따라 편의주의에 의하여 설치되었다. 총융청은 서울의 경비를 위하여 설치되었다. 부대원은 남양·수원·장단 등 서울 근교의 여러 진에 속한 병력과 경기도 내의 속오군 가운데 1천명을 선발하여 충원하였다. 수어청은 인조 4년(1626년)에 수도외곽의 방어선이 될 수 있는 남한산성을 개축하고 이를 중심으로 경기도 남방을 방어하기 위하여 설치되었다. 금위영은 서울 도성의 방어를 목적으로 숙종 8년(1682년)에 설치되었다. 부대원은 정예 기병과 훈련도감군의 일부로 편성되었다. 어영청은 효종 3년(1652년)에 북벌을 위한 기간부대로 설치되었다. 이 부대는 주로 총포병과 기병으로 편성되었다.

양란으로 인하여 국가재정의 고갈과 농민경제의 파탄은 극으로 치닫게 되었다. 조선 정부에서는 근본적인 대책을 수립하였는데 그것이 바로 수취체제의 개편이다.

먼저 전세제(田稅制)를 개편하였다. 원래 전세는 세종 때 토지의 비옥도와 그 해의 풍년과 흉년의 등급(전분 6등, 연분 9등)을 지어 그 등급에 따라 부과되었다. 이 제도는 세를 공평히 한다는 취지였지만 시행 상에 있어서 많은 번거로움이 있었다. 그리하여 몇 차례의 수정을 거친 뒤 효종 4년(1635년)에 양척동일법을 실시하여 일부 지역을 제외하고는 모두 1결에 쌀 4말(두)을 걷도록 하였다.

다음으로는 대동법을 시행하였다. 조선에서는 공납이라 하여 전국 각지의 특산물을 공물로 납부하게 하였는데 여기에는 폐단이 많았다. 즉, 배당된 지역에 공물이 없을 경우에는 다른 곳에서 비싼 값으로 사다가 바치는 불편이 따랐다. 또 방납이라 하여 권세가들이 미리 그 물품을 중앙에 바치고 나중에 몇 배의 이익을 붙여 농민들로부터 폭리를 취하는 폐단이 극심하였다. 그리하여 공납제는 토지 1결당 12말(두)의 쌀을 바치게 하고, 이 세액을 공인이라는 청부업자들에게 지급하여 필요한 물품을 사들이는 대동법으로 바뀌었다.

　대동법은 광해군 원년(1608년)에 경기도를 시작으로 실시되어 숙종 34년(1708년)에 이르러서는 평안도와 함경도를 제외한 전국에서 실시되었다. 대동법은 국가의 조세수입을 보충하기 위한 제도였지만 반대세력이 너무 많아서 전국에 실시되기까지 무려 100년이나 걸렸다.

　마지막으로 균역법을 시행하였다. 조선에서 16세~60세 사이의 양인 남자인 정남(丁男)은 현역으로 군대에 복무하거나 아니면 군역 대신에 군포(軍布)라 하여 정남 1인당 1년에 2필의 포를 조선 정부에 바쳤다. 조선 정부는 이 군포로 군비를 충당하여 군포의 납부는 일종의 조세와 같았다. 1년에 2필의 포는 당시 평균 시가로 쌀 12말(두)에 해당되었으므로 가난한 농민들에게는 큰 부담이 되었다.

　17세기 중엽 이후 비참한 농민의 생활과 농촌의 황폐화를 막기 위하여 그 대책이 거듭 논의되어 오다가 영조 26년(1750년) 왕명에 의하여 균역법을 제정하였다. 균역법은 군포 자체를 폐지한 것이 아니라 1년에 2필의 포를 감하여 정남 1인당 1년에 1필로 한다는 내용이었다. 그리고 부족액은 관방이나 권문세가에 의하여 사적으로 점유되었던 어업세 · 염세 · 선박세 등을 다시 정부로 귀속시키고 결작(結作)을 징수하여 보충케 하였다. 결작은 전결에 대한 일종의 부가세로서 평안도와 함경도의 양도를 제외한 전국 6도의 전답에 대하여 1결당 쌀 2두를 징수하게 하였다.

　그러나 이와 같은 수취체제의 개편도 큰 효과가 없었다. 양척동일법은 종례의 관례를 성문화한 것에 불과하였고 균역법에는 새로운 명목의 세가 생겨나 농민들의 부담이 별로 줄어들지 않았다. 대체로 성공을 거두었던 대동법도 정치기강이 문란해져 정상적으로 운영되지 못하였다. 따라서 농민들의 곤궁은 날이 갈수록 더해만 갔다.

2) 상업 발달과 화폐경제의 성장

조선전기는 농본주의를 국시(國是)로 하여 농업만을 장려하고 상공업을 천시하는 억상정책(抑商政策)을 실시하였다. 그리하여 상업은 주로 도시의 시전과 5일마다 여는 장시를 중심으로 제한된 활동을 벌이고 있었다.

그러나 16세기 후반부터 농촌경제의 변화와 함께 시전 중심의 상업체제가 동요되기 시작하였다. 상업인구가 크게 늘어났고 사상(私商)인 난전이 곳곳에 들어서서 상업계의 판도가 크게 뒤바뀌게 되었기 때문이었다. 사상인 난전의 도전에 대해서 중앙정부로부터 보호를 받고 있던 시전상인들은 난전의 설립을 금하는 금난전권(禁亂廛權)이라는 독점권을 얻어내어 이들의 활동을 제한하려고 하였다.

그러나 난전의 증가는 중앙정부나 시전상인들의 힘으로 억제할 수가 없었다. 사상 중에서 막대한 자본을 축적하여 거상(巨商)이 된 상인들을 사상도고(私商都賈)라고 하였다. 사상도고들은 중앙정부의 통제하에서 활동하던 시전상인들보다 자유로운 활동을 할 수 있었고 자본면에서도 시전상인들을 압도하여 중앙정부가 손을 댈 수 없을 정도로 세력이 부상하였다. 이러한 추세에 따라 서울에서는 사상들의 상가인 이현(동대문 안)·종루(종로 근방)·칠패(남대문 밖) 등의 사설시장이 번창하였으며 전국각지에서도 사상들의 활동이 활발히 전개되었다.

그 대표적인 예가 선운업(船運業)과 곡물·생선·소금 등의 판매를 기반으로 하여 성장한 한강 주변의 강상(江商 : 경강상인)과 옷감·인삼의 판매를 기반으로 하여 성장한 개성의 송상(松商), 대청무역을 하는 의주의 만상(灣商), 대일본무역을 하는 동래의 래상(萊商) 등으로 이들은 자신들의 근거지에 한정하지 않고 중요한 교역로를 따라 전국의 시장에서 활동하였다. 특히 송상은 만상과 래상을 자신의 세력권 안에 두고 청과 일본 사이의 중개무역까지 벌일 정도로 엄청난 규모의 조직을 갖고 있었다.

이와 같이 사상들이 시전상인들의 독점권을 무너뜨리면서 성장하여 가자 중앙정부는 1791년에 이르러 금난전권을 폐지하였다. 이제 상업은 완전한 자유경쟁체제로 들어서게 되어 더욱 더 활발하게 전개되었다. 당시 대동법 실시에 의해 어용상인으로 변질된 공인(貢人)이 서울에서는 육의전과 지방에서는 장시의 객주·여각·거간들과 관계를 맺어 상거래를 하고 수공업자들과도 직접 거래를 하였다. 공인들은 한 가지 물품을 대량으로 취급하는 관계상 독점적인 도고상으로 성장하였다.

정기적인 장시도 17세기 이후부터 정부의 금압정책이 해소되자 그 수가 급격히 증가하여 18세기 중엽에는 1000여 개소에 달하였다. 이중에서 규모가 큰 장시는 상설시장으로 전환되었고, 전환된 상설시장에서 매매되는 상품량도 증대되었다. 그리하여 보부상을 상대로 하는 도고인 객주나 여각이 발달하게 되었다. 객주나 여각은 도매뿐만 아니라 창고업·위탁판매업·운송업·숙박업을 위시해서 대부·어음 발행·예금 등의 은행업도 겸하여 지방상업에서 중요한 구실을 하였다.

이와 같이 상업이 발전되자 단결과 이익을 위한 조합조직의 성격을 띤 각종 상인단체가 등장하였다. 대표적인 상인단체로는 공인의 공인계(貢人契), 육의전을 중심으로 한 시전상인의 도중(都中), 보부상의 보부상단(褓負商團)을 들 수가 있다.

한편 사신의 왕래에 의존하였던 대외무역도 17세기에 접어들어 중국과는 관무역 이외에 중강후시나 책문후시 같은 사무역이 전개되었다. 일본과도 왜관의 관무역과 밀무역이 성행하였다. 중국 및 일본과의 무역은 국내교역의 거상들인 송상·만상·래상들에 의하여 주도되었다. 점차 송상이 중심이 되고 만상과 래상을 통하여 인삼과 은을 매개로 하는 조선·청·일본 3국간의 국제교역이 이루어졌다. 이와 같은 대외무역의 성행은 광업의 발달을 촉진시켜 18세기에는 은광이 개발되었고 이후 금광과 동광의 개발도 이루어졌다.

상업의 발전과 더불어 수공업 분야도 역시 대동법 실시 이후 공인들의 상업활동으로 인하여 생산의욕이 크게 자극됨으로써 활기를 띠기 시작하였다. 농촌의 장시는 직물류 중심의 거래에서 철·목·자기류 등의 가공상품 거래량이 증가함에 따라 점진적인 발전을 보이고 있었다. 당시 수공업 생산품 중에서 전국적으로 유명하였던 품목은 안성의 유기, 통영의 칠기, 영암의 빗, 진주의 부채, 해주의 먹, 한산의 저포, 길주와 명천의 마포, 덕천의 항라 등이었다.

이 시기에 있어서 상업과 수공업의 발전은 금속화폐의 전국적인 유통을 촉진시켰다. 이전에도 저화(楮貨) 같은 화폐가 없었던 것은 아니지만 상업이 발달하지 못하여 정부에서 화폐의 사용을 권장하고 많이 찍어내도 제 구실을 하지 못하였다. 단지 쌀·베·무명 등이 실물화폐로서 중요한 자리를 차지하고 있었다. 그런데 숙종 4년(1678년) 상평통보라는 금속화폐를 대량으로 찍어내자 이미 상업도 어느 정도 궤도에 올라 금속화폐는 실물화폐와 함께 백성들의 생활에 침투되어 17세기 말경에는 전국적으로 확대되기에 이르렀다.

이리하여 이후 상품의 매매, 임금의 지불, 세금의 납부 등이 점차 화폐로 대체 되었다. 하지만 상업의 발달과 화폐경제의 성장이 자본주의로의 이행을 의미하는 것은 아니었다. 조선의 지배이념인 성리학에서 상업은 여전히 천시되었고 조선 말기까지도 그 지위는 변하지 않았기 때문이다. 또한 자본을 축적하여 이윤을 남기는 행위 자체가 부정되는 사회였으므로 자본주의로의 변화가 일어난 것이라고 할 수는 없다.

이처럼 두 번의 큰 외침을 겪은 조선사회는 큰 변화를 겪고 있었다. 그러나 사회의 지배층인 양반층의 지배력이 약해진 것은 아니었다. 양반들은 왜란과 호란에서 적극적으로 의병을 일으켜 큰 공을 세웠고, 그 결과 지역 사회에서 양반들은 자신들의 지위를 공고히 할 수 있었다. 비록 상업이 발전하고 화폐경제가 성장했지만, 조선은 돈 많은 상인들보다 가난한 선비가 존경 받는 사회였던 것이다. 실제로 돈을 많이 번 상인들은 오히려 양반이 되고자 족보를 위조하고 공명첩을 사들였다. 따라서 조선후기의 신분제는 붕괴된 것이 아니라 오히려 강화되었다고 설명해야 할 것이다.

6 | 조선후기 문화의 새로운 동향

1) 서학의 전래

호란 이후 청나라의 문물이 조선에 소개되었는데 그 중에는 이미 서양과의 교류를 통해 청에 수입되어 온 서구 지식이 있었다. 이를 조선에서는 서학이라 하여 받아들였다. 그 중에서 천주교는 17세기 초 광해군 때 이수광이 저술한 『지봉유설』에서 마테오 리치의 『천주실의』를 소개함으로써 이 땅에 알려지게 되었다. 이후 정두원이 청에서 천주교 서적을 가져왔고, 소현세자가 청에서 귀국할 때 서적과 천주상을 들여왔다. 유학자들은 천주교가 현실주의적이고 현세적인 유교사상과는 달리 내세관이 불교와 같다고 생각하여 천주교에 관심을 가졌다. 또한 평민층에게서도 큰 호응을 얻었다.

18세기 말 황해도지방의 농민들 사이에 퍼지기 시작한 천주교는 교세가 급진적으로 확대되어 강원도까지 전파되었다. 정조 때에는 서울에까지 확산되었는데 일부 식자층들도 개종하는 경우가 있었다.

한국의 천주교는 선교사들에 의하여 전파된 것이 아니라 자발적으로 유입되었고 교리가 전도되었으며 양반은 물론 중인·평민층까지 가담함으로써 하나의 세력집단으로 성장하게 되었다. 이후 천주교는 평민층의 호응을 받아 경기·충청·전라도 지역까지 빠른 속도로 전파되었다. 하지만 천주교에서는 조상에 대한 제사를 교리상 허용하지 않았는데 이는 큰 문제를 야기했다. 유교에서는 제사가 매우 중요한 의례였기 때문에 관료들의 입장에 천주교는 조선의 가치관을 뿌리에서부터 뒤흔드는 것으로 보였던 것이다. 조선의 집권자들이 천주교를 사교로 몰아서 탄압을 한 것은 그 이유가 바로 여기에 있었다.

조선의 집권자들이 천주교 탄압의 구실을 삼은 것은 유교적인 의식의 거부, 즉 전례(典禮)의 문제였다. 천주교 신자들이 미신이라고 하여 조상의 신주를 매몰하고 제사를 폐지하자, 조선 정부는 천주교가 부자·군신의 윤리마저 파괴한다고 하여 금지령을 내렸다.

정조 15년에는 전라도지방의 천주교 신자인 윤지충이라는 양반이 상을 당하자 제례를 폐하고 신주를 소각하자 정부에서는 윤지충을 사형에 처하였다. 이 사건을 신해사옥 또는 신해박해라고 한다. 윤지충은 조선 천주교 사상 최초의 순교자가 되었다.

이후 정조 19년(1795년)에 청나라의 주문모라는 신부가 입국하여 포교활동을 전개하였다. 이 때 교세가 확장되어 천주교 신자가 약 4천명으로 늘어났으나 정조는 천주교에 대하여 온건책을 유지하였다. 왜냐하면 정조 자신을 지지하는 세력들이 천주교 신자가 많은 남인들이었기 때문이었다. 그러나 정조가 사망하고 뒤를 이어 순조가 즉위하자 상황은 급변하였다. 노론 벽파는 대왕대비 정순왕후와 손을 잡고 남인 시파를 축출하기 위하여 순조 원년에 천주교에 대한 탄압을 강화하였다. 먼저 청나라에 온 주문모를 비롯하여 권철신·이승훈·이가환 등이 사형을 당하고 정약전과 정약용은 유배형을 당하였는데 이 사건을 신유사옥이라고 한다. 이후 조선 정부의 천주교 탄압은 계속되었으나 천주교의 교세는 계속 성장했다.

헌종 2년(1836년) 김대건은 프랑스 신부의 주선으로 마카오에 있는 신학교에 입학하여 조선 최초의 신부가 되었다. 김대건은 중국 유학 시 프랑스 에리곤호 함장 세실의 통역으로 한불통상조약 체결을 시도하였으나 중국의 아편전쟁으로 인하여 포기하였다. 이후 김대건은 프랑스 선교사 페레올·다블류 등과 함께 만주에 도착하여 조선개국을 위하여 입국하였으나 체포되어 처형당하고 말았다.

◆◆◆◆
독초 고추, 왕의 식탁에 오르다

김치를 비롯한 많은 한국 음식에는 고추가 들어간다. 고추의 매운 맛은 한국인들의 많은 사랑을 받아 왔고, 매운 맛은 한국 음식의 이미지가 되었다. 하지만 고추가 원래 한반도에서는 나지 않았으며, 한반도에 들어온 지 오래되지 않았다는 것을 아는 사람은 많지 않다. 고추는 언제부터 한국인의 사랑을 받게 되었을까.

"남만초(南蠻椒, 고추)에는 강한 독이 있다. 왜국에서 처음으로 들어왔기 때문에 흔히 왜겨자라고도 불리는데 최근에는 이것을 재배하는 농가를 자주 볼 수 있게 되었다. 주막에서는 소주와 함께 팔았는데, 이것을 먹고 목숨을 잃은 자가 적지 않았다." 지봉유설

지봉유설에서 이야기 하고 있는 것처럼, 한반도에 처음 들어왔을 때 고추는 독초로 여겨졌다. 고추를 먹으면 죽는다거나, 이빨이 빠진다거나, 대머리가 된다는 흉흉한 소문이 돌 정도였다. 일본군이 임진왜란 때 고추를 무기로 사용했다는 이야기도 있으며, 심지어 일본인들이 조선인들을 독살하기 위해 고추를 한반도에 들여왔다는 이야기까지 있다.

고추는 사실 남아메리카가 원산지로 신대륙 발견을 통해 구대륙인 유럽으로 알려지게 되었다. 유럽으로 전해진 고추는 포루투갈 상인들을 통해 일본에 전해지게 되었다. 일본에는 1552년 포르투갈 선교사가 큐슈지역의 영주에게 고추를 바쳤다는 기록이 전해진다. 이렇게 일본에 전해진 고추는 다시 한반도로 건너오게 되었다. 따라서 큐슈와 많은 관련을 맺고 있던 부산을 비롯한 경상남도 해안지역에서는 임진왜란 이전부터 고추에 대해서 알고 있었을 가능성이 많다.

한반도에 들어온 고추는 처음에는 매운맛 보다는 다른 용도를 위해 사용되었다. 우선 비싼 향신료인 후추를 대신하기 위한 목적으로 이용되기도 했다. 또 빨간 열매를 감상용으로 이용하는 화훼용으로도 많이 사용되었다.

이렇게 사용되던 고추가 처음 밥상에 오르게 된 것은 언제였을까. 정확한 기록은 없지만 영조대 임금님의 식탁에 오르는 음식을 기록한 자료에는 고추가 등장한다. 즉 고추는 18세기에는 식탁에 오르고 있었던 것이다. 하지만 고추는 누구나 먹을 수 있는 음식이 아니었다. 19세기에서야 총각김치나 오이소박이 김치에 고추를 사용해보았다는 기록이 전해지는 것으로 보아 고추는 이 시기가 되어서야 상층 양반들의 식탁에 오르기 시작했던 것으로 보인다.

그러나 여전히 고추는 귀한 음식이었고, 당시 김치는 우리가 지금 먹는 김치와 달리 빨갛지 않았다. 이러한 상황은 20세기에 와서도 크게 달라지지 않았다. 김치에 고추가 들어가기는 했지만, 빨간 김치보다는 젓갈이나 다른 양념을 통해 맛을 냈던 것이다. 기록에 따르면 1950년대에 와서야 전라도나 경상도 해안지역에서만 고추를 많이 사용하기 시작했던 것으로 보인다.

오늘날 한국인에게 매운맛을 내는 고추는 많은 사랑을 받고 있다. 하지만 매운 음식도 고추도 우리의 전통음식은 아니라는 사실은 우리의 입맛이 앞으로도 쉽게 변할 수 있음을 말해준다.

　프랑스의 신부들은 조선 정부의 이러한 탄압에도 불구하고 국외에서 두가지 문화사업을 이루었다. 그 하나는 1874년 파리에서 달레에 의하여 출간된 『조선교회사』이며, 다른 하나는 1880년~1881년에 걸쳐 일본 요꼬하마에서 코스트 신부에 완간된 『한불자전』과 『한어문전』이다.

　또 프랑스 신부들은 1882년~1884년까지 페낭신학교에 강성삼을 비롯하여 21명의 학생을 유학시켰다. 이들 중에는 서양문화를 배우고 신부로서 활동한 이들이 많아 이들에 의하여 서양문화가 조선사회에 전래되었다. 1886년에 접어들어 한불조약으로 프랑스인의 전교자유가 완전히 허용되자 프랑스 신부들이 1887년 용산에 예수성심학원을 설립하여 신학생을 육성함으로서 조선 최초의 대학식 과정을 갖춘 학교가 탄생하였다.

　조선에 기독교의 신자가 생기기 시작한 것은 조선인이 로스목사와 접촉하면서부터이다. 로스목사는 스코틀랜드 장로교선교사로 뉴창 등 만주지방에서 전도활동을 전개하였다. 1873년 동만주지방을 방문하면서 조선의 관문까지 갔다. 그는 이때 조선의 상인을 만났으나 이들로부터 조선에 대한 많은 정보를 얻지 못하여 1874년 재차 조선의 관문을 방문하였다. 재차 방문시 로스는 조선인 선생 이응찬을 만났다. 이후 이응찬은 한국인으로서 최초의 기독교 신자가 되었다.

　로스목사는 이응찬의 도움으로 맥킨타이어 선교사와 함께 성경 중에서 『누가복음』을 한국어로 번역하였다. 이응찬은 1876년 맥킨타이어에 의하여 세례를 받았다. 이후 조선인들 중에서 기독교 신자가 속출하였다. 그중 대표적 인물이 백홍준이다. 백홍준은 의주인으로 만주에서 기독교 신자가 되어 1876년 이응찬과 함께 세례를 받고 성경번역과 출판에 관여하여 번역된 성경을 압록강변 조선인 거주자들에게 배포하였다.

　백홍준 이외에도 기독교 신자로 활동한 사람은 이성하와 서상륜 · 서상우 형제가 있다. 이성하는 1876년 이응찬 · 백홍준 등과 함께 맥킨타이어 목사로부터 세례를 받았는데 만주와 조선에서 모험적 여행을 하면서

전도생활을 하였다. 이후 이성하는 의주에 교회가 설립되자 교회를 중심
으로 전도활동을 전개하였다. 서상륜·서상우 형제는 1878년 행상으로
만주에 갔다가 몸을 다쳤는데 서상륜이 뉴창에 있는 선교사병원에 입원
하게 되어 이것을 인연으로 형제는 기독교 신자가 되었다.

서상륜은 1879년 로스로부터 세례를 받고 묵덴으로 가서 로스목사를
도아서 성경번역과 출판에 종사하였다. 이후 서상륜은 의주를 거쳐 황해
도 소래마을에 정착하여 전도생활을 하였고 1898년 이 마을에 최초의 기
독교 교회를 설립하였다. 서상우는 형 서상륜이 묵덴으로 갈 때 고향으
로 갔다가 1887년 서울에서 언더우드 선교사에게 세례를 받았다. 1907
년 당시 조선에는 7명의 장로교 목사가 있었는데 그 중에서 서상우는 최
고의 목사로 활동하였다. 서상우는 한국인으로서 최초의 기독교 목사이
었다.

로스목사를 중심으로 한 성경번역은 당시 기독교의 가장 큰 공로 중
에 하나였는데 로스목사는 식자공을 구하여 1882년 성경인쇄를 완료하
였다. 로스목사는 1884년 동북만주 쪽 조선 국경지대를 여러 번 방문하
여 세례교인을 만들고 대다수가 농민층인 이들에게 성경을 나누어 주었
다. 로스목사는 이듬해인 1885년에도 다시 조선 국경지대를 방문하여 많
은 사람들에게 세례를 주었으며 조선에 대하여 많은 지식을 갖고 있었
다. 로스목사는 조선에 대한 많은 지식을 토대로 『한영입문서』와 『한국
사』를 출간하기도 하였다.

2) 실학의 등장과 그 의의

조선후기 사회변화 속에서 종래의 고식적인 국가정책과 관념적인 주
자학을 비판하는 실학이 일부학자들 사이에서 일어났다. 실학을 주도한
사람들은 주로 정권에서 소외된 남인 학자들이었다.

　실학이란 실사구시(實事求是)·이용후생(利用厚生)의 학문으로 실질적인 올바른 것을 탐구하여 실제사회에 활용하자는 학문이다. 따라서 실학은 고식적인 위정자들의 정책을 비판하고 제도개혁을 주장하였다. 그리고 정치·군사·경제 등을 구명하여 이러한 학문적 바탕 위에서 현실사회의 개혁을 주장하였다.

　실학이 성리학을 부정한 것은 아니었다. 실학은 성리학의 토대 위에서 사회과학과 자연과학까지 연구의 그 영역을 넓혔다. 따라서 정치·경제·군사·역사·지리 등 제반 분야에 대한 연구는 물론 자연과학과 농학에 이르기까지 폭넓게 연구되었다.

　실학의 선구자는 선조·광해군 때의 지봉 이수광이었다. 3차에 걸쳐 중국 사행에 동행한 일이 있어 신사상이 싹트기 시작한 이수광은 학문적인 시야가 넓어져 그의 저서 『지봉유설』을 저술하였다. 이수광의 저서 『지봉유설』은 천문·지리·병정·관직·유교·경서·문학·인물·복용 등에 관한 일종의 백과사전 같은 것이었다. 이후 실학의 학문적인 체제는 유형원에 의하여 갖추어지게 되었고 다시 이익에 이르러 학파로 번성하였고 정약용 등에 의하여 집대성되었다.

　실학자들이 주장한 대표적인 사상은 토지제도 개혁론·상공업 진흥론·과학기술 진흥론 등을 들 수가 있는데 그 내용은 다음과 같다.

　먼저 토지제도 개혁론에 있어서 반계 유형원은 그의 저서 『반계수록』에서 모든 토지를 국유화하고 모든 백성들에게 골고루 나누어 주어야 한다는 균전론을 주장하였다.

　유형원의 개혁안은 현실적으로 실현이 불가능하였고 조선시대 신분제를 어느 정도 옹호하는 한계성을 지녔지만 재야의 학자에 의하여 개혁안이 제시되었다는 점과 이후 실학자들의 사상에 지대한 영향을 행사하였다는 점에서 그 의의는 크다고 하겠다. 또한 집권층의 이익을 정면으로 반대하는 개혁안에도 불구하고 조선 정부에서 유형원의 『반계수록』을 간행하여 전국에 배포함으로써 각 지방 수령들의 행정지침서로 삼게 하였던 것은 조선 정부가 그의 혜안을 인정하지 않을 수 없었기 때문이었다.

성호 이익은 토지소유의 하한선을 설정하는 한전론을 주장하였다. 연암 박지원은 전국의 농지면적과 호구수를 조사하여 한 가호당 평균 경작면적을 산출해 내고 누구든지 그 이상의 토지를 갖지 못하게 한다는 한전론을 주장하였다. 다산 정약용은 여전론을 주장하였다. 여전론은 종래의 개혁안과는 완전히 다른 것으로 30호 안팎으로 여(閭)라는 공동농장를 구성하여 여를 단위로 여장의 지휘하에 토지를 골고루 나누어 주고 공동으로 경작·분배한다는 것이었다.

상공업 진흥론은 유수원·홍대용·박지원·박제가 등이 주장하였다. 이들은 상업의 장려와 대외무역의 확장이 민생을 도탄에서 건져내고 국가재정을 튼튼히 하는 첩경이라고 주장하였다.

특히 중상주의 학파의 선구자라 할 수 있는 유수원은 상업이 크게 발달하지 않고 있는 것을 신분제도와 관련이 있다고 하였다. 유수원은 문벌이나 신분을 떠나 재능에 따라 그 업에 종사하게 함으로써 엄격한 신분제도와 상업에 대한 천시관을 고쳐야 한다고 강조하였다.

이와 같은 생각은 박지원과 박제가에 있어서도 공통된 것으로 이들은 놀고 먹는 사대부는 '국가의 커다란 좀'이라고 극언하면서 사대부들을 상업에 힘쓰게 하여 놀고 먹는 기풍을 없애야 한다고 주장하였다. 또 중상주의 학파 중에서도 박제가는 오늘날 국력이 이렇게 피폐하게 된 것은 사치 때문이 아니라 오히려 물건을 쓸 줄 모르기 때문이라는 이색적인 주장을 하였다.

중상학파 학자들은 국내시장을 세계시장에 연결시키기 위한 해외통상론도 주장하였다. 이들은 종래 조선의 대외무역은 극히 제한된 범위 안에서 대청·대일무역 뿐이었고 해로를 통한 대외무역은 전혀 없어 고려시대에 비하여 해운업이 위축되었다고 생각하였다. 이들은 이 같은 대외무역의 억제가 스스로 빈곤을 끌어들이는 어리석은 일이라고 지적하였다.

중상학파 학자들의 개국통상론은 단지 경제적인 의미만을 지닌 것은 아니었다. 박제가는 조선이 문을 닫아걸고 있음으로 해서 바깥 사정에 어두워 자연히 사상적인 폐쇄성이 나타난다고 하였다. 중상학파 실학자들은 앞서가고 있던 청의 과학기술을 받아들여 국력을 기르는 방편으로 삼아야 한다고 주장하였다.

실학자들은 과학기술에도 관심을 가졌다. 홍대용은 노론가문에서 태어났으면서도 당시 학문세계의 통념이었던 주자학 제일주의에서 벗어나 수학·천문학·의학 등의 자연과학을 말기(末技)가 아니라 정신의 극치로 보았다. 홍대용의 해박한 과학 지식은 그의 저서 『의산문답(醫山問答)』에 수록되어 있다. 『의산문답』에서의 홍대용의 일식·월식·지구의 인력·바람·구름·비·번개 등에 관한 설명은 오늘의 안목으로 보아도 거의 손색이 없는 것임에 놀라지 않을 수 없다.

정약용은 1792년 정조에게 상소를 올려 축성기술의 쇄신을 주장하였다. 정약용은 데렌쯔의 『기기도설(奇器圖說)』을 참고로 하여 수원성 축조 때에 거중기를 만들어 씀으로써 막대한 노동력과 비용을 절약하였다. 그리고 정약용은 직접 한강에 놓을 다리를 설계함으로써 기술을 실천하는 선구자로서 역할을 다하였다.

중국 중심의 가치관에서 벗어나 내가 누구인지 밝히고자 하는 국학도 이 시기에 등장하였다. 먼저 역사학에 있어서 우리나라 역사를 일관된 관점에서 체계적으로 서술한 사찬사서들이 저술되었다. 정조 14년에 안정복은 이익의 실증주의적이고 비판적인 사론의 영향을 받아 고조선부터 고려말까지의 역사를 서술한 『동사강목』을 저술하였다. 이긍익은 조선 태조 때부터 현종에 이르기까지의 역사를 사건 중심으로 정리한 『연려실기술』을 저술하였는데 400여종의 저서를 참조하여 역사적 사실의 원인과 경과 및 결말을 조리 있게 서술하였다.

영토·지리·산수·지도 등에 대한 관심도 일어났다. 지리학에 있어서 조선 전기의 행정상 편의를 도모하기 위한 관찬 지리서에서 벗어나 다양한 지리서가 저술되었다. 이중환의 『택리지』는 인문지리에 대한 최대의 성과로 뽑히며, 자연지리에 있어서는 신경준의 『강계고』, 역사지리에 있어서는 한백겸의 『동국지리지』가 간행되어 지리학의 다양한 발전을 도모하였다. 지도에 있어서도 서양의 지도제작법을 본받아 방안도법과 축척도법에 의해서 정상기가 『동국지도』를 만들었고 이후 김정호는 『대동여지도』를 제작하여 조선 후기의 지도를 총결산하였다.

이러한 실학과 국학 사상이 조선의 정책에는 크게 반영되지 못했음에도 불구하고 조선후기를 대표하는 사상으로 평가받는 이유는 다음과 같다.

첫째는 실학이 민본주의적 애민사상을 가졌다는 것이다. 이들의 궁극적인 목표는 민중생활의 개선으로 합일되었다. 또 이와 같은 해결책 제시는 단순한 관념 속에서 이루어진 것이 아니라 목민관으로 또는 농민들과 함께 생활하면서 보고 느낀 고뇌의 소산이었다.

둘째는 실학이 중국 중심의 관념을 깨뜨렸다는 것이다. 실학자들은 화(華)·이(夷)가 하나요, 조선의 입장에서 보면 조선이 바로 중화(中華)라고 주장하였다. 이와 같은 세계관의 변화로 19세기에 접어들어 우리의 역사·언어·풍속·지리·제도 등에 대해 진지한 탐구가 이루어졌고, 우리 민족문화에 대한 애착과 자부심이 자라나게 되었다.

하지만 실학자들은 성리학자였으며 끝까지 조선의 지배이념인 성리학을 부정하지 않았다는 점도 기억해야 한다. 이들이 꿈꾸었던 사회는 오히려 성리학적 원리에 걸맞는 동양적 이상사회였지 오늘날과 같은 서구적 근대사회는 아니었던 것이다.

3) 예술의 새로운 경향

조선후기에 들어서면서부터 미술은 당시의 실학이나 문학사조에서와 마찬가지로 자아의 각성이 뚜렷하고 서민적인 생활의식을 투영하는 새로운 경향을 보이게 되었다. 회화에도 새로운 풍조가 일어나 산수화나 초상화를 주로 그리되 중국의 화풍을 모방하여 그렸던 것에서 벗어나 조선의 독자적인 정취가 넘치는 자연을 묘사하였고 민중의 일상생활을 소재로 하는 풍속화가 유행되었다. 그리고 자유분방한 화풍을 구사하여 동일한 산수화라도 하더라도 초기의 그것에 비해 필법이 압도하고 화가의 생동하는 개성이 잘 표현되었다. 이러한 새 경향을 대표하는 화가가 겸재 정선, 단원 김홍도, 혜원 신윤복 등이었다.

조선후기 미술의 신경지를 개척한 사람은 겸재 정선이었다. 그는 보통의 화가들처럼 중국 산수화를 모방하거나 있지도 않은 상상의 세계를 그리지 않았다. 그는 자신이 살고 있는 이 사회와 풍토를 깊이 호흡하면서 산천의 아름다움과 이 땅에 사는 즐거움을 그의 예술 속에 담았다. 그는 붓과 종이를 들고 국내의 각 고적과 명승지를 탐방하면서 한국의 자연을 직접 눈으로 보고 화폭에 담아 소위 '진경산수(眞景山水)'라는 자신의 독특한 경지를 개척하였다. 이러한 진경산수의 진면목을 보여주는 정선의 대표작으로는 「인왕제색도」와 「금강전도」 등을 들 수 있다.

정선의 인왕제색도

풍속화의 대가로는 단원 김홍도와 혜원 신윤복을 들 수가 있다. 김홍도의 「풍속화첩」에는 밭가는 광경, 추수하는 모양, 대장간의 풍경 등 주로 일하는 사람들의 일상 풍속이 담겨져 있다.

신윤복은 조선후기 화단에서 특이한 존재로 김홍도와는 달리 양반층 젊은 남녀들을 대상으로 그들의 성과 애정을 가림 없이 다루고 있다. 그리하여 신윤복의 그림에는 그네 뛰는 아낙네, 빨래하는 부인들, 술 파는 여자, 희롱하는 난봉장이 등 에로틱한 장면들과 무속이나 주막의 정경 등의 풍속화가 많이 남아 있다.

서도로는 추사 김정희를 들 수가 있다. 김정희는 종래 중국풍의 모방에 그쳤던 서도 예술을 거부하고 독자적인 경지를 개척하여 신체, 즉 추사체를 완성하였다. 추사체는 정열적이면서도 소박하고 강한 필세(筆勢)로 부분적인 조화와 전체적인 짜임새로 이룩된 신필에 가까운 황홀한 경지를 개척하였다. 김정희와 더불어 신위·조광진 등도 각기 독특한 필체로 당대의 명필로 불리어졌다.

목공예도 발달하여 조형미를 갖춘 나전칠기를 비롯하여 장롱·궤·문갑·경대·책상·탁자·소반·문방구 등에까지도 소박한 아취와 미를 나타내었다. 창극과 민요도 발달하여 판소리 가락이 유행하였다. 조선시대 소설을 가창화하여 광대가 부르는 판소리는 18세기 호남지방에서 발생하여 19세기에는 여러 명창이 나와 그 전성기를 이루었다. 판소리는 신재효에 의하여 정리되었다. 그는 판소리 6마당을 지어 서민뿐만 아니라 양반층까지 판소리의 세계로 이끌었다.

4) 조선후기 문화의 다양성

조선후기 문학에서 나타나는 가장 큰 특징은 한글로 된 문학작품들이 쏟아져 나왔다는 사실이다. 이것은 곧 문학의 창작자와 독자층이 한문적 소양을 갖춘 양반사대부에 머무르지 않고 중인이나 서리 그리고 일반의 평민에 이르기까지 폭넓게 확대되었음을 의미하는 것이다.

한글소설의 효시는 광해군 때 허균이 저술한 『홍길동전』이다. 허균은 이 책에서 적서차별의 폐지, 탐관오리의 응징, 이상향의 개척의지 등 현실참여와 개혁의식을 담았다. 또 『운영전』·『숙향전』 등에서는 남녀간의 애정을 정당화하고 있다. 이외에도 숙종 때 김만중은 『서포만필』이란 평론을 통하여 한글로 기록된 문학이 진정한 문학이라고 주장하였다. 김만중은 중국소설을 모방하여 가정소설을 썼는데 『구운몽』과 『사씨남정기』가 대표적인 작품이다.

이 시기에는 서민사회에서 전래되어 온 민담을 소재로 한 소설들이 많이 나타났다. 이중 작가 미상의 『심청전』과 『흥부전』은 권선징악적인 소설로, 판소리로 유명한 『춘향전』은 사회현실에 대한 관찰해석으로 서민들의 사랑을 독차지하였다. 『두껍전』·『콩쥐팥쥐전』·『토끼전』·『장끼전』 등은 서민들의 생활감정을 솔직하게 표현한 작품으로 그 동안 양반문학에 억눌려 햇빛을 보지 못하다가 비로소 문학의 표면에 나타나기 시작하였다. 군담소설도 사회에 유행하여 민간 부녀자들에게 사랑을 받는데 대표적인 소설은 『임경업전』이었다.

한편 조선초기의 시조는 단가형식으로 유교도덕과 현실도피 사상이나 무인의 호기를 읊는 양반문학이었다. 그러나 조선후기에 접어들어 시조문학에도 새바람이 불어 시조가 평민생활의 묘사로 이양되어 사실성을 띠게 되었다. 사설시조라는 독특한 형식이 광범위하게 시대적으로 유행을 가져와 평민들 사이에 애독되었다. 작자 층도 양반뿐만 아니라 서리나 기생에 이르기까지 신분계층이 확대되었고 내용도 남녀간의 애정이나 가정생활이 취급되었다.

당시 일반 서민 사이에서 널리 유행하였던 시조들은 서리 출신인 김천택의 『청구영언』과 김수장 『해동가요』 속에 모아져 있다. 또 『고금가곡』은 정확한 연대는 미상이나 시조집으로 송계연월옹이 역대의 시조를 인륜·권계·송축 등 내용을 기준으로 편찬한 서적이고 박효관과 안민영은 역대 시조와 가사를 남창부와 여창부로 분류·편찬한 『가곡원류』를 내놓았다.

여류문학은 부녀자들이 규방에서 즐겨 민요와 함께 발전하였다. 그 중에서도 비빈들의 생활을 그린 궁중문학이 인기를 끌었다. 대표적인 여류문학은 『인현왕후전』과 『한중록』으로 『인현왕후전』은 숙종비였던 인현왕후가 장희빈 때문에 축출당하였다가 복위한 것을 궁인들이 기록한 것이고, 『한중록』은 사도세자비인 정조의 생모 혜경궁 홍氏가 그 회갑을 당하여 일생을 회고한 일조의 회상록이다.

한문학에서도 새로운 변화가 나타났다. 박지원은 『양반전』과 『허생전』에서 독특한 문장으로 신랄한 사회풍자가 담겨 있는 주옥같은 한문소설을 남겼다. 박지원 작품의 주제들은 대개 양반사대부 사회의 위선과 불륜, 그리고 신분사회의 모순을 통렬하게 비판한 것이었다. 또 이 시기에는 민간에서 전래되어 오거나 당시 서민들 사이에 널리 퍼져 있던 이야기를 한문으로 옮겨놓은 단편소설들도 많이 나타났다.

한문 단편소설들은 생동감 있고 소박하며 진실한 표현으로 독자들에게 많은 공감을 얻었다. 이러한 한문 단편소설집으로 대표적인 작품은 『동패낙통』과 『청구야담』 등이 있다.

조선후기 한문학의 4대가로는 선조 때 이정구와 인조 때 신흠·장아·이식 등을 들 수가 있다. 한시의 4대가로는 실학파 중 북학파로 지칭되는 박제가·이덕무·유득공·이서구 등이다. 한글에 의한 서민문학은 조선후기부터 문학의 한 장르로서 독자적인 영역을 확보하였고 동시에 양반사회의 모순을 폭로하였다. 이제 이 시대의 문학은 양반의 독점물이 아니고 누구에게나 공평한 애호물로 발전하였던 것이다.

7 | 근대사회로의 변화

1) 대원군의 집권과 쇄국정책

철종이 재위 14년만에 후사 없이 별세하자 이하응의 둘째 아들을 맞아들여 왕위를 계승케 하니 이가 바로 고종이다. 고종은 왕위 계승시 12세의 어린 나이였으므로 사실상 흥선대원군이 장악하였다. 정권을 장악한 흥선대원군은 쇠퇴한 왕권을 확립하고 왕실의 권위를 세우기 위하여 세도정치를 일소하고 과감한 개혁을 단행하였다.

대원군은 왕권을 약화시키고 양반관료정치의 원칙을 벗어난 세도정치를 일소하기 위해 차별 없이 인재들을 광범위하게 등용하였다. 대원군은 종래 군사·행정의 양권을 관장해 오던 비변사를 폐지하고 의정부의 기능을 강화하였으며 임진왜란 이후 폐지되었던 삼군부를 부활하였다. 이어서 『대전회통』을 편찬케 하고 『종부조례』·『오례사고』 등을 마련하여 왕실의 전칙과 국가의 전례를 정비하였다.

대원군은 경제적인 시책면에 있어서도 종래 상민에게만 부과·징수하던 군포를 호포라 개칭하고 양반·상민 모두에게 바치도록 하였다. 또 고리대화한 환곡제를 사창제도로 고치고 창고 내의 실재를 조사하여 사복(私腹)을 한 자는 사형이나 유배를 처하는 등 관의 기강을 바로 잡았다.

대원군은 지방에 있어서도 양반들의 세력기반이 되고 있는 서원의 철폐를 단행하였다. 지방 서원의 양반세력들을 제거함으로써 중앙집권적인 통치체제를 강화함과 동시에 국가 세원의 확대를 가져올 수가 있었다. 서원에 대한 대원군의 탄압은 당시 유학자들에게 거센 반대를 받았고 이후 대원군 정권이 몰락하는 계기가 되었다.

한편 대원군은 왕실의 위엄과 권위를 높이기 위하여 경복궁의 중건을 강행하였다.

그러나 대원군은 경복궁 중건 사업경비를 조달하기 위하여 농민에게는 경작 면적 1결에 1백문의 결두전이라는 특별세를 부과하였고 서울에서는 도성문을 통과하는 모든 물품으로부터 통행세를 징수하여 국가경제에 적지 않은 혼란을 가져오게 하였다.

또한 이와 같은 대공사의 노역에는 일반국민을 징발하지 않을 수 없었으므로 이들의 원성이 높았다. 대원군은 이후 유림들의 공격과 정적 민씨들의 저항으로 인하여 마침내 집권 10년만에 실권하게 되었다.

당시 영국·프랑스·미국 등 서구 여러 나라들과 북방의 러시아가 조선 해안에 침입하여 수 차례에 걸쳐 통상을 요구하였다. 그러나 대원군은 철저한 쇄국정책으로 이들과 맞섰다.

고종 3년(1866년)에는 독일 상인 오페르트가 두 번이나 조선에 와서 각지를 조사하고 갔는데, 그가 충남 덕산에 있는 대원군 부친 남연군의 무덤을 도굴한 사건으로 인하여 두 차례에 걸친 그의 통상 요구는 실패하였다. 여기에 고종 3년 같은 해에 미국 상선 제너럴 셔먼호가 대동강을 거슬러 올라와 평양에 이르러 통상을 요구었으나, 평양 군민으로부터 습격을 당하여 강에서 불타고 만 사건이 있었다.

이렇게 거듭되는 이양선의 통상요구는 국내가 불안하였던 조선에 대하여 하나의 위협이 아닐 수 없었다. 여기에 청나라가 아편전쟁에서 서양과 싸워 참패를 당한 뒤 여러 가지 이권을 빼앗겼다는 소식은 조선의 위정자들에게 큰 충격을 주었다. 따라서 조선의 위정자들은 서양인의 통상요구를 거절하는 것이 미연에 해를 방지하는 것이라고 생각하였다.

이제 서구 열강의 태도는 중국에서와 같이 무력행사를 통하여 통상의 문을 열고자 하였다. 이리하여 야기된 것이 두 차례에 걸친 양요로 고종 3년(1866년)에 일어난 병인양요와 고종 8년(1871년)에 일어난 신미양요이다.

◆◆◆◆◆

만명이 쓴 상소문이 있다

1792년, 조선 역사상 최대 인원이 참여한 특별한 상소가 올려졌다. 100m에 달하는 엄청난 길이, 1만 명이 넘는 유생들의 연대 서명! 만 사람의 뜻은 온 천하의 뜻, 그것은 바로 '공론(公論)'이었다.

경북 안동에는 길이 99.25m에 달하는 상소문이 남아있다. 1855년(철종 6년) 이휘병을 소수(疏首)로 해서 사도세자 추존을 청원하는 내용으로 봉헌된 '만인소(萬人疏)', 말 그대로 '만 명이 올린 상소'다. 교통과 통신도 발달되지 않았던 18세기 후반, 만 명이나 되는 인원이 연대 서명한 이 거대한 상소를 올린 이들은 과연 누구일까? 일반적으로 상소는 관직에 있는 벼슬아치가 자신의 의견을 개진하는 수단으로 올리는 것이다. 그런데 1792년 정조 16년에 올라온 상소는 만 명이 넘는 영남의 선비들의 이름으로 올려졌다. 만인소와 같은 연대 서명 상소는 가까운 중국이나 일본을 비롯해 전 세계적으로도 유래가 없는 일이었다. 그들은 왜, 이렇게 엄청난 규모의 상소를 올려야했던 것일까?

1792년, 집권세력의 전횡에 맞서 만 명이 연대 서명한 상소를 올리기로 결정한 뒤 서원을 중심으로 통문을 돌리고 상경(上京)을 감행한다. 누구도 생각지 못했던 형식의 파괴. 만 명이 넘는 이들의 서명으로 이루어진 만인소는 무엇보다 당시 금기로 여겨졌던 사도세자 문제를 정면에서 거론했다. 만인소 내용의 민감성은 당시 정국을 주도했던 노론에게도 상당히 충격적인 일이었다. 특히, 벼슬이 없는 선비는 양반층이긴 해도 국가의 대소사에 대한 발언권은 평민이나 다름없었다. 그런 그들이 임금을 비판하는 상소를 올리기 위해 엄청난 인원을 모았던 것이다.

'발을 싸매고 조령을 넘어' 이틀거리를 하루에 다급하게 달려온 영남 선비들. 그러나 이들의 만인소 봉입 과정은 산 너머 산이었다. 만인소를 막아서고 있었던 거대한 벽은 바로 '근실(謹悉)'이라는 제도였다. 이는 무분별한 상소를 막기 위해 상소를 선별하기 위해 만들어진 제도였지만, 이 시기에는 반대 정파의 의견을 차단하기 위한 수단으로 전락해 있었다.

당시 노론 세력은 남인 계열인 영남 선비들의 상소에 대한 회답을 회피했다.

숱한 고생과 노력이 하루아침에 물거품이 될 위기에 처한 영남의 선비들. 그들은 과연 어떤 선택을 하게 됐을까? 그들은 상소 봉입을 포기할 수 없었기에 중대한 결정을 내린다. 26명의 선비들이 직접 대궐로 찾아가 임금을 만나 상소 봉입을 하고자 하였다. 하지만 수문장, 승정원 어디에서도 이 상소문 봉납을 허가해주지 않았다. 만인소가 금기를 정면으로 거론해 정치적 파장을 예측할 수 없었기에 노론측에서는 모든 것을 동원해서 막아야 했던 것이다.

영남선비들이 최후로 시도한 것은 교리 김한동을 통해 정조에게 만인소의 존재를 알리는 것이었다. 법망을 피해가는 절묘한 선택이었다. 이로 인해 정조는 '만인의 뜻은 나라의 뜻'이라며 만인소를 보고할 것을 명령하게 된다. 마침내 돈화문의 빗장이 열렸다. 새벽부터 시작된 봉입작전은 저녁이 되어서야 성공하게 되었다. 첫 번째 만인소의 성공이다. 그 뒤로 만인소는 6번 더 시도되었고, 지방선비들의 목소리를 중앙에 전달하는 하나의 시스템으로 자리 잡게 된 것이다.

조선은 군주 중심의 전제 국가였지만 임금은 끊임없이 백성들의 여론을 살폈다. 그리고 조선의 지식인들은 일인소, 백인소, 천인소, 만인소로 이어지는 다양한 형태의 발언권을 성장시키면서 그들의 요구가 관철될 때까지 조선의 공론정치를 확대시켜 나가게 된 것이다.

병인양요는 천주교에 대한 탄압이 도화선이 되어서 일어났다. 프랑스 공사는 조선정부에 선교사 학살사건을 항의하기 위하여 수사제독 로즈에게 조선으로의 군함출동을 명하였다. 프랑스 군함 3척은 강화도 양화진에서 시위를 한 뒤 물러났다가 다시 군함 7척을 거느리고 나타나 항의하는 한편 강화읍에 상륙하여 약탈을 자행하였다. 이후 프랑스 군함 일대가 서울을 향하여 진격하던 중 문수산성에서 패퇴하고 다른 일대도 정족산성 전투에서 패하게 되자 프랑스 함대는 모두 철수하게 되었다.

고종 8년에 일어난 신미양요는 미국이 제너럴 셔먼호의 행방을 찾고 있던 중 조선에서 실종 된 것을 탐지하고 일본을 개항시킨 것과 같은 수법으로 조선을 개항시키고자 하였다. 미국은 북경 주재 미 공사 로우와 미 아시아 함대사령관 로저스에게 군함 5척을 거느리고 조선을 침공케 하였다. 강화해협을 지나던 미 군함에게 조선 수비병이 발포를 시작하여 한·미 양군 간에는 전투가 벌어졌다. 미군은 강화도의 초지진을 점령하였으나 광성진 전투에서는 어재연이 거느린 수비병의 완강한 저항을 받아 많은 사상자를 내었고 갑관에 상륙한 미군도 강화 수병의 공격을 받아 패퇴하고 말았다.

두 차례의 양요를 물리친 대원군은 서구세력에 대한 자신감을 얻어 쇄국정책을 더욱 강화하였고 그의 쇄국에 대한 결의는 척화비의 건립으로 나타났다. 대원군은 종로를 비롯하여 전국 각처에 "양이침범(洋夷侵犯) 비전칙화(非戰則和) 주화매국(主和賣國)"이라는 척화비를 세웠다.

2) 개화정책과 임오군란

대원군의 과격한 개혁정치와 철저한 쇄국정책은 적지 않은 반감과 저항을 불러일으켰다. 외척 김씨 세력의 제거 반발, 조씨와 민씨의 불만, 호포 실시에 따른 양반의 반발, 서원 철폐에 따른 유생의 반발, 경복궁 중건에 따른 국민의 반발 등이다. 이에 유학자들과 민비를 중심으로 하는 민씨 일파들이 세력을 규합하여 대원군 제거의 계획을 추진하였다. 고종이 성장하여 22세가 되었으니 친정도 가능하다는 것이 좋은 구실이 되었다.

이에 대원군은 대세의 불리함을 깨닫고 하야하고 말았다. 이제 정권은 왕비의 외척인 민씨 일파에게 돌아갔지만 또 하나의 외척 세도정치가 출현하게 되었고 굳게 닫혔던 조선의 문호가 서서히 개방되는 계기가 되었다.

대원군이 하야하고 고종의 친정체제가 확립되자 일본은 바로 침략야욕을 드러내기 시작하였다. 일본은 먼저 군함을 이끌고 부산에 들어와 통교의 재개를 요구하였다. 그러나 회담이 잘 이루어지지 않자 계획하였던 대로 운요호를 이끌고 강화도로 침입하였다. 이 때 강화도 초지진의 수비병은 국내에 침입한 외국의 군함에 대하여 공격을 가하였고 일본 역시 응전하여 포대를 파손하고 영종도를 점령하였다. 일본군은 영종도를 점령한 후 민가를 불사르고 대포 36문을 약탈한 뒤 일본으로 뒤돌아갔다. 이것이 바로 고종 12년(1875년)에 일어난 소위 운양호사건이다.

일본은 이 사건을 구실로 하여 무력으로써 조선을 개국시키고자 하였다. 그리하여 고종 13년(1876년)에 군함과 육군으로 무장한 특명전권대사 구로다가 강화도 갑곶(갑관)에 상륙하여 협상을 강요하였다. 이로써 조선은 문호를 개방하게 되었는데 이 조약을 강화도조약 또는 병자수호조약이라고 부른다. 강화도조약은 국제법에 어두웠던 조선에 일본 자신이 서구열강에 강요당한 불평등 조약을 그대로 뒤집어 씌운 것이었다.

강화도조약은 조선이 맺은 최초의 국제조약으로 조선이 문호를 개방하고 국제무대에 등장하여 신문화를 수입하고 근대화의 길을 걷는 형식적 계기가 되었다. 그러나 실질적으로는 조선은 일본의 원료 공급지 및 상품시장으로서 반식민지화의 길을 걷게 되는 계기가 되었으며 이로써 일본의 경제적 침투는 본격화되었다.

강화도조약 체결

한편 강화도조약에서는 조선과 일본이 각각 수신사를 파견하기로 결정하였다. 그리하여 조선은 고종 13년(1876년)에 김기수 등을 수신사로 임명하여 일본에 파견하였고 일본에서는 하나부사가 초대공사로 부임하였다.

이후 고종 17년(1880년)에 접어들어 김홍집 등이 수신사로 일본에 파견되었다. 김홍집은 일본의 놀라운 발전상을 보고 개화의 필요성을 절감하게 되었다.

개화에 관심이 컸던 고종은 김홍집의 권유에 따라 박정양·엄세영·어윤중·홍영식·조준영으로 구성된 신사유람단을 일본으로 파견하였다. 이들은 일본에 70여 일을 머무르면서 각급 행정기관을 비롯하여 군사·교육·공업 등의 상황을 자세히 시찰하였다. 또한 고종은 청나라 이홍장의 권고에 의하여 김윤식을 영선사로 하는 60여 명의 유학생을 천진으로 파견하여 신식 무기의 제조법과 조작법을 습득케 하였다.

고종의 이러한 개화정책에 의거하여 군부를 비롯한 행정기구의 개혁 등 개화시책에 따른 내정개혁이 실시되기 시작하였다. 일본 공사 하나부사의 권고에 따라 별기군이라는 신식군대를 신설하고 일본인 장교 호리모토 레이조를 교관으로 초빙하여 서울의 양반 자제 중에서 우수한 자 100명을 뽑아 사관생도라 하여 신식 무예를 가르쳤다.

1876년 문호개방 이후 신사상의 유입과 조선정부의 개화정책은 봉건 유생층들의 반대를 불러일으켰다. 특히 김홍집이 일본에서 황준헌의 『조선책략』이라는 책자를 가져왔을 때 전국의 봉건 유생층들은 흥분하였고 여기에 정계의 수구주의자 및 신식군대인 별기군에 의하여 밀려 날 처지에 있었던 구식군인들 사이에도 조선정부의 개화정책에 대한 불만이 고조되었다.

이러한 가운데 군제개혁에 의하여 창설된 별기군이 조선정부의 특별한 대우를 받는 반면 구식군대는 급료가 13개월이나 지급되지 않는 등 처우가 나빠져 이들의 불만이 절정에 도달하였다. 오랜만에 급료로 받은 쌀의 상태가 좋지 않자 격분한 구식군인들은 급료의 수령을 거부하고 선혜청 창고 관리들을 구타하였다.

이것이 발단이 되어 구식군인들은 급료 지급의 책임자인 선혜청 당상 민겸호의 집을 습격하기에 이르렀고 폭도화한 구식군인들은 운현궁의 대원군에게 달려가서 자신들의 행동에 대한 진퇴의 여부를 물었다. 대원군은 표면적으로 이들을 달래는 체하였으나 주동자인 유춘만·김장손 등에게 밀계(密計)를 주고 자신의 심복 부하들을 시켜 구식군인들을 선동·지휘하게 하였다. 이리하여 구식군인들은 대원군과 연계되어 민씨 일파와 일본세력의 배척으로 확대되었다.

2개조로 나뉘어 한조는 민태호 등 척신들의 집을 습격하고 다른 한조는 일본인 호리모토 레이조를 죽이는 한편 일본 공사관을 습격하여 불태워 버렸다. 일본 공사 하나부사는 겨우 탈출하여 인천을 거쳐 일본으로 도망갔다. 다음날 구식군인들은 영의정 이최응을 죽이고 궁성으로 들어가 민겸호와 경기감사 김보현을 죽였다. 이들은 민비도 죽이려고 하였으나 이미 민비는 궁 밖으로 도망가고 난 뒤였다.

고종은 이 사태를 수습하기 위하여 군란의 조종자인 대원군을 입궐시켜 다시 정사를 맡겼다. 그리하여 군란은 진정되었으나 대원군의 재등장은 구체제의 복구를 의미하는 것이었다. 대원군은 민씨 일파를 제외한 자신의 지지 세력만으로 신정부를 개편하였다. 그리고 구식군인들의 요청으로 2영과 별기군을 폐하고 5군영을 부활시켰으며 통리기무아문을 폐지시켰다. 이것은 문호개방 이전의 상태로 복귀를 의미하는 것이었다.

3) 갑신정변과 위정척사운동

문호개방을 전후하여 조선의 일부 지식인들은 사상적으로 크게 전환되었다. 이들은 외세의 도전에 대처하고 국제무대에 진출하여 독립 자주국으로서의 입장을 견지하려면 무엇보다도 개화가 속히 이루어져야 한다고 주장하였다.

당시 대표적 정치가들인 김홍집·김윤식·어윤중 등은 개화의식을 지닌 인물들이었다. 이들은 청나라에 의존하여 점진적인 혁신을 도모하려고 하였다. 이에 반하여 수신사로 일본에 건너가 일본의 혁신정치와 부강을 목격한 박영효·홍영식·서광범·김옥균 등의 청년 정치가들은 일본의 명치유신을 본받아 획기적인 정치의 혁신을 기해야 한다고 하였다. 그리하여 점진적 개화론을 주창한 자들을 지칭하여 수구당 또는 사대당이라고 하였으며 급진적 개화혁신을 주장한 자들을 가리켜서는 개화당 또는 독립당이라고 불렀다.

그러나 개화당 일파는 사대당과의 대립이 첨예화되자 비상수단을 동원해서라도 사대당 일파를 제거할 것을 도모하였고 이의 실천을 위하여 일본의 세력까지 이용하려고 하였다. 일본도 1882년 이후 청에 대한 열세를 만회하고 조선에 대한 지배권을 확보할 목적으로 개화당에게 다케조에 일본공사를 통하여 지원을 약속하였다.

이에 개화당은 무기와 자금을 일본으로부터 빌리고 유학생 출신의 사관생도를 동원하여 1884년 12월 4일 홍영식이 총판으로 있는 우정국 낙

성식을 기하여 쿠데타를 단행하기로 결정하였다. 당일 저녁 척신 일파를 만찬에 초대하고 안국동 별궁을 방화한 뒤 척신들을 매복시켰던 군사들로 하여금 암살케 하자는 것이었다. 그리고 군대의 실권자들과 수구파 대신들을 궁으로 불러들여 윤태준·한규직·이조연·민영익·민태호·조영하 등을 살해하였다.

다음날인 1884년 12월 5일 개화당 일파는 각국의 공사·영사에게 신정권의 성립을 통고하는 한편 고종을 모시고 창덕궁으로 환궁하였다. 그리고 12월 6일에는 14개조 혁신정강을 발표하였다.

14개조 정강을 통해 보면 개화당은 정치면에서 청과의 관계를 단절하고 입헌군주제적인 정치구조를 수립하려고 하였으며 경제면에서는 농·상·공업의 육성을 통해 국력을 진흥하고 병력을 강화하여 자본주의 국가를 수립하는 데 있었다. 또한 개화당 정권은 근대적 조세제도로 바꾸는 지조개정과 보부상 단체인 혜상공국을 폐지하여 상업의 자유로운 발전을 주장하였다.

그러나 이와 같은 혁신 정강을 내걸은 갑신정변은 3일만에 끝나고 말았다. 청이 예상외로 신속하게 개입하여 공격을 해오자, 청과의 충돌이 아직은 시기상조라고 여긴 일본정부의 지시로 일본군이 철수하였기 때문이었다. 여기에 근대화 정책의 실시로 피해를 보았던 서울의 상인들과 빈민들이 개화당과 일본에 대하여 강한 적대감을 가지고 공격하여 왔다.

주체적 역량이 미숙한 상태에서 일본에 지나치게 의존함으로써 당시 민중세계에 확산되어 있었던 배일의식을 충분히 고려하지 못한 한계도 개화당이 민중으로부터 철저히 외면당하는 요인이 되었다. 그리고 외세의존적인 개혁자세는 결과적으로 청·일 양국의 침략행위에 이용당하는 결과를 낳았다. 청·일 양국은 갑신정변을 계기로 하여 양국군의 철수와 파병시 상대국에게 사전 통보할 것 등을 규정한 천진조약을 체결하였다. 바로 이 조약이 1894년 갑오농민전쟁이 일어났을 때 청·일 양국의 군대가 출동할 수 있는 단서를 제공하였다.

한편 국내에 개화사상이 성숙하고 외세의 압력에 의하여 문호가 개방되어 개화정책이 추진되자 이러한 사상과 정책에 반발한 사회세력과 사상이 등장하였다. 이것은 바로 유학자들을 중심으로 대두된 위정척사사상이었다. 위정척사사상은 성리학의 정통성을 확립하고 이를 바탕으로 양반사회의 지배질서를 유지하려 하였다.

아편전쟁 이후 무력화한 서양세력이 조선에서 양요를 일으키게 되자 위정척사사상은 척사사상 즉 반침략사상으로 바뀌게 되었다. 또한 개항 후 일본과 통상이 이루어질 무렵에는 위정척사사상은 척양과 함께 척왜사상으로 나타났다. 위정척사론자들은 외국물품의 배격, 문호개방의 반대, 언로(言路) 개척, 군비의 확장 등의 내실강화와 주전론을 주장하였다. 동시에 지방에서 인망 있는 사람을 뽑아 의병을 조직하고 관군과 호응하여 왜적과 싸울 것을 강력히 주장하였다. 이러한 위정척사사상은 이후 의병봉기와 그들의 사상적 무장에 정신적 구실을 하였다.

강화도조약 이후 문호개방이 이루어질 무렵 위정척사사상은 다시 개항반대론으로 변하였다. 당시 위정척사론자들의 개항반대론은 개항이 외세의 침략과 자국의 경제를 파탄케 할 것이라는 역사의식을 바탕으로 한 것이었다.

개항반대론으로서의 위정척사사상은 영남유생들의 만인소에 이르러 그 절정에 도달하였다. 이와 같이 위정척사사상은 개화정책을 추진하는 민씨정권에게 심한 타격을 주는 반면 대원군에게는 재집권의 계기를 마련해 주는 결과를 초래하였다.

19세기 후반 이러한 위정척사사상은 조선사회에서 민족 자주의 반침략적인 성격을 가지고 강력한 반침략운동을 주도하는 사상적 근거로 발전되었다.

4) 갑오 동학란의 실패

문호개방 이후 조선의 농촌사회는 조선후기 이래 계속되어 온 삼정문란과 지주·전호간의 대립 위에 제국주의 열강들의 침략이 가중되어 더욱 피폐하여 졌다. 먼저 개항 이후 들어온 일본상인들은 불평등조약을 이용하여 많은 이득을 얻었다.

이런 배경 속에서 많은 농민항쟁이 발생하였다. 1862년 삼남지방의 70여 고을에서 시작되었던 농민항쟁은 문호개방 이후 만성화가 되어 거의 매년 발생하였으며 1892년~1893년에는 전국적으로 확대되었다. 이들은 대부분 화적집단이 되어 낮에는 화전을 일구고 밤에는 지주·상인·고리대업자·관인·외국인 등을 습격하여 재물을 약탈하면서 생활하였다.

그러나 전국 각지에서 일어난 농민항쟁은 군현단위에서 국지적이고 일시적이며 일회적인 성격의 형태로 일어났다. 왜냐하면 이들을 공동투쟁으로 동원할 수 있을 정도의 전국적 조직이 아직 형성되지 못하였기 때문이었다.

이 같은 농민항쟁을 전국적으로 통합하는 데에는 동학의 조직과 논리가 일정한 역할을 하였다. 동학은 1860년경 몰락한 양반인 최제우가 창시한 종교로 "천심이 인심", "사람을 하늘같이 섬기라"고 하여 조선의 신분질서를 부정하였다. 또한 동학이라는 명칭에서 보듯이 서학, 즉 천주교로 대표되는 서양의 침략으로부터 나라를 구하고 백성들을 편안하게 할 것이라는 반침략적 성격도 나타내었다.

동학은 만민평등의 원리를 기반으로 하고 서양의 침략을 막는다는 반침략의 민족논리를 바탕으로 하였기 때문에 민중들에게 널리 퍼져 나갈 수가 있었다.

동학은 교조 최제우가 사형을 당하고 금압조치를 받은 뒤에 교세가 일시 쇠퇴하였다. 그러나 제3대 교주 최시형에 이르러 동학경전인 『동경

대전』과 『용담유사』 등을 편찬하여 교리를 정리하고 전국 각지에 교단 조직인 포(包)·장(帳)·접(接)을 설치하여 교세를 만회하는 데 성공하였다. 사회·경제상태의 변화와 민중의 동요 속에서 동학은 현실적으로 고난에 허덕이는 백성들의 지지를 받을 수 있었기 때문이었다. 이후 동학은 교세가 확장되어 경상·전라·충청의 삼남지방은 물론 강원·황해·평안 등지까지 전파되었다.

이후 동학교단은 동학을 합법화하여 자신들의 처지를 개선하려는 상층 간부세력과 동학의 조직을 농민봉기와 결합시켜 반봉건·반침략 투쟁으로 발전시키려는 하층간부의 세력으로 나뉘게 되었다. 1893년 3월에 열린 보은집회와 금구집회는 이러한 두 세력의 차이를 보여주었다.

최시형을 중심으로 한 상층 간부세력들은 보은에서 집회를 열었는데 동학교도 2만 여명이 모일 정도로 성황을 이루었다. 이들은 여기에서 탐관오리의 척결부터 내정의 쇄신과 외세의 배격이라는 순수한 정치운동을 전개하였다. 반면에 서장옥·황하일·전봉준 등을 중심으로 한 하층 간부세력들은 금구에서 집회를 열고 척왜척양과 수령들의 불법침학 반대를 외치면서 투쟁에 앞장섰다.

고부 군수 조병갑은 탐관오리의 대표적 인물로서 부임이래 온갖 수단을 동원하여 농민들을 괴롭히고 자신의 사복을 채우기에 급급하였다. 이것이 바로 동학봉기의 직접적인 원인이 되었다.

1894년 1월 10일 전봉준은 최경선·정일선·김도삼 등과 함께 고부농민들을 이끌고 고부관아를 습격하여 무기를 탈취하고 조병갑이 불법수탈한 곡식을 주인들에게 돌려주었다. 이때 지도자 전봉준 등 혁신세력들은 동학조직을 매개로 전라도 전체로 확대된 거대한 규모의 운동을 전개할 것을 추진하였다.

전봉준 등은 고부농민봉기 해산 이후 무장으로 들어와 봉기를 준비하다가 각지에 통문을 보내어 3월 20일 일제히 봉기할 것을 요청하였다. 전봉준은 김개남·손화중 등과 함께 무장·고창·흥덕·태인·정읍·김제·금구 등지 농민들의 호응을 받아 보국안민의 기치 아래 백산에서 봉기하였다. 동학 농민군은 새로 부대를 편성하고 대장에 전봉준, 부대장에 손화중·김개남을 선출하였다.

동학 농민군은 4월 7일 황톳재에서 전주 감영군을 격파한 후 남쪽으로 내려갔다. 이들은 정읍·흥덕·고창·무장·영광·함평·장성 등지를 휩쓸면서 미비한 진영을 가다듬는 등 서울로의 진격태세를 갖추었다. 동학 농민군은 4월 23일 장성 황룡촌 전투에서 초토사 홍계훈의 정부군을 격파하고 북상하여 4월 27일 전주성에 무혈입성하였다. 동학 농민군에 의하여 전주성이 점령되었다는 소식에 접한 조선 정부는 청에 원병을 요청하여 동학 농민군을 진압하고자 하였다.

청이 군대를 파견함에 따라 침략의 기회를 노리고 있던 일본 역시 군대를 파견하여 청·일 양국군은 조선에서 대립하게 되었다. 5월 5일과 6일에 접어들어 청군과 일본군이 갑오농민전쟁을 구실로 아산만과 인천에 상륙하자 동학 농민군은 서울진격 계획을 보류하였다.

그리하여 5월 7일 청·일 양국군의 철수와 폐정개혁의 대원칙하에 정부군과 화약을 맺었다. 이때 동학 농민군이 내세운 폐정개혁의 내용은 전결부담의 경감, 운전소 폐지, 고리대 징수금지, 미곡유출 금지, 외상의 내지시장 침투금지, 잡세철폐, 탐관오리 처벌, 민씨 일파의 제거와 대원군의 옹립, 동학교도의 복권 등이었다. 동학 농민군의 지도부는 전라도 53개 군에 집강소를 설치하여 폐정개혁에 착수하였다.

전주화약 이후 청·일 양군의 철수를 기다려 온 동학 농민군은 청·일 양국이 철수하지 않고 조선이 양국의 전쟁터가 되자 일본을 상대로 다시 봉기하려 하였다. 특히 일본이 조선의 국왕을 감금하고 내정간섭을 강화하자 이러한 일련의 사태를 주시하고 있던 전봉준은 전주에서 척왜를 외치며 동학 농민군의 재봉기를 시도하였다. 삼례에 본부를 둔 동학 농민

군의 지도부는 동도창의소(東道倡義所)의 이름으로 반침략 항일투쟁에
나설 것을 촉구하였다.

1894년 10월 16일 논산에 집결한 20여만 명의 동학 농민군은 공주로 북
상하여 정부군·일본군과 마주치게 되었다. 동학 농민군은 공주의 외곽
인 이인·효포·우금치 등지에서 10월 중순부터 11월 상순까지 일본군
과 정부군에 맞서 4~50차례의 피비린내 나는 공방전을 벌였으나 끝내 패
배하고 말았다. 왜냐하면 근대적 무기로 무장한 막강한 화력의 일본군이
있었기 때문이었다. 이후 동학 농민군은 노성·논산·은진 및 금구·태
인·장흥을 위시한 전라도 각지에서 패배하고 말았다. 이로써 1년여에
걸친 동학란은 막을 내리게 되었다.

갑오농민전쟁이라고도 불리는 동학란 이후 외국 자본주의 침략이 더
욱 강화되어 전쟁은 끝났지만 농민적 투쟁은 소멸되지 않아 새로운 민
족운동으로 발전하였다. 즉 갑오농민전쟁에 참여한 동학 농민군들은 영
학당과 활빈당이라는 새로운 조직을 조직하여 지속적인 투쟁을 전개하
였다. 이러한 운동은 대한제국기의 민중운동과 이후의 의병전쟁으로 계
승·발전되었다.

5) 청일전쟁과 갑오개혁

조선 정부는 1894년의 동학란을 자력으로 진압하지 못하게 되자, 청에
구원병을 요청하였다. 이에 청이 구원병을 파견하니 일본도 군대를 파견
하였다. 일본이 군대를 파견한 것은 갑신정변 후 청·일 양국군의 철수와
파병시 상대국에게 사전에 통보할 것을 규정한 천진조약 때문이었다. 따
라서 조선에 대한 주도권 문제를 둘러싸고 청·일 양국의 정면 충돌이 불
가피하게 되었다.

동학 농민군이 철수하자 조선 정부는 청·일 양군의 철퇴를 요구하였

다. 이에 청은 일본에 대하여 조선에서 공동 철병할 것을 제안하였다. 일본은 청의 공동철병 제안에 대하여 청·일 양국의 공동간섭하에 조선의 내정을 개혁하자고 주장하였다.

청이 일본의 제안을 외국에 대한 내정간섭이라고 거절하자 일본은 단독으로라도 내정개혁을 단행하겠다고 선언하였다. 이후 일본 공사는 본국의 훈령에 의하여 국왕을 배알하고 내정개혁 방안강령 5개조를 제출하였다.

일본의 조선 침략 야욕이 본격화되어가자 청은 일본과의 전쟁준비에 힘쓰는 한편 원병 4천명을 조선에 파견하였다. 이러한 가운데 1894년 7월 25일 일본 해군이 아산만에 정박중인 청의 군함에 불의의 포격을 가하여 침몰시키는 사건이 발생하였다. 이것이 발단이 되어서 청일전쟁이 일어나게 되었다. 청일전쟁이 일어난 이후 일본군은 아산·공주의 일대에 주둔하고 있던 청군을 성환에서 격파하고 평양에 집결한 청의 응원군도 대파하였다. 일본 해군 역시 제해권을 장악하여 청의 본토인 여순·대련·위해위 및 태만을 점령하였다.

여기에 일본 육군이 산동반도와 만주의 우장·영구·전장대 등을 점령하여 북경을 위협하고 해군이 남아 있던 청의 함대를 유공도에서 전멸시켰다. 그리고 해군이 태만과 팽호도를 공략하여 남해 일대를 장악하자 청은 일본에 대하여 강화를 청 할 수밖에 없었다. 그 결과 1895년 일본과 청 사이에 하관조약이 체결되고 전쟁은 일본의 승리로 끝나게 되었다.

이와 같이 일본은 청일전쟁의 승리로 인하여 조선에서 청의 영향력을 완전히 제거했을 뿐만 아니라 남만주에까지 지배력을 행사할 수 있게 되었다. 그러나 일본의 대륙 진출은 서구 제국주의 열강들을 긴장시켰다. 특히 청과 국경을 접하고 있던 러시아는 프랑스·독일 등과 연합하여 일본의 요동반도 점유는 동양평화의 화근이라고 일본에게 요동반도의 반환을 요구하였다. 3국이 간섭하자 일본은 하는 수 없이 3만 냥의 배상금을 받는 조건 아래 요동반도를 전부 청에 반환하였다.

3국간섭으로 인하여 일본의 약점이 드러나자 조선정부 안에서는 배일의 기운이 싹트고 러시아에 의하려는 친러적 성향이 형성되었다. 이러한 배일·친러정책은 일본의 압력으로 인하여 세력이 약화되었던 민씨 일파에 의하여 주도되었다.

그러자 일본은 조선의 요구를 거절하고 미리 계획한 6월 21일 경복궁을 기습하여 민씨 정권을 무너뜨리고 대원군을 추대하였으며 국왕을 감시하였다. 6월 23일에는 청일전쟁을 일으키고 6월 25일에는 김홍집을 수반으로 하는 친일정권을 세워 갑오개혁을 단행하였다.

이들은 개혁에 관한 일체의 사무를 담당할 군국기무처라는 회의기관을 설치하였다. 김홍집을 수반으로 하는 군국기무처는 사실상 국가의 최고 권력기관으로서 의회적인 운용방식과 군사정권적 속성을 발휘하면서 개혁안을 입안하였다. 1894년 7월에 개설된 군국기무처는 그 후 약 3개월 동안 존속하였다.

일본은 대원군 세력의 방해로 개혁이 뜻대로 이루어지지 않자 대원군을 몰아내고 군국기무처를 해체하였다. 그리고 김홍집·박영효의 연립내각을 수립하여 친일파 중심의 개혁정치를 수행하였다.

일본은 마침내 1894년 12월에는 고종으로 하여금 홍범 14조를 발표하게 하여 청의 간섭과 왕실의 정치 간여를 철저히 배제하고 강압적으로 개혁을 추진하였다.

홍범 14조의 내용을 살펴보면 갑오개혁에서 실시한 개혁의 내용을 알수가 있는데 첫째가 정치기구의 개혁이었다. 내각제·의회제·신식관료제의 도입과 지방제도의 개혁 및 경찰망의 조직화 그리고 사법권의 분리 등을 들 수가 있다. 둘째는 재정과 세제개혁의 단행이다. 재정기관의 일원화와 조세의 금납화 및 화폐제도의 개혁, 도량형의 통일, 회계제도의 채용, 환곡제의 폐지 등을 들 수가 있다.

셋째는 교육의 개혁이었다. 즉 기본 교육기관인 소학교 나아가 외국어·군사·사범학교를 설립하여 학교제도를 정비하였다. 넷째는 사회의 개혁이었다. 반상(班常) 간의 신분차별 폐지와 노비제의 폐지 및 천민해방 등 봉건적 신분제가 법적으로 철폐되었다.

19세기 이래 조선사회의 모순을 해결하고자 한 갑오개혁은 내재적 개혁의 한 흐름을 계승하면서도 청일전쟁 결과 동아시아에 형성된 일본 중심의 근대적 제국주의 질서 속에 조선이 편입된 과정을 법제화한 양면성을 띤 개혁이었다고 할 수가 있다.

하지만 이러한 갑오개혁도 1895년 10월 을미사변 이후 발생한 전국 각지의 의병전쟁과 1896년 2월 고종의 이관파천으로 인하여 친일개화파 정권이 붕괴되면서 중단되고 말았다. 그러나 갑오개혁은 이후 조선의 자본주의적 발전에 영향을 끼쳤으며 독립협회운동이 대중적으로 발전할 수 있는 기반을 마련하였다는 점에서 그 의의가 크다고 하겠다.

제5장

근대사회의 성립과 발전

제5장
근대사회의 성립과 발전

1 | 대한제국의 좌절

1) 을미사변과 아관파천

청일전쟁에서 승리한 일본은 요동반도를 점령하고 대륙진출의 목적이 달성되는 듯 하였으나 러시아·독일·프랑스 등의 3국간섭으로 인하여 중국에 요동반도를 반환하였다. 일본이 3국의 간섭에 굴복하는 것을 보자 조선정부는 일본을 배제하고 러시아에 접근하려고 노력하였다.

고종 32년(1895년) 7월에 민비는 러시아 공사 웨베르와 비밀조약을 맺었다. 이 당시 민비는 "민씨는 일본과 양립할 수 없다. 비록 다른 나라에 얼마간의 영토를 내어주는 일이 있더라도 일본에게는 복수하지 않으면 안된다"고 하였다. 이리하여 조선에서 청의 세력 축출에 성공한 일본이 이제는 극도의 배일감정을 가지고 있는 민비와 더불어 러시아 세력과 정면으로 부딪치지 않을 수 없게 되었다.

1895년 10월 8일 이노우에 후임으로 부임한 일본공사 미우라는 대원군과 협의한 후 일본의 낭인배와 별동대 400여명을 궁중으로 난입시켜 민비를 살해하고 석유를 뿌려 불태워버렸다. 이것이 고종 32년(1895년) 8월 20일에 일어난 을미사변으로 일본인이 궁중에 난입하여 일국의 왕후를 살해하고 국왕과 태자에게 폭행을 가한 천인공노할 사건이었다. 이 사건 이후 일본은 국왕을 강요하여 친일파를 중심으로 한 제4차 김홍집 내각을 구성하였다.

김홍집을 수반으로 하는 새 내각은 더욱 급진적인 개혁을 단행하였다. 태양력을 채용하고 소아에 대한 종두 규칙을 발표하였으며 서울에 소학교를 설치하였다. 또한 충주·안동·대구·동래에서 우편사무를 개시하고 연호를 사용하되 1세1원의 원칙에 따르도록 하였다. 그리고 군제를 개편하여 중앙에는 친위대를 두고 지방에 진위대를 두며 단발령을 내려 이를 강행하였다.

그러나 이러한 개혁은 을미사변 이후 일본의 침략행위에 대하여 분노하고 있던 일반 국민들로부터 맹렬한 반대를 받았다. 이러한 반일의 분위기 속에서 전국 각지에서 의병이 일어나 무력항쟁이 전개되었다. 그 대표적 인물이 유인석·이소응·김복한 등이었다.

국모의 시해사건인 을미사변과 단발령으로 대일감정이 극도로 악화되어 전국 각지에서 의병이 봉기하자 이러한 상황을 이용하여 러시아 공사 웨베르는 러시아 공사관 보호를 구실로 1896년 2월 수병 100명을 인천에 상륙시켜 서울로 데려왔다. 그리고 친러파 이완용·이범진 등과 밀의하여 고종을 러시아 공사관으로 이어케 하였다. 이것이 바로 아관파천으로 이 사건으로 인하여 정국이 바뀌게 되었다.

친일파 정부의 김홍집·어윤중·정병하 등은 피살되고 유길준·조의연·장박 등은 일본으로 망명하였다. 이후 윤용선(총리대신)·이완용(외부대신) · 이범진(법무대신) 등을 중심으로 하는 친러파 내각이 수립되었다.

　러시아는 아관파천을 단행한 후 고종과 정부를 움직여서 조선 정부로 부터 많은 이권을 획득하였고 러시아의 조선 진출에 자극된 제국주의 열 강들은 조선에 대하여 이권의 균등을 요구하게 되었다. 당시 조선 정부 는 서구 제국주의 열강들의 요구를 들어줄 수밖에 없는 상황이라 철도 · 광산 · 산림에 대한 이권을 이들에게 넘겨 주었다.

2) 독립협회의 활동과 대한제국의 성립

　조선 정부가 제국주의 열강들의 침략으로 인하여 위기에 처하여 있음 에도 불구하고 외세에 의존하여 국가를 보존하려고 하자 국민들은 각종 정치 · 사회 단체를 조직하여 이것을 비판하고 민족의 독립과 민권의 확 립을 위하여 투쟁하였다. 이러한 정치 · 사회단체로 민간단체로서의 시 초를 이루고 그 사상과 활동이 가장 활발하였던 것이 독립협회였다.

　독립협회는 1896년 갑신정변에 실패한 뒤 미국으로 망명하였던 서재 필이 귀국하여 조직하였다. 독립협회는 조직 초기에 정부의 관료들도 참 여하였으나 점차 지식인층이 그 운영을 전담하였고 이후 그 활동의 성격 도 변하여 갔다.

　독립협회운동을 주도한 핵심세력은 서재필과 윤치호 같은 망명내지 유학하여 서구의 시민사상을 도입한 세력들이었다. 여기에 남궁 억 · 정 교 등 개신유학적 전통에서 발전한 국내의 개화세력들이 중심을 이루고 있었다. 이 밖에 서울을 중심으로 한 대도시의 각계각층의 시민들이 호 응하여 참여하였다.

　독립문을 세우고 독립관을 건립하면서 활동을 시작한 독립협회는 시 민 중심의 협회로 발전하면서 직접적인 정치 · 사회운동을 전개하였다. 그리고 『독립신문』을 발간하고 토론회를 개최하여 민중들을 계몽하기 시작하였다. 동시에 근대개혁운동을 전개하면서 정부의 시책을 비판하고 제국주의 열강들의 침략적 행위를 규탄하였다.

독립협회운동은 자주·민권·자강운동의 세 방향으로 전개되었다. 첫째, 자주독립운동을 전개하여 외국의 정치적 간섭과 이권의 양여를 반대하는 한편 자주적인 중립외교론을 주장하였다. 둘째, 민권운동을 전개하여 생명·재산·언론·집회의 자유권, 만민평등권 및 국민주권론을 바탕으로 국민참정권을 주장하고 중추원을 개편하여 의회를 설립할 것을 주장하였다. 셋째, 자강운동을 전개하여 신교육 실시, 공장건설 및 국방력 양성 등을 주장하였다. 그리고 재정개혁론과 사회관습의 개혁 및 민족문화의 수립 등을 주장하기도 하였다.

독립협회는 고종을 러시아 공사관으로부터 환궁케 하고 러시아의 교관과 재정고문을 본국으로 소환케 하였으며 한러은행을 폐쇄하게 하였다. 광무연간에 걸친 개혁정치에도 어느 정도 그 사상을 반영시킨 독립협회는 1898년 2년 10월 종로에서 만민공동회를 개최하여 윤치호를 회장으로 선출하였다. 그리고 국정개혁의 기본 6개조인 헌의 6조를 결의하였다.

이 결의를 건의 받은 고종은 그 실시를 약속하였다. 그러나 3일이 지나자 그것을 묵살하고 독립협회에 대한 탄압령을 내렸다. 이와 같은 조선 정부의 기만적인 처사로 인하여 독립협회와 정부는 첨예하게 대립하였다. 이에 조선 정부는 독립협회의 해산을 명령하고 이상재 등 독립협회의 중심인물을 체포하였다. 따라서 이 시기 싹트기 시작한 민권운동이 좌절되고 말았다.

1876년 문호개방 이후 근대화운동을 종합 발전시킨 독립협회운동은 각계 각층이 참여한 민중운동으로서 그것이 가지는 민주·민권·자강사상은 자주적이고 근대적인 국민의식 형성에 크게 이바지하였고 이후 전개되는 민권운동의 사상적 배경이 되었다.

그러나 한편으로 비교적 넓은 부르조아계층의 성장을 바탕으로 이루

고종 광무황제

어진 독립협회운동은 부르조아민족국가의 수립을 지향하고는 있었으나 의병전쟁을 부정적으로 보았고 정부에 대해 경고와 제의에만 그친 반침략운동에 대한 소극적인 태도, 전제황권의 수립을 요구한 것 등으로 보아 그것이 시민혁명운동으로까지 발전할 수 있기에는 아직 일정한 한계성을 지니고 있었다.

고종은 내적으로 국민들의 환궁요청과 외적으로 러시아 세력을 견제하려는 제국주의 열강들의 권고를 받아들여 경운궁(덕수궁)으로 환궁하였다. 1897년 환궁 후 고종은 국호를 대한, 연호를 광무라 고치고 국왕을 황제라 칭하여 대내외에 조선이 독립제국임을 선포하였다.

그러나 고종은 계속하여 러시아를 비롯한 외세에 의존하여 국가를 보전하고자 하였다. 그리하여 독립협회를 해산하고 민중들과의 연계를 기피함으로써 결국에는 대한제국 탄생의 의의를 살리지 못하였다. 말하자면 대한제국은 근대적 민족국가의 형성과 시민적 민주사회를 이루어야 하는 조류에 순응치 못한 형식과 체면만 갖추고 있었던 독립제국이었다.

3) 러일전쟁과 일본의 국권 침탈

의화단 사건을 계기로 만주지역에 군대를 파견한 러시아는 의화단사건이 진압된 뒤에도 철수할 기미를 보이지 않았다. 일제는 영국과 함께 러시아군의 만주로부터의 철수를 러시아에 요구하고 조선에 있어서의 일본의 우위적인 지위의 승인을 요구하였다. 그러나 러시아는 일본의 요구를 거절하였다.

이와 같이 조선과 만주를 둘러싸고 러시아와 일본의 대립이 첨예하게 대립되는 가운데 1903년 8월에 일본은 러시아에게 조선과 만주를 각각 양국의 세력범위로 정하자고 제안하였다.

이 문제를 조정하기 위해 일본과 러시아는 수차에 걸쳐서 협상을 진행하였으나 양국의 상반된 이해관계로 인하여 결렬되고 말았다. 협상이 결렬되자 일본은 무력으로 이 문제를 해결하려고 하였다. 일본은 1904년 3월 선전포고도 없이 여순을 공격하고 인천 앞 바다에서 러시아의 함대를 격침하였다. 이것이 바로 러일전쟁의 시작이었다.

러일전쟁은 세계 최강의 육군을 자랑하는 러시아가 승리할 것이라고 믿었던 제국주의 열강들의 생각을 뒤엎고 일본이 연전연승하였다. 일본은 러시아와 평양전투에서 승리한 뒤 북진하여 만주의 구연성 · 안동 봉황성 · 요양 · 사하 등의 전투에서 승리를 거두었다. 그리고 일본은 난공불락을 자랑하던 여순을 악전고투 끝에 함락시킨 다음 봉천에서도 크게 승리하여 러시아에 결정적인 타격을 주었다. 러시아는 전세를 만회하기 위하여 발틱함대를 조선에 파견하였으나 발틱함대도 대한해협에서 일본 함대에 전멸당하다시피 하였다.

이러한 상황에서 러시아 국내에서 5월 혁명이 일어나자 전쟁을 계속할 수 없었던 러시아는 미국의 권고에 따라 1905년 9월 포츠머드에서 일본과 강화조약을 맺었다. 당시 미국은 러시아에 대항하기 위해서는 일본이 조선을 지배하는 것이 유리하다고 생각하여 1905년 7월 일본과 비밀협정을 맺어 미국이 일본으로부터 필리핀 지배를 승인 받는 대가로 일본의 조선 지배를 승인하였다. 영국도 영일동맹을 개정하여 일본의 조선에 대한 보호조치를 승인하였다. 이리하여 일본은 조선을 독점적으로 지배하고 만주로도 진출할 수 있는 확고한 터전을 얻게 되었다.

한편 수차에 걸친 러 · 일 양국의 교섭이 실패하고 무력대결로 들어가 러일전쟁이 일어나자 대한제국은 각국 정부에 대하여 국외중립을 선언하였다. 그러나 러일전쟁 개전 즉시 서울에 침입한 일본군은 각종 건물을 점거하여 무력시위를 벌이는 한편 특명공사 하야시를 시켜 공수동맹을 전제로 한 한일의정서를 체결케 하였다. 이것은 대한제국의 독립과 영토를 보장한다는 구실로 대한제국에 대한 내정간섭과 외교권의 침탈 및 군사 요지의 점유를 노린 것으로 대한제국의 일본 예속화를 위한 전진이라고 볼 수 있다.

일본은 한일의정서 체결 이후 러일전쟁에서 전세가 유리하게 전개되자 대한제국과 러시아 사이에 맺어진 모든 조약을 파기하였다. 그리고 일제의 앞잡이 일진회를 통하여 대한제국 국민을 강제로 징발한 후 경의선과 경원선을 부설하였다. 또한 통신사업을 독점하고 해안 및 하천의 항행권과 어업권을 획득하였다. 심지어는 황무지의 개척권까지 요구하였으나 이것은 관민의 반대에 부딪혀 철회되었다.

황무지 개척권을 철회한 일제는 그 대신으로 일본인 고문의 초빙을 강요하였다. 그 결과 체결된 것이 1904년 8월 22일의 한일협정서(제1차 한일협약)였다. 이 한일협정서는 첫째 일본인 재정고문 1명을 초빙하고 재무에 관한 일체의 사무를 그 자문에 의하여 시행할 것, 둘째 외국인 1명을 외교고문 초빙하여 외무에 관한 일체의 사무를 그 자문에 의해 시행할 것, 셋째 중요한 외교는 사전에 일본 정부와 협의할 것 등이 규정되어 있다.

한일협정서는 재정과 외교의 자주성이 상실된 것을 의미하였다. 그러나 일제는 여기에 만족하지 않고 한일협정서에도 없는 경무고문·학부고문·궁내부고문·군부고문 등을 대한제국 정부의 자진 초청 형식으로 초빙하였다. 이른바 고문정치가 시작되어 정부의 모든 실권을 이들이 장악하였다. 뿐만 아니라 이들은 외국에 주재하고 있는 대한제국 공사를 소환하고 직접 외교권을 행사하였다.

4) 을사보호조약과 한일합방

1905년 11월 9일 이토 히로부미는 일본의 특명전권대사로서 또 하나의 다른 조약 체결 임무를 띠고 대한제국에 들어왔다. 그는 주한 공사 하야시와 협의하여 개별적으로 대한제국 대신들을 포섭하고 한편으로는 일본군 사령관으로 하여금 무력으로 궁성을 포위케 하고 남산에 포열을 짓게 하였다. 그리고 11월 17일 소위 을사보호조약(제2차 한일협약)을 강제 체결하였다.

이 을사보호조약으로 인하여 대한제국의 독립은 사실상 유명무실하게 되었고 대한제국은 일본의 식민지로 전락하였다. 이 조약에 끝까지 반대한 사람은 고종과 참정대신 한규설, 탁지부대신 민영기 등 3인 이었고 외부대신 박제순, 내부대신 이지용, 군부대신 이근택, 학부대신 이완용, 농상공부대신 권중현 등 5인은 찬성하였다. 찬성한 5인을 흔히 을사오적이라고 한다.

을사보호조약에 의하여 1906년 2월 통감부가 설치되고 초대 통감으로 이토 히로부미가 부임하였다. 을사보호조약의 소식이 알려지자 민중들의 반일의식은 고조되었다. 시위와 철시가 잇달았고 전국 각지에서 의병이 봉기하는가 하면 자살하여 일제에 항거하는 자가 속출하였다. 을사보호조약에 찬성한 이완용·박제순의 집은 분노한 민중들에 의하여 불타고 이근택은 피습을 받아 중상을 입었으며 권중현은 저격을 당하였다.

고종은 미국인 선교사 헐버트에게 은밀히 서한을 보내어 을사보호조약이 무효임을 미국 정부에 호소하여 보았으나 아무런 효과도 거둘 수가 없었다.

을사보호조약 이후 조선은 일본에게 국가로서의 권한을 완전히 박탈당함으로써 사실상 반식민지 상태에 놓이게 되었다. 고종은 이 조약이 타의적인 것으로 이루어졌기 때문에 무효화를 위하여 노력하였다. 먼저 영국인 베델이 경영하던 『대한매일신보』를 통하여 일본과의 을사보호

◆◆◆◆◆

고종 황제 독살설

1919년 1월 21일 새벽, 500년 왕조 조선의 마지막 왕이자, 대한제국의 첫 황제, 고종이 승하했다. 향년 68세, 일본에게 억지로 나라를 빼앗긴지 10년 만의 안타까운 죽음이었다. 당시 고종은 덕수궁에 갇혀 지내고 있었다. 1907년 한일합방의 부당함을 알리고자 헤이그에 밀사를 파견한 것을 문제 삼아 일본이 고종을 황제의 자리에서 쫓아내고 덕수궁에 가두어 놓았기 때문이다.

당시 황제가 사망하였다는 소식이 들리자 사람들은 고종이 아니라 순종이 사망한 것이라 착각하기도 했다. 건강이 좋지 않았던 순종과 달리 고종은 매우 건강했기 때문이다. 마침 흉흉한 소문도 돌기 시작했다. 바로 고종 황제가 독살되었다는 소문이었다.

이 소문은 고종이 사망한 직후부터 돌기 시작했다. 당시 정계의 주요 인물이었던 윤치호는 자신의 일기에 고종의 시신 상태에 대해서 기록하고 있다. 그는 시신의 팔다리가 심하게 부어올라 바지를 찢어야만 했고, 이가 빠져 있고 혀가 닳아져 있었다고 기록했다. 또한 30cm 가량의 검은 줄이 목에서 복부까지 나 있었다는 것이다. 이러한 시신의 상태는 법의학적으로 독살이 의심되는 정도라고 할 수 있다.

윤치호를 비롯한 당시의 소문은 독살의 상황과 관련 인물들까지도 거명할 정도로 구체적이었다. 고종은 평소에 식혜를 좋아했는데, 궁녀들이 이를 알고 식혜에 독을 타서 죽게 한 뒤, 자신들도 누군가에 의해 살해되었다는 내용이었다. 실제로 커피를 좋아한 고종을 죽이려고 커피에 독을 탔던 사건이 1898년에 발생하기도 했었다.

그런데 최근 발견된 일본 궁내성 고위관료인 구라토미의 일기에는 고종의 독살에 관련된 또 다른 인물들이 거론되어 논란이 되고 있다. 바로 초대 조선총독 데라우치와 제2대 총독 하세가와가 바로 그들이다. 일기에는 데라우치와 하세가와가 고종에게 무언가 요구하였고, 고종이 그것을 거부하자 친일파들을 이용해 독살하게 하였다는 것이었다.

사실 당시 고종은 나라를 빼앗긴지 10년이 되었음에도 여전히 일본에 저항하고 있었다. 그는 유럽에서 열리는 파리강화회의에 특사를 파견하여 황실의 독립의지를 밝히려 하였다. 더구나 고종은 이회영을 통해 몰래 중국으로 망명하여 독립운동을 할 계획도 진행하고 있었다. 이런 고종을 부담스럽게 생각한 일본은 고종을 가만히 놔둘 수 없었던 것이다.

일본은 당연히 고종의 독살설에 대해서 관심을 기울이지 않았고 사실은 역사 속으로 묻히고 말았다. 그러나 고종의 안타까운 죽음을 공감한 조선인들은 곧 일본에 항거하게 되었고, 이는 한 달 뒤 3.1만세운동으로 터져 나오게 되었다.

조약은 고종 자신이 승인한 바가 아니기 때문에 러시아 · 독일 · 미국 · 프랑스 등 4개국의 공동 보호를 요청한다는 친서를 발표하였다.

이어서 고종은 1907년 6월 네덜란드 헤이그에서 열리는 제2회 만국평화화의에 조선의 억울한 사정을 알리기 위하여 비밀리에 이상설 · 이준 · 이위종 등 3인의 밀사를 파견하였다. 이들은 만국평화회의의 의장인 러시아 대표에게 회의 참석의 주선을 부탁하고 영 · 미 · 프 등의 대표를 방문하여서도 회의 참석운동을 전개하는 등 활발한 활동을 전개하였다.

그러나 일본의 대한제국 보호권을 인정하고 있던 제국주의 열강들의 거절로 회의의 참석은 불가능하게 되었다. 단지 만국기자협회에서 세계 언론인을 상대로 일제의 강제 침략 상황과 조선의 비통한 실정을 호소할 수 있었을 뿐이었다. 이러한 상황에 분개한 이준은 울분을 이기지 못하고 그곳에서 순국하였으며, 이상설과 이위종도 얼마동안 그곳에서 활동하다가 미국으로 망명하였다. 헤이그밀사 사건은 비록 수포로 돌아갔지만 국제적으로 일으킨 파문은 상당하였다.

일제는 헤이그밀사 사건을 구실로 대한제국에 대한 지배를 강화하기 위하여 고종의 퇴위를 도모하였다. 일제는 친일파 이완용으로 하여금 고종의 퇴위를 강요케 하였다. 1907년 7월 17일에는 일본군이 덕수궁을 포위한 가운데 송병준 등이 권총을 품고 들어가 고종에게 퇴위를 강요하기도 하였다. 이에 고종이 7월 19일 양위의 조서를 내리게 되니 순종이 즉위하였다.

고종이 퇴위한 지 4일 만에 일제는 한일신협약(정미7조약)의 체결을 강요 · 조인케 하여 통감정치를 더욱 강화하였다. 이 조약에 의하여 외교권 및 내정 일체의 권한이 통감부로 옮겨지고 각 부에 일본인 차관이 임명되어 차관정치가 실시되었다.

이러한 상황에서 1909년 10월에 이토 히로부미가 안중근 의사에게 저격 당하는 사건이 발생하자 일제는 이 사건을 계기로 대한제국 병합을 시작하였다.

1910년 8월 16일 일제는 총리대신 이완용, 농상공부대신 조중응 등과 밀의한 뒤 병합안을 제출하였다. 8월 18일 이완용은 각의를 소집하여 가부를 물어 반대파의 동정을 살핀 다음, 8월 22일 반대파의 배제를 강구한 후 어전회의를 열어 병합안을 결의하였다. 8월 26일~28일까지 병합안을 신문 등에 발표하고 8월 29일 전국에 공포하였다. 이리하여 조선왕조는 27대 517년만에 막을 내렸고 우리민족은 나라를 잃은 망국민으로서 일제의 가혹한 식민통치를 받게 되었다.

5) 의병운동과 애국계몽운동

일제는 1907년 한일신협약이 체결된 이후 조선군대의 해산을 단행하였다. 당시 서울에는 시위보병 2개 연대 약 3,600명, 시위기병·포병·경중병을 합하여 약 400명이 있었고 지방에는 진위보병 8개 연대 약 4,800명이 있었다. 조선군대가 해산되던 날 서울 시위보병 제1대대장 박성환이 의분을 못이기고 자결하였다.

이에 제1대대 병사들이 무기를 들고 봉기하였고 여기에 제2대대 병사들도 호응하였다. 이들은 일본군과 시가전을 전개하는 등 맹렬히 싸웠으나 일제에 패배하여 지방으로 흩어져 갔다. 이후 이들은 지방에서 의병과 합류하여 일제와 무력항쟁을 계속하였다.

서울 시위대의 봉기소식이 지방으로 알려지자 원주 진위대는 민긍호의 지휘하에 전원이 무장하고 강원·경기·충북 지방에서 일본군을 격파하였고 강화 진위대의 유명규는 일본 경찰과 일진회 회원인 군수를 살해하고 황해도로 가서 의병과 합류 일본군에 항전하였다. 이 밖에 허위는 해산군인들과 의병 등을 거느리고 임진강을 중심으로 활약하였고, 이강년은 안동 진위대와 합세하여 경북·강원도 일대에서 일제와 투쟁하였다. 그리고 이인영은 강원도에서, 신돌석은 경북에서, 이진용은 황해도에서 각각 일제와 맞서 투쟁하였다.

의병투쟁이 가장 치열하였던 곳은 경상·충청·전라·경기 등이었고, 의병투쟁은 일제 강점 이전까지 계속되었다. 일제강점 이후에는 근거지를 만주와 노령 연해주지역으로 이동하여 독립군을 편성하고 일제에 대항하였다.

무장투쟁과 달리 계몽운동의 방법으로 민족의 살길을 모색하던 움직임도 존재했다. 조선에 있어서 최초의 서구식 신식학교는 1886년에 설립된 육영공원이었다. 육영공원은 미국인 선교사 3명을 초빙하여 영어를 비롯한 수학·지리·역사·정치·경제·이과 등을 가르쳤다.

이후 1894년 갑오개혁 때 신교육령에 의거하여 외국어 학교가 설립되고 영어·러시아어·프랑스어·중국어·일본어 등을 가르쳤다. 1895년에는 한성소학교와 한성중학교 등 관립 사범학교가 설립되었다. 이러한 관립학교는 일종의 관리 양성소로서 고관의 자제들만이 입학할 수 있었다.

사립학교는 미국 선교사들에 의하여 시작되었다. 1886년 아펜젤러에 의하여 배재학당이 스크랜턴에 의하여 이화학당이 설립되었다. 이후 서울의 경신학당·정신여학교·배화여학교, 평양의 숭실학교·숭의여학교, 개성의 호수돈여학교 등이 생겨났다. 1905년 을사보호조약 이후 표면적인 정치활동이 거의 불가능하게 되자, 항일 애국지사들은 구국방략의 일원으로 교육사업에 투신하여 학교를 세우거나 교육단체를 조직하였다.

이 때 조직된 교육단체가 이갑의 서북학회, 이광종의 기호학회, 장지연의 영남학회, 남궁 억의 관동학회, 이기의 호남학회와 같은 지방학회와 유길준의 흥사단, 김윤식의 대동학회, 진학신의 여자교육회 등이 있었다. 이러한 학회들은 학교를 경영하거나 학보를 발간하여 교육과 지식욕을 북돋아 주었다. 그 결과 일제강점 이전까지 3,000여 개에 달하는 사립학교들이 설립되어 서양학문을 보급함과 동시에 민족운동의 근거지 역할을 하였다.

특히 조선시대 정치운동이나 교육운동에 커다란 영향을 준 것은 종교이었다. 그 중에서도 개신교가 지대한 영향을 끼쳤는데 개신교는 선교의 한 수단으로 의료와 같은 사회사업을 하여 사회적으로 공헌한 바가 컸다.

특히 개신교의 자유·평등사상은 가치관에 큰 변혁을 가져와 자유민주주의 사상을 전파하고 항일 독립의식을 고취하는데 일정한 역할을 하였다. 이것은 항일 애국지사 중에 개신교 계통의 인사가 많았다는 점과 개신교 계통의 사립학교가 많이 설립되었다는 점에서도 알 수 있다. 또한 1903년에 황성기독교청년회가 창설된 이래 전국 각지에 기독교청년 단체가 많이 조직되었다. 이들은 정치교육 뿐만 아니라 금주·금연·미신타파·남녀 평등·생활 간소화 등 사회풍조 개혁에도 큰 구실을 하였다.

개신교 이외에도 민족의식을 고취한 종교운동은 동학이었다. 동학의 정통을 계승한 제3대 교주 손병희는 일진회에 흡수·통합된 일부 동학계열을 배제하고 동학을 천도교라 개칭하여 항일 민족운동에 적극적으로 참여하였다.

천도교는 『만세보』라는 신문을 발행하여 항일 민족의식을 고취하기도 하였다. 유교는 보수적인 측면이 강하였으나 척왜상소를 통하여 민족의식을 고취하였고 의병투쟁의 중심사상으로서 일정한 역할을 하였다. 이러한 의미에서 최익현의 구실은 크게 평가받아야 마땅하며, 이외에도 나철·오혁 등의 대학자가 대종교라는 단군 신앙을 통하여 민족의식을 고취한 점도 특이하다.

또한 이 시기 정치적인 활동의 제약은 학문의 자유를 제한하여 학문적인 연구가 크게 진전하지는 못하였다. 그러나 항일 애국적인 입장에서 독립정신과 민족적 자각을 위한 학자들의 계몽활동은 매우 활발하였다. 이러한 상황에서 민족주의 역사학이 대두하였는데 박은식·신채호 등이 국사연구를 통하여 민족정신을 고취시켰다.

2 | 일제의 통치와 3·1운동

1) 일제의 무단통치

일제는 1910년 8월 강점이후 식민지의 최고 통치기구로 조선총독부를 설치하였다. 그리고 조선사회를 급속히 식민지 지배구조로 재편하기 위한 강압적 무단통치를 실시하였다. 일제의 무단통치는 조선민중의 반일 항쟁을 진압하고 미숙한 일본 자본주의의 자본 축적 기반을 만들기 위한 방편으로 시행되었다.

일제의 무단통치를 수행하는데 있어서 조선총독부의 총독은 막강한 권한을 행사하였다. 총독은 천황에 직속하고 육·해군의 통솔권을 가지며 직권으로 총독부령을 제정할 수 있는 권한을 가지고 있었다. 여기에 입법·사법·행정 등 조선통치의 전권을 행사하였으며 조선내의 일본군을 지휘·통솔하였다.

총독의 무단통치 기반이 되었던 것은 헌병경찰과 군대였다. 헌병경찰제도는 헌병이 일상 경찰업무를 담당할 수 있도록 한 것으로서 조선 민족을 군사적으로 억압·감시하려는 의도로 만들어졌다. 이리하여 경찰관서와 헌병부대가 전국에 분산 배치되었는데 각지 헌병부대 책임자가 경찰관서의 장을 겸임하였다.

헌병경찰은 의병토벌, 첩보수집 및 수립 등의 임무 외에 범죄즉결처분권, 민사쟁송 조정권 등의 막강한 권한을 행사하였다. 특히 헌병경찰은 법적 수속과 정식재판을 거치지 않고 멋대로 조선인에게 벌금·태형·구류 등의 처벌을 행하였다.

이러한 무단통치 아래에서 한국인들의 정치적 집회 결사는 말할 것도 없거니와 몇 사람이 한 곳에 모이는 것조차도 금지되었다. 심지어 군인 아닌 관리나 교원에게까지도 제복을 입히고 칼을 차게 하여 모든 생활에 걸쳐 위협으로 굴복시키려고 하였다.

일제는 어느 정도 무단통치체제가 구축되자 한민족의 문화말살정책을 실행에 옮기기 시작하였다.

일제는 먼저 한국신문의 폐간, 민족언론의 금압(禁壓), 민족어·민족문화말살 등을 실시하고 특히 애국계몽운동의 일환으로 설립한 많은 민족주의 사립학교를 몰수하여 관·공립학교로 개편하였다. 그리고 교육내용을 개정하여 한민족의 말살 및 한민족을 일제의 최하층 신민으로 만드는 데 치중하였다. 동시에 서울과 지방의 책사는 물론 개인의 서고까지도 뒤져 한국의 역사나 지리 또는 민족정신에 자극을 줄 만한 책자들은 모조리 불사르고 판매를 금지하였다.

또한 일제는 학생들에게 한국의 역사는 이민족에 의해 지배되어 온 타율적인 역사이고, 자주적 발전이 없는 정체적인 역사이며, 사대성과 당파성이 한민족의 특성이라고 왜곡하여 가르침으로써 민족적 패배주의와 열등감을 조성하였다. 반면에 일본의 역사는 날조·과장해서 가르침으로써 일본민족의 허구의 위대성을 주입시켰다. 따라서 한민족은 역사적·필연적으로 일본민족에 예속되어야 마땅하다고 가르치도록 했다. 이후 이러한 식민사관은 조선인에게 민족적 열등감을 주입시켰고 일제를 정당화하는 이론으로 발전하였다.

일제는 이것으로도 부족해서 1910년 안중근의 이토우 히로부미 저격사건을 계기로 비밀결사체인 신민회의 활동을 탄압하고자 1911년 이른바 '105인 사건'을 날조하였다. 이 사건으로 윤치호·양기탁·이승훈 등 민족간부급 인사 6백여 명이 검거되었다. 이중 105인이 기소되었다. 이 사건은 재심에서 6명만이 실형을 받게 됨으로써 일단락 되었지만 그 동안 정치·경제·교육·문화 등 각 방면에서 민족운동을 전개하였던 신민회는 조직이 붕괴되고 해산되었다.

이후 일제는 1918년까지 각 지방의 애국인사 약 9만명을 투옥하고 살상하였다.

한편 일제는 식민지 경제체제를 확립하기 위하여 토지조사사업을 실시하였다. 일제는 조선강점 직후인 1910년 9월 임시토지조사국을 설치하고 토지조사령을 공포한 후 1918년 말까지 근대적인 토지소유제도를 확립한다는 이유를 내세워 토지소유권 조사와 토지가격 조사 지형 및 지목에 대한 조사를 실시하였다.

토지에 대한 민간차원의 전통적 사유권은 문호개방 이전부터 조선사회에도 성립되어 있었지만 토지소유권 조사는 근대적인 토지소유권으로 법제화하는 데 있었다. 그리고 토지에 대한 하나의 소유권만을 인정하여 배타적인 자본주의적 사유권을 법적으로 인정하기 위한 것이었다. 그러나 경작농민들이 가지고 있던 부분소유권으로서의 도지권(賭地權) 등은 아무 보상도 없이 토지소유권에서 완전히 배제되었다.

토지조사사업은 특히 국유지 부분에서 소유권분쟁이 발생하였다. 이 시기 총 분쟁건수 약 10만 건이었다. 이중 99.7%가 소유권 분쟁이었다. 그 가운데 65%가 조선총독부 소유지로 편입된 토지의 소유권을 둘러싸고 분쟁이 일어났다. 하지만 이와 같은 분쟁이 있었음에도 불구하고 조선총독부는 역둔토 약 13만 5천 정보와 민유지 약 4만 6천여 정보의 토지를 소유하였다. 그리고 토지조사사업은 일본의 조선에 대한 식민통치를 위해 여러 가지 복합적인 효과를 가져다주었으나 반면 조선 농민에게는 돌이킬 수 없는 타격을 주었다.

1910년부터 시작된 토지조사사업의 가장 핵심적인 목적은 국유지 창출과 지주의 배타적 소유권 인정 및 지세의 확충이었다. 그리하여 조선후기 이래 성장해오던 농민적 토지소유와 경작권 등은 부인되고 지주제만 온존되었다. 일제는 대규모로 창출한 국유지를 동양척식주식회사나 일본인에게 헐값으로 양도하고 농업이민을 적극 장려하였다. 동양척식주식회사는 1911년~1918년 사이에 토지소유를 11,036정보에서 74,681정보로 7배나 늘렸다. 반면에 우리 농민들은 토지를 잃고 소작농이 되거나 농촌을 떠나야만 하였다.

또 일제는 근대적인 조세 금납제 도입과 조세수취의 체계화를 주요 내용으로 하는 세제개편을 단행하였다. 세제개편은 농민들에게 과중한 세금을 부과시키고 농민수탈을 위한 세정을 자본주의 기구에 연계시켰다. 이리하여 더욱 효율적으로 농촌사회를 상품화폐경제 속으로 편입시켰다. 나아가 조선시대 이래 지방행정의 기본단위였던 군 대신에 면을 식민지 지배의 중심으로 지방행정의 개편을 단행하였다.

2) 3 · 1운동의 배경과 전개

1919년 3 · 1독립운동은 민족적 의지의 표현인 항일민족운동이었다. 3 · 1독립운동의 토대가 된 1910년대의 민족해방운동은 한말 이래의 다양한 민족운동 경험을 기초로 하여 크게 세 부문에서 전개되었다.

첫째는 한말 의병부대을 무장독립군 조직으로 발전시키려는 비밀결사운동이었다. 1909년 일제의 남한대토벌작전 이후 국내에서 활동기반을 잃은 의병전쟁 세력은 1910년 일제강점 이후 간도나 연해주 등지로 근거지를 이동하여 독립운동 근거지를 조성하고 일제에 대한 무장투쟁을 준비하였다. 이때 국내의 민족운동은 1910년 안악사건과 1911년 데라우치 총독 암살사건 이후 거의 비밀결사의 형태로 진행되었다.

둘째는 한말 애국계몽운동의 실력양성론을 계승하면서 전개된 학교설립과 교육문화운동이었다. 교육문화운동은 주로 민족적 지식인들이 주도하는 사립학교 · 서당 · 야학 등에서 전개되었다. 이곳에서는 자연과학 · 실업 · 역사 · 창가 · 체조 등 근대적 과목을 가르쳤다. 그리고 한글 · 조선역사 등을 가르쳐 조선의 청소년들에게 근대적 소양과 민족의 자주독립의식을 심어주는 데 중요한 역할을 담당하였다. 일체의 집회 · 결사가 불가능하였던 1910년대 상황에서 지역단위로 항일운동을 조직화하는 데 이들 학교와 서당은 주요한 거점이 되었다. 왜냐하면 3·1독립운동에서 지방의 사립학교나 서당의 교사·학생들이 운동의 확산에 커다란 역할을 한 것은 이를 반증하기 때문이다.

셋째는 일제 강점이후 일제의 경제적 수탈에 반대하는 노동자·농민 등이 생존권을 수호하기 위한 투쟁이었다. 일제의 토지조사사업·임야조사사업·각종 잡세의 신설 등으로 인하여 소농민의 토지소유권이 침해되고 농가의 경제적 부담이 가중되어 경제적 몰락이 가속화하자 농민·소상인 등은 집단적으로 저항·투쟁하였다. 그리고 조선인 노동자들은 자유노동자를 중심으로 상당수의 노동조합을 결성하고 임금인상과 대우개선을 요구하며 파업투쟁을 전개하였다. 이때 투쟁대상은 대부분 일본인 자본가이고 일제의 탄압에 대항하여 투쟁하였다는 점에서 노동자들의 투쟁은 항일적 성격을 내포하였다. 이러한 농민·노동자 투쟁은 3·1독립운동에서 일정한 역할을 담당하였고 전국적시위로 이어지는 데 기여하였다.

3·1독립운동은 기본적으로 일제의 식민통치에 대한 조선인의 첨예한 민족모순과 대립에 기인하였다. 그러나 그 배경에는 1910년대 세계정세의 변화와 깊은 관련이 있었다.

3·1독립운동

　자본주의와 사회주의의 대립 및 자본주의 국가들 사이의 세력조정이라는 국제정세의 변화는 식민지 국가의 위상에도 중대한 변화가 나타났다. 1917년 신생 소비에트공화국의 레닌은 자국 내 100여 개 이상의 소수민족에 대해 민족자결의 원칙을 선언하였다. 1918년 1월 미국대통령 윌슨은 제1차 세계대전 패전국들의 식민지 처리에 있어서 민족자결주의의 원칙을 적용하자고 주장하였다. 레닌과 윌슨의 민족자결주의는 그 함축하는 내용은 다른 것이었으나 민족자결주의가 제1차 세계대전 이후의 새로운 사조로 등장하여 식민지 약소민족들을 크게 고무시켰다.

　3·1독립운동의 최초 준비는 민족대표로 불리는 종교계의 지도급 인사들을 중심으로 시작되었다. 천도교와 기독교의 교단조직을 매개로 관련을 맺고 있던 지식인들과 각 교파의 지도급 인사들은 1918년 말부터 1919년 초에 걸쳐 독립요구를 위한 정치적 의사표시에 대해 논의하게 되었다. 이들은 항일독립운동 방법론으로 독립선언과 일본정부에 대한 독립청원을 병행하기로 결정하였다.

　그리고 독립운동 전개의 3원칙으로서 대중화·일원화·비폭력 노선을 견지하기로 하였다. 이리하여 독립선언서와 파리강화회의와 윌슨 대통령에게 보내는 독립청원서 및 일본정부에 보내는 독립의견서 등이 작성되었고 2월 27일에는 독립선언서가 인쇄되어 종교 교단을 중심으로 배포되었다. 그리고 학생들의 비밀조직망에 의해 시위 및 대중동원계획이 수립되는 등 모든 준비가 이루어졌다.

　3·1독립운동은 계획된 대로 고종의 인산일인 1919년 3월1일 정오 서울을 비롯하여 평양·진남포·안주·의주·선천·원산 등지에서 동시에 일어났다. 이 때 33인의 민족대표들은 태화관이라는 음식점에 모여 독립선언서를 낭독하고 일제 관헌에 자수하였다. 파고다 공원에서의 독립선언식은 민족대표도 없이 거행되었음에도 불구하고 일반 대중의 반일감정이 자연발생적으로 폭발하여 만세시위운동은 전국적으로 확산되었다.

3월 상순에는 경기도·평안도·함경도·황해도의 도시를 중심으로 기독교·천도교의 조직력이 강한 지역에서 만세시위운동이 주로 전개되었다. 그리고 3월 중순 이후로는 경상도·전라도·강원도·충청도로 확대되어 만세시위운동은 전국적 규모로 확산되었다. 만세시위운동은 5월까지 지속되었고, 특히 3월 하순에서 4월 상순 사이에는 동시다발적이고 격렬한 투쟁양상을 보여 만세시위운동이 최고조에 도달하였다. 이후 청년·학생층·노동자·농민·중소상공업자 등 대규모 군중의 만세시위운동이 일상화되었다.

만세시위운동이 전국적으로 확산될 수 있었던 근본적인 원인은 광범위한 민중이 적극적으로 참여하여 비타협적인 투쟁을 전개한 데에 있었다. 서울에서는 3월 22일 노동자 대회가 열려 전차종업원·경성철도노동자·만철노동자 등이 파업으로 일제에 저항하였다. 농촌에서는 조선후기 농민봉기 때 등장했던 횃불시위·산상봉화시위·산호(山呼)시위 등이 다시 벌어졌다. 농촌의 시위는 주로 장날을 중심으로 평화적 시위로 시작하였다. 그러나 일제의 헌병·경찰이 무자비한 탄압을 감행하고 주도자 등을 구금하자 여기에 대항하여 폭력적인 시위로 발전하였다.

농민들은 돌맹이, 몽둥이, 낫, 죽창, 곡괭이 등으로 무장하여 경찰관서·헌병대·면사무소·우편소·금융조합·일본인 집 등을 파괴하는 폭력적 방법을 사용하였다. 이러는 과정에서 농민들의 투쟁양상은 자연발생적인 봉기에서 투쟁목표가 구체화하고 일제와의 투쟁을 조직화하는 경향이 두드려져 계획적이고 공세적인 폭력투쟁으로 발전되었다. 이와 같이 만세시위운동이 폭력화한 것은 당초 33인의 민족대표들이 의도했던 비폭력 투쟁전술과는 정반대되는 현상이었다.

국내에서 3·1독립운동이 발생하자 만주·연해주·미국 등 국외 동포 사회에서도 이에 동조하는 만세시위운동이 전개되었다.

3) 3 · 1운동의 의의

3 · 1독립운동은 조선총독부의 공식집계에 의하면 약 200만 명의 참여와 7,500여 명의 피살, 16,000명의 부상, 46,000명의 검거가 있었다고 한다. 이와 같이 엄청난 희생을 치른 3 · 1독립운동은 일제하 민족해방운동사에 있어서 가장 대표적인 전민족 항일투쟁이었으며 우리나라 근대 민족해방운동사에서 거대한 분수령을 이루는 것으로서 의의가 크다고 하겠다.

3 · 1독립운동은 일제의 무자비한 탄압 때문에 독립쟁취라는 목적을 달성하지 못하였다. 그리고 3 · 1독립운동은 여러 가지 한계를 안고 있었다. 첫째, 일제의 무단통치로 인해 3 · 1독립운동을 지도할 조직이 거의 없었다는 점이다. 둘째, 33인의 민족대표들이 제국주의적 국제 질서를 지나치게 낙관하여 청원주의적 독립방식을 채택하였을 뿐만 아니라 외세 의존적이고 타협적인 자세를 취하였다. 그리하여 광범위하게 동원된 민중들의 항일투쟁을 끝까지 이끌어가지 못하였다는 점이다.

이와 같이 3 · 1독립운동은 사상적 · 조직적 · 투쟁적으로 많은 한계를 드러냈지만 운동의 전개과정을 통해 다음과 같은 몇 가지 점은 역사적 의의가 있다.

첫째, 3 · 1독립운동은 온 민족이 결집된 독립의지와 단결로 추진되었다는 점이다. 여기에는 빈부귀천의 신분도 초월되었고 사상의 차이도 없었으며 천도교 · 기독교 · 불교 등 종교의 구별도 없었다. 더욱이 민족단결을 저해하는 지방색도 나타나지 않았다.

또한 3 · 1독립운동은 국내에서만 일어난 것이 아니었다. 이주 한인사회의 규모가 큰 서북간도 · 남북만주와 연해주에서도 국내와 혼연일체가 되어 추진되었다. 그리고 멀리 하와이와 미주 본토 및 멕시코 등지의 한인사회에서도 국내의 3 · 1독립운동에 호응하였다.

둘째, 3·1독립운동을 계기로 근대의식과 근대문화가 크게 성장하였다는 점이다.

3·1운동의 실패로 인해 보다 근원적이며 힘있는 민족운동의 추진이 필요하게 되었다. 그것이 바로 근대적 자각에 입각한 민족역량 향상운동으로 나타났다. 전국적으로 일어난 신교육열로 말미암아 일제 식민지 교육기관에서나마 민족의식을 굳게 간직하고 근대문화와 기술을 익히려는 입학자가 급증하였다. 더욱이 사립학교·강습소·야학이 전국에서 속출하였다. 이와 같은 경향은 민족교육의 큰 진전으로서 민립대학의 설립운동으로까지 발전되었다.

언론에 있어서도 조선일보·동아일보를 비롯하여 창간된 여러 가지 잡지가 근대적 저널리즘을 형성시켰고 이를 통하여 근대의식의 형성이 급속히 추진되었다. 또한 민족역량 향상의 기조는 경제력의 향상에 있으며 그것은 바로 민족산업의 육성과 진흥을 통해서 이룩될 수 있다는 경제적 자립의식 강조되었다. 그리하여 물산장려운동이 전개되었다. 이와 같이 3·1독립운동은 정치·경제·사회·문화·교육 등 각 분야에 걸쳐 전근대적 요소를 불식시키고 새로운 시대를 이끄는 근대문화를 형성케 하였다.

셋째, 3·1독립운동을 계기로 구한말 이래 성장한 민족주의가 크게 성장하게 되었다.

3·1독립운동은 민족해방운동의 발전에 밑거름이 되었고 민중 속으로 확산되면서 민족적·계급적 각성도 촉진되었다. 나아가 민중의 투쟁력을 조직화하려는 움직임이 실현되어 선진적 지식인들이 전국 각지에서 청년회·노동조합·소작인조합 등 대중조직을 결성하였다.

넷째, 3·1독립운동을 계승하여 지속적인 독립운동이 필요하다는 주장이 공감되어 상해에 임시정부가 수립되었다는 점이다. '지속적인 독립운동' '전체운동의 통일적 영도' '외교활동의 원활한 수행' 등을 목표로 하여 수립된 상해 임시정부는 최초의 부르조아적 공화제 정부이었다. 그리고 이 상해 임시정부를 통해 분열·침체상태에 빠져 있었던 여러 갈래의 독립운동세력들이 하나의 세력으로 규합되었다는 점에서 그 역사적의의가 있다.

4) 일제의 문화통치

1919년 3·1독립운동이 일어나자 일제는 강압적 무단통치만으로 조선의 민족해방운동을 억압할 수 없다는 사실을 인식하게 되었다. 여기에 일제는 무단통치를 통하여 조선의 사회·경제구조를 식민지 지배구조로 재편하는 작업을 완료하였기 때문에 무단통치를 계속할 필요도 없어져버렸다. 이리하여 일제는 무단통치의 강압성과 폭력성을 은폐하고 새로운 개량적인 통치방식을 모색하였다. 이러한 배경하에서 등장한 것이 문화통치의 표방이었다.

문화통치를 표방한 일제는 이에 따라 '문화의 창달과 미력의 충실'을 시정방침으로 한 몇가지 개량적인 조치를 발표하였다. 그 내용은 총독무관제 폐지, 헌병경찰제도의 폐지와 보통경찰제의 실시, 일반관리·교원의 제복과 대검폐지, 관제개혁, 언론·출판·집회·결사의 제한적 허용, 산업개발, 지방자치 실시를 위한 조사연구 등이었다. 그러나 이러한 정책의 발표는 일제가 식민지 지배를 강화하고 그것을 은폐하기 위한 기만적인 조치에 불과하였다. 왜냐하면 총독무관제를 폐지하였다고 하였지만 실제로 초대 총독이래 7대 총독에 이르기까지 문관출신은 단 한사람도 없었기 때문이다.

또한 헌병경찰제도가 폐지되고 보통경찰제가 실시된다고 하여도 조선인에 대한 탄압이 변화된 것은 아니었다. 왜냐하면 일제는 이전의 헌병을 제대시켜 경찰병력으로 충원하고 새로 경찰관을 채용·파견하였으며 전국 각지에 경찰서·파출소·주재소를 증설하였기 때문이다. 그리고 경찰뿐만 아니라 조선의 주둔 일본군도 크게 증원하여 일제는 이를 통해 조선 전역에 거미줄 같은 탄압망를 구축하였다.

일제의 진정한 문화통치 의도는 항일 민족운동의 분열을 유도하여 식민지 지배의 안정을 확보하는 데 있었다. 일제는 1920년 지방제도 개정을 통해 면협의회·부협의회 등을 설치함으로써 일부의 친일적 지주들에게 정치에 참여할 수 있는 길을 열어 주었다. 이들은 일제 통치에 협력하면서 각 지방의 유지로 행세하였다.

또한 일제는 일부 언론사나 반일적이지 않은 단체의 설립을 인가함으로써 이들을 민중과 분리시키기 시작하였다. 일제가 이 시기 『동아일보』·『조선일보』 등의 한글신문 창간을 허용한 것도 민족주의자들의 요구를 부분적으로 수용하면서 이들을 이용하여 민족해방운동을 개량하려는 의도이었다.

일제는 이와 같이 문화통치의 미명 아래 부르조아 민족운동에 대해서는 갖가지 유화적인 개량조치를 취하고 노동운동·농민운동이나 사회주의운동에 대해서는 무자비한 탄압을 자행하였다. 이후 일제는 노동자·농민의 생존권투쟁까지도 경찰을 동원하여 강력히 탄압하였다. 1925년에는 치안유지법을 제정·공포하여 식민지 지배체제를 부인하는 모든 운동을 탄압하였다.

한편 일제는 일본 국내에서 쌀 부족 현상이 심각해지자 조선에서 쌀을 수탈하여 이 문제를 해결하려 하였다. 이에 따라 조선에서는 일본의 쌀 부족을 충당하기 위한 계획이 수립되었다. 이것이 바로 산미증식계획이다.

산미증식계획은 수리사업과 개간을 통해 경지를 개량·확장하는 방법과 비료사용 등을 통해 농업을 개량하는 방법 등 2가지를 채택하였다. 그러나 가장 핵심적인 정책은 수리조합을 설치·운영하는 것이었다. 이를 위해 일제는 1926년부터 금융조합을 통해 대규모의 자금을 민간에게 대

부하였다. 수리조합의 설치는 이후 농민몰락의 결정적 계가 되었다. 중
소농은 조합비·세금 등의 현금 부담 때문에 생산된 쌀을 팔아 만주산 좁
쌀을 사서 먹었지만 결국에는 토지를 방매하는 상황이 되었다.

그리고 수리조합이 설치된 지역에서 오히려 논의 가격이 더 떨어지는
현상이 나타났다. 왜냐하면 생산의 증가에도 불구하고 고액의 수리조합
비 부담을 견디지 못한 농민들이 토지를 팔고 소작농이 되거나 아예 농촌
을 떠나는 현상이 광범위하게 일어나고 있었기 때문이었다. 그리하여 대
지주의 토지겸병이 심화되었으며 1930년을 전후하여 자작농이 감소하고
소작농이 급증하는 결과를 가져왔다. 특히 1929년의 농업공황으로 농민
들은 더욱 몰락하였다.

이에 일제는 산미증식계획을 수정하여 1926년부터 제2기의 계획을 실
행하였다. 제2기의 계획은 총 투자 자본 중 정부알선자금의 비중을 크게
높여 지주의 부담을 줄이는 데 치중하였다. 일제는 식민지 지주들에게
일본 대장성 예금부와 동양척식주식회사, 식산은행 등의 저리자금을 융
자받을 수 있도록 알선해 주어 이들을 산미증식계획 제2기 계획에 끌어
들였다.

제2기 계획에서 특히 강조된 토지개량사업은 개간과 수리시설 정비를
통해 실시되었다. 개간사업은 일본인 대농장회사가 국유 미간지나 간석
지 등을 조선총독부로부터 불하 받은 뒤, 조선농민을 동원하여 개간하였
다. 이때 조선농민들은 상당한 기간 소작료 면제, 소작권 확보 등의 조건
으로 개간에 참여하였다.

그러나 수리조합비가 과중하게 책정되어 많은 자작농이 토지를 팔고
소작농민으로 전락하였다. 그리고 중소지주조차도 과중한 수리조합비를
견디어내지 못하고 몰락하였다. 오직 일본인 지주 등 상당한 재산을 갖
춘 일부 대지주만이 수리시설 확충사업을 이용하여 거대한 토지를 소유
할 수 있었다.

이처럼 일제의 산미증식계획은 "농민의 소득을 증대시켜 생활을 안정"
시킨다는 표방과 달리 일본인 대지주와 일부 조선인 친일지주의 이익만을
보호해 주고 조선농민들의 몰락과 궁핍을 초래하는 결과를 초래하였다.

일제는 1923년에 접어들어 조선에서 일본 상품에 대한 관세를 철폐하
고 다른 나라 상품에 대해서는 관세장벽을 쌓은 채 상품수출을 크게 늘
렸다. 일제는 주로 직물·의류·기계·금속제품 등을 조선에 수출하여
영세한 조선의 제조업에 심각한 타격을 입혔고 수많은 민족기업을 도산
시켰다. 그리고 일본 민간자본도 점차 부분적으로 진출시켰다. 이것은
1920년 회사령폐지로 나타났다. 즉, 회사령을 폐지하여 조선인 부르조아
지의 불만을 무마하고 일본 민간자본의 조선진출 요구를 들어주었던 것
이다.

일제는 3·1운동 이후 주로 탄압기구를 정비하는 과정에서 조선총독
부의 재정규모가 크게 늘어나자 부족한 자금을 충당하려고 각종 조세를
신설하고 관영사업부문을 확장하였다. 그리하여 소비세 등의 각종 잡세
를 신설하고 전매·철도·체신 등 관영사업 수입도 늘렸다. 일제는 이러
한 사업을 통해 필요한 재원을 조달하고 조선산업 전반에 대한 지배도 강
화하려고 하였다.

3 | 대한민국 임시정부의 활동

1) 대한민국 임시정부의 수립과 활동

3·1독립운동이 일어나기 직전인 1917년에 신규식·조소앙·박은식·신채호 등은 대동단결선언을 발표하여 민족해방운동의 총본부로서 임시정부의 필요성을 제기하였다. 3·1독립운동을 계기로 하여 많은 독립운동가들 사이에서 임시정부 수립이 적극 추진된 것은 지속적인 민족해방운동의 전개, 전체 독립운동의 통일적 영도, 외교활동의 원활한 수행 등을 위해서 임시정부 수립이 필요하다는 공감대가 이루어졌기 때문이었다.

임시정부 수립운동은 최초 노령·상해·국내 등에서 시작되었다. 맨처음 조직된 것은 1919년 2월 25일 노령 블라디보스톡에서 수립된 대한국민의회였다. 대한국민의회는 문창범·최재형 등이 중심이 되어 노령의 교포사회를 기반으로 조직하였다. 대한국민의회는 전러한족회중앙총회가 정부형태로 개편된 것으로 러시아 소비에트제를 채용하고 의회·사법·행정기능까지도 함께 갖고 있었다.

대한민국임시정부 수립

두번째는 상해에서의 임시정부 수립운동이다. 1919년 3월 하순경 신한 청년당의 서병호·여운형·선우혁·이광수·김철등 은 국내와 노령 등지에서 모인 항일독립운동 지도자들과 독립임시사무소를 설치하고 1919년 4월 10일 1천여 명이 모여 임시의정원을 구성하였다. 그리고 4월 13일 대한민국 임시헌장을 선포하고 선거를 통해 국무원을 구성하였으며 민주공화제의 정부수립을 내외에 선포하였다.

세번째는 국내의 서울에서 조직된 한성정부을 들 수 있다. 3·1독립운동 직후인 1919년 4월 23일 서울에서 계획되어 13도 대표 24명의 이름으로 국민대회취지서와 6개조의 약법이 명시된 선포문을 발표하여 한성정부를 수립하였다. 이와 같이 비슷한 시기에 세 개의 임시정부가 수립되자 항일독립운동가들은 모든 독립운동 세력을 결집시킬 수 있는 단일정부 수립을 민족해방운동전선에서 중요한 문제로 제기하였다.

그러나 당시 한성정부의 집정관총재 이승만이 국내에서 조직된 한성정부의 정통성을 들어 워싱턴에 사무실을 개설하고 대외적으로 대통령으로 행세하였다. 따라서 완전한 단일정부를 만들기 위해서는 한성정부를 포함한 통합 안을 마련해야만 하였다. 이리하여 통합교섭이 이루어졌다.

그 결과 상해의 통일정부는 한성정부의 수반 이승만을 임시대통령으로 하고 노령정부의 이동휘를 국무총리로 선임하여 성립되었다. 새로운 임시정부가 쉽게 통합되고 이승만을 수반으로 하는 한성정부의 정통성을 인정하는 통합정부가 쉽게 이루어진 것은 민족해방운동 총본부로서 단일정부의 성립을 열망하는 민족적 여망이 높았기 때문이었다.

이와 같이 각지에서 여러 정부가 동시에 출현한 것은 주도 인물들의 사상적 배경의 차이에서 연유된 면이 없다고는 단정할 수 없으나 처음부터 대립적 또는 경쟁적 의도에서 시작된 것은 아니었다. 이러한 현상은 각지에 흩어져 활동하던 민족운동가들 상호간에 연락이 불충분했던 점과 각지의 민족운동자들이 하루라도 속히 정부를 세워 독립운동을 힘차게 영도할 최고 중추기관으로 삼고자 했던 충심에서 기인된 것이었다. 그러므로 각지의 여러 임시정부는 상해의 대한민국 임시정부로 통합운동을 전개하여 상해의 대한민국 임시정부가 한민족의 정통성을 찾는 유일 합법의 망명정부로 등장하게 되었던 것이다.

상해 임시정부가 추진한 주요활동은 교통국 설치와 연통제의 실시 및 서구 열강들에 대한 독립청원 외교활동이었다. 교통국은 교통부 산하 조직으로 통신업무와 독립운동 자금모집을 관장하였다. 상해 임시정부는 먼저 국내 및 간도지방과의 연락망을 구축하기 위하여 만주 안동현에 교통부 안동지부를 설치하였다. 그러나 교통국은 평안도와 함경도 일부 지역을 제외하고는 구체적 성과를 거두지 못하였다.

연통제는 1919년 7월 국무원령 제1호로 임시 연통제를 공포하면서 실시되었다. 연통제는 상해 임시정부가 국내 및 간도지방과의 연락의 취하기 위해 만든 연락망이었다. 연통제는 임시정부의 운영비를 조달하는 데 그 목적이 있었다. 또 연통제는 내무총장 관할 아래 두었기 때문에 임시정부의 지방행정조직이었다.

그러나 일제의 철저한 감시와 탄압 때문에 전국적 조직망을 갖추지 못하였고 면 단위 조직은 사실상 불가능하였다. 연통제도 평안도·함경도·황해도지방을 중심으로 조직되었지만 1921년 일본 경찰에 의해 그 조직이 발각됨으로써 더 이상 실시되지 못하였다.

상해 임시정부는 독립을 서구 열강들에게 청원함과 동시에 국제여론에 호소하고 강대국의 승인과 지원을 받기 위한 외교활동에 치중하였다. 외교활동의 일차적 목표는 파리강화회의와 워싱턴회의 등 각종 국제회의로부터 독립을 승인·보장받고 국제연맹에 가입하는 것이었다. 그러나 임시정부가 기대했던 것과는 달리 파리강화회의나 워싱턴회의는 조선의 독립승인·보장은 물론 조선문제에 대한 한마디 언급조차 없었다. 이와 같이 국제회의를 통한 외교활동이 아무런 성과를 거두지 못하자 상해 임시정부는 중국·소련·미국·영국 등 각 국으로부터 개별적 독립승인·보장을 받는데 일차적인 목적을 두었다. 특히 미국의회를 통해 한국문제에 대한 관심을 높이려고 노력하였으나 미국을 비롯한 구미열강의 승인을 얻는 데는 역시 실패하였다.

한편 상해 임시정부의 소련·중국정부와의 외교활동은 어느 정도 성과를 거두었다. 상해 임시정부와 소련은 1920년 한러공수동맹을 체결하였고 이후 소련정부는 상해 임시정부에 40만 루불의 자금을 제공하였다. 중국과는 상해 임시정부의 신규식과 광동정부 사이에 교섭이 추진되어 두 정부가 서로 승인하고, 광동정부는 1921년 조선인 학생을 중국군관학교에 수용하여 교육한다고 합의하였다.

그러나 상해 임시정부가 요구한 차관과 독립군 양성을 위한 조차지문제는 승인되지 않았고 상해 임시정부와 중국 국민당 정부와의 긴밀한 관계는 1930년대에 들어가서야 이루어졌다. 특히 윤봉길 의사의 의거를 계기로 하여 장개석 국민당 정부의 적극적인 후원을 받았으며, 1937년 중일전쟁 발발 후에는 광복군을 양성할 수 있게 되었다.

2) 독립운동 세력의 갈등

상해 임시정부는 우리나라 역사상 최초의 공화제 정부였다는 점에서 그 의의가 크다고 하겠다. 상해 임시정부가 채택한 대한민국 임시헌장은 민주공화제의 채택, 평등권 및 기본권의 보장, 선거권 및 피선거권의 보장 등으로 이루어져 있다. 이후 상해 임시정부의 헌법은 다섯 차례나 개정되면서 지도체제는 바뀌었지만 임시정부가 지향한 부르조아 민주주의 이념은 그대로 유지되었다.

노령·국내·상해 등 각지에서 수립된 임시정부는 모두 공화주의를 내세웠지만 구체적인 독립운동의 방법론에서는 서로 입장을 달리하였다. 상해 임시정부와 한성정부 수립세력이 외교활동론에 치중하였던 것에 비하여 노령의 대한국민의회는 무장독립론을 최우선 목표로 하였다.

이러한 독립운동 노선의 차이는 임시정부의 통합과정에서 임시정부의 위치문제를 둘러싼 알력으로 표출되었다. 임시정부의 위치가 상해로 결정된 것은 임시정부의 외교론적 성격을 그대로 드러낸 것이다. 물론 상해 임시정부 내에는 독립운동 노선을 두고 이승만의 외교론, 안창호의 준비론, 이동휘의 무장독립론 등이 있었지만 외교제일주의 노선이 이동휘가 임시정부를 떠난 후 한층 더 강화되었다.

상해 임시정부는 수립 후 얼마 되지 않아 정치이념, 독립운동노선의 차이, 출신지역을 둘러싼 심한 갈등이 표출되었다. 상해 임시정부의 각 원으로 선임된 주요인사들인 이승만·이동휘·박용만·문창범·안창호 등 명망가들 가운데 박용만은 외무총장에 임명되었으나 무장독립론을 주장하면서 처음부터 임시정부에 불참하였다. 그리고 문창범 역시 상해 임시정부 활동에 회의를 품고 참여하지 않았다.

따라서 상해 임시정부 조직은 대체로 이승만계·이동휘계·안창호계의 인물들로 구성되었다. 이중에서 이동휘가 무장독립운동론을 주장하자 준비론과 외교독립론에 치중하였던 안창호와 이승만계 인사들이 반발하여 임시정부는 내분에 휩싸이게 되었다. 이러한 가운데 외교독립론에 바탕을 둔 이승만이 국제연맹에 조선의 위임통치안을 상정하자 상해 임시정부는 심한 정쟁과 파쟁속으로 휘말려 들어갔다.

한편 신숙·신채호·박용만 등 무장독립론자들은 북경에서 군사통일회의를 열고 이승만을 불신임하면서 상해 임시정부 활동과 독립운동 전체의 방향전환을 위한 국민대표회의의 개최를 주장하였다. 이에 만주지역의 독립운동세력이 호응하여 1923년 1월 해외동포 사회의 70여단체 대표 1백여 명이 모여 국민대표회의를 개최하였다. 그러나 임시정부에 대한 입장 차이로 인해 국민대표회의는 크게 두 계파로 갈라지게 되었고 사실상 결렬에 이르게 되었다.

국민대표회의 이후 모든 세력들이 임시정부에서 이탈하여 김구·조소앙 등이 이끄는 한국독립당이 상해 임시정부를 이끌어 갔다. 그러나 1937년 중일전쟁 이후 중국정부의 지원이 본격화되면서 상해 임시정부는 새로운 방향을 모색하게 되었다. 중국정부가 상해 임시정부를 지원한 것은 앞서 1932년 이봉창과 윤봉길이 일본왕과 상해 침략군에게 폭탄을 던져 상당한 피해를 주었기 때문이었다.

새로운 전용을 갖춘 상해 임시정부는 일본 제국주의의 패망에 대비하면서 정치·경제·교육의 균등을 규정한 삼균주의의 건국강령을 1941년 발표하였다. 이 건국강령에서 중요산업의 국유화, 토지개혁 등 당시 사회주의자들이 주장하던 내용이 대폭적으로 수용되었다. 또한 상해 임시정부는 1940년 광복군을 창설하여 일본군과의 무력항쟁을 준비하였다.

광복군은 일제 패망 당시 제1·2·3지대와 공작대 등을 합쳐 약 700명 정도이었다. 이들은 영국군과 연합으로 일본군에 대한 선전·포로심문 등의 공작활동을 벌이기도 하였다. 또한 이들은 중국 주둔 미군 전략첩보기구인 OSS와의 합작으로 국내 투입요격 요원을 훈련하고, 94명의 대원을 8개 반으로 나누었다. 그리고 국내에 침투시킬 국내정진군 편성하였으나 1945년 일본의 항복으로 실현되지 못하였다.

이와 같이 대한민국 임시정부는 1945년 임시정부 요인이 환국할 때까지 전후 27년 동안 민족의 주권을 자주적으로 행사하고 국내외 여러 갈래 민족운동을 주도하여 해방과 독립의 중추기관으로서 그 소임을 다하여 왔다.

4 | 식민지기 사회운동들

1) 실력양성운동의 전개

3·1운동 이후 시작된 일제의 문화통치는 친일파와 일부 대지주 및 자본가들에게 환상을 불러 일으켰다. 그리하여 이들은 일제의 의도대로 실력양성운동이나 자치운동과 같은 개량주의적인 민족운동으로 나아가게 되었다. 이들은 일제의 기만적인 문화통치 아래서 실력을 양성하면 독립할 수 있다고 믿었고 참정 자치권을 얻으면 점차 독립의 길로 나아갈 수 있다고 생각하였다. 이리하여 이들은 1920년대 일제가 허용한 표면적인 공간에서 교육·산업·문화 등의 발전을 도모하자는 실력양성운동을 추진하였다. 이들이 추진한 실력양성 운동은 1920년대 이후 국내 민족해방운동의 분화 과정에서 부르조아 민족주의 운동을 대표하는 운동으로 발전되었다.

실력양성운동은 한말 자강운동을 계승하였다. 한말 자강운동은 조선민족이 주체가 되어 교육과 실업을 진흥함으로써 장차 국권을 회복하려는 운동이었다. 이러한 한말의 실력양성론은 1910년대에 들어와 일본유학생을 중심으로 하는 신지식층들에게 계승되었다. 그러나 1910년대 일제의 강압적 무단통치로 인하여 실천되지 못하고 1920년대 문화정치기에 들어와 실천운동이 본격적으로 전개되었다.

이 시기 실력양성운동론은 민족자본가 계층의 동요에 그 사회·경제적 배경을 두었다. 일제는 3·1독립운동 이후 일본 자본주의의 본격적인 진출과 조선인 부르조아의 일정한 육성을 위하여 회사령을 철폐하였다. 이에 따라서 1910~1920년경 조선인들 사이에는 각종 회사설립의 열풍이 일어났다. 이리하여 조선의 토착자본은 비로소 자본축적의 가능성을 맞이하게 되었다. 그리하여 비록 대부분이 중소규모의 자본에 지나지 않았지만 민족자본가라고 부를 수 있는 계층이 등장하였다.

그러나 소자본과 부족한 기술인력으로는 일본 자본주의의 물결을 당해낼 수가 없자 민중들에게 호소함으로써 위기를 모면해 보려고 하였다. 따라서 1920년대 초반 실력양성운동론은 이러한 민족자본가 계급의 사회·경제적 입장을 대변하는 성격을 지니고 있다고 볼 수가 있다.

이러한 배경에서 1920년대 초반 실력양성운동은 문화운동 현상으로 나타났다. 문화운동은 신문화건설론, 정신개조·민족개조론 등을 그 이론적 기초로 하고 있는데 여기서 신문화건설론이란 자본주의 문명건설을 주장하는 것으로, 교육과 산업의 발달 및 구습의 개량을 의미하였다. 즉 신문화건설론은 교육과 산업의 진흥 등 실력양성에 주력하여 독립이 오기전에 독립할 수 있는 능력을 갖추자는 이론이었다.

정신개조·민족개조론은 문화주의 철학으로부터 영향을 받은 것으로 조선에 신문화를 건설하기 위해서는 먼저 사회를 구성하는 개개인의 능력발전과 인격향상이 선결과제이며, 그러한 개인을 만들어 내기 위해서는 내적인 정신개조가 필요하다는 것이다. 이러한 정신개조론은 1922년경에 이르러 민족성개조론으로 발전하였다. 민족성개조론은 한말 이래 일본인들의 조선민족 열등성론과 신지식층들의 구관습개혁론 및 1920년경에 소개된 민족심리학이 결합되어 하나의 이론으로 발전되었다.

한편 민족개조론은 1920년대 초 『동아일보』의 송진우와 『개벽』의 이돈화·김기전·현상윤·이광수 등에 의하여 제창되었다. 이광수는 「민족개조론」에서 "조선인은 허위되고 공상과 공론만 즐겨 나태하고 서로 신의와 충성이 없고 일에 임하여 용기가 없고 극히 빈궁하고, 이런 의미로 보아 이 개조는 조선민족의 성격을 현재의 상태에서 반대 방면으로 변화하는 것이다"라고 강조하였다. 하지만 이광수의 이러한 민족개조론은 우리 민족의 열등성을 강조하여 일본 민족과의 동화와 독립불가능론으로 발전하였다.

실력양성운동은 1920년대 전반기 청년회운동·신교육운동·물산장려운동 등 문화·경제적 실력양성운동으로까지 확대·발전되었다.

그러나 실력양성운동은 큰 효과를 보지 못하였다. 실력양성운동이 문화·경제적 측면에서 벽에 부딪치게 되자 1924년부터 자치운동이 대두되기 시작하였다. 이 자치운동은 경제·문화면에서 실력을 양성하기 위해서는 조선인의 권리와 이익을 옹호할 수 있는 정치적인 실력이 전제되어야 한다는 논리에서 시작되었다. 그러나 자치운동에서 말하는 정치적인 실력이란 즉각 독립을 뜻하는 것이 아니었다. 현재로서는 독립이 불가능하므로 독립의 기회에 대비하는 준비가 필요하다는 것이다.

그런데 이 운동에는 조선총독부의 사주 움직임도 일부 개재되어 있었다. 조선총독부는 한국인들 간에 자치운동을 일으켜 민족운동을 분열시키고자 하였다. 일제 지배자의 일부는 한국인들에게 자치권을 부여하는 것이 조선지배를 영구히 할 수 있는 안전판이 된다고 생각하였다. 그러나 전체적으로 일제는 한국인들에게 자치권을 부여할 생각이 없었고 부여할 처지도 되지 못하였다.

자치운동이 대두되자 비타협적 민족주의자와 사회주의자들이 격렬하게 반발하였다. 그리하여 자치운동은 표면화되지 못하고 1930년대 초 소멸되었다. 그리고 1930년대 중반에 들어서면서 자치운동을 추진했던 사람들은 대부분이 친일의 길로 들어섰다.

1920년대에 전개된 실력양성운동은 신교육의 보급과 민족자본의 육성 및 전근대적인 의식과 관습의 타파를 통하여 문화·경제적 실력을 갖춘 서구 근대자본주의 문화를 수립하는 것을 지향하였다. 그리고 신교육보급론·구관습개혁론·민족자본육성론 등은 한국사회의 근대화를 위해 필요한 것이었다.

그러나 이러한 실력양성운동은 기본적으로 몇 가지 문제점을 안고 있었다. 첫째는 실력양성운동이 일제 식민지 지배하에서의 운동으로 신교육보급론·구관습개혁론·민족자본육성론 등의 운동이 근본적으로 한계를 가질 수밖에 없다는 점이다. 신채호 등이 지적하였듯이 식민지 지배하에서 신문화건설이라는 것은 일제 지배자들에 의해 한계가 뚜렷이 주어져 있거나, 아니면 그들에 의해 왜곡된 방향으로 진행될 수밖에 없다는 것이다. 그리하여 결국 실력양성운동은 민족운동의 탈정치화와 체제 내적인 운동으로의 전화라는 결과를 낳게 되었다.

둘째는 실력양성운동의 '선 실력 후 독립'의 논리가 안고 있는 문제점이다. "먼저 실력을 기른 연후에 독립을 하자"는 주장은 3·1독립운동 당시 민족자결주의의 원칙위에서 제기된 절대독립과 즉각독립의 주장으로부터 일보 후퇴한 것이었다. 독립의 목표는 이차적인 것이 되고 신문명의 수립을 더 중시함으로써 민족운동의 개량화를 정당화하는 결과를 초래하였다.

2) 사회주의운동

3·1독립운동 직후인 1920년대 초 사회주의 사조가 일본·중국·러시아를 통하여 조선에 들어와 당시 지식인들을 사로잡았다. 이처럼 사회주의가 하나의 시대사조로 자리잡게 된 데에는 다음과 같은 배경이 있었다.

첫째, 3·1독립운동 당시 온 민족이 만세운동으로써 기대하였던 서구 자본주의 열강이 조선민족의 독립운동에 무관심한 태도를 보였다. 그리하여 그들에 대해 크게 실망하지 않을 수 없었다는 점이다.

둘째, 러시아의 혁명이 세계사의 신기원을 이룬 평민층의 혁명으로 인식되었다. 그리하여 러시아혁명 이후 유럽 각국에서 사회주의운동 등 혁명운동이 크게 고양됨으로써 머지않아 전세계적인 사회주의 혁명이 가능하지 않겠는가 하는 기대를 갖게 하였다. 그리고 그러한 세계혁명이 성공하는 날 일본 제국주의는 무너지고 조선은 독립할 수 있다는 전망을 갖게 하였다.

셋째, 일제의 조선지배가 현상적으로는 주로 일본 독점자본의 조선인 노동자에 대한 지배와 일본 토지자본가 및 지주의 조선 농민에 대한 지배로 나타났다. 따라서 일본 독점자본과 지주에 대항하는 노동자·농민운동의 이념으로서 사회주의가 가장 적합한 이념으로 받아들여 질 수 있다는 점이다.

한국인의 사회주의운동은 1917년 러시아 볼세비키혁명 이후 러시아 연해주에서 이동휘 등에 의해 처음 시작되었다. 이후 사회주의운동은 1920년대 초 임시정부가 수립된 상해로 그 중심지가 옮겨졌다가 1923년경부터는 국내로 그 중심지가 옮겨졌다. 국내에서의 사회주의운동은 주로 화요회·북풍회 등의 사상단체와 서울청년회 등의 청년회에 의해 시작되었다. 이후 전국각지에 있던 청년회들이 그 영향하에 들어가면서 사회주의 이념은 급속히 확산되었다.

사회주의 단체로 초기에 결성된 것은 북성회와 신사상연구회를 들 수 있다. 북성회는 1923년 1월 15일 동경에서 김약수 등 60여 명이 모여서 조직한 단체로 조선 내에 사회주의 사상을 선전하는데 주력하였다.

한편 일월회와는 별개인 신사상연구회가 1923년 7월 7일 서울에서 홍명희 등에 의하여 조직되었다. 신사상연구회도 1924년 11월 화요회로 명칭을 개명하고 새로운 회원들을 받아들였다.

1924년에 접어들자 사회주의자들의 주도하에 대중단체들의 통일성을 기하려는 노력이 시도되었다. 먼저 1924년 4월 서울에서는 조선노동총동맹과 조선청년총동맹이 결성되었다. 그리고 이와 같은 대중단체와 사회주의적 제단체를 기반으로 하여 1925년 4월에 제1차 조선공산당과 고려공산청년동맹이 결성됨으로써 조선에서의 사회주의운동은 새로운 단계로 접어들었다. 당시의 국제 공산주의운동은 모스크바의 코민테른의 통일적 지도하에 있어서 각국 공산당은 코민테른의 지부로 승인을 받아야만 하였다.

이리하여 제1차 조선공산당도 대표를 모스크바에 파견하여 1926년 4월 코민테른으로부터 조선지부로 승인을 받았다. 그러나 그 동안 제1차 조선공산당과 고려공산청년동맹이 일제의 탄압으로 치명적인 타격을 받고 1925년 11월 신의주에서 비밀문서가 적발된 것을 계기로 일제의 검거가 시작되었다.

제1차 조선공산당 검거 시 검거를 면한 김찬·강달영 등은 소위 제2차 조선공산당을 조직하였다. 그러나 2차 조선공산당 역시 6·10만세사건을 계기로 일제의 검거를 당함으로써 붕괴되었다. 1·2차 조선공산당 사건으로 가장 큰 타격을 입은 화요회파가 약세에 몰린 상황에서 1926년 9월 제3차 조선공산당이 결성되었다. 제3차 조선공산당은 소위 엠엘당(ML : 마르크스·레닌의 약자)이라고도 부르는데 엠엘당은 종래의 분파투쟁을 청산한다는 기치를 걸고 사회주의 활동을 전개하였다.

엠엘당은 대중조직을 강화하기 위해 조선노동총동맹을 조선노동총맹과 조선농민총동맹으로 분리하고, 조선청년동맹을 재편·강화하였다.

이와 같이 제3차 조선공산당인 엠엘당이 점차 조직을 정비하여 가자 일제는 1928년 2월부터 엠엘당에 대한 일제검거를 또 다시 시작하였다. 이러한 타격에도 불구하고 1928년 3월에 노동자 출신인 차금봉에 의하여 제4차 조선공산당이 창당되었다. 차금봉을 비롯한 제4차 조선공산당 주도 세력들은 각도의 당 간부를 새로이 선출함과 동시에 조선공산당의 기관지이었던 『조선지광』을 재차 발간하였다. 그리고 농민·노동·청년단체 등의 대중운동 및 신간회·근우회의 활동에도 적극적으로 참여하였다.

그러나 제4차 조선공산당도 결성된지 4개월 만인 1928년 7월 조선공산당원 170여 명이 일제에 의하여 검거됨으로써 붕괴되었다. 이와 같이 제1차 조선공산당에서 제4차 조선공산당에 이르기까지 국내의 공산주의운동은 일제의 가혹한 탄압으로 인하여 붕괴되었다. 그러나 조선공산당이 붕괴된 요인 중에는 분파투쟁의 문제도 있었다.

제1차 조선공산당이 최초 창당되었을 때 내부의 통일성을 기하지 못한 채 화요파의 주도로 조선공산당이 시작되었는데 그 활동과정에서 분파 문제가 계속 제기되었다. 이와 같이 내부의 통일을 기하지 못하였기 때문에 조선의 공산주의자들은 외부세력인 코민테른에 대한 의존이 상대적으로 커질 수밖에 없었다. 따라서 국내의 서울파·화요파·엠엘파 등이 각각 코민테른의 승인을 얻기 위하여 상대방을 비난하는 현상이 심각하게 나타났다.

조선 공산주의운동의 문제점은 일제의 탄압이나 조직상의 문제는 물론 식민지라는 특수한 사정하에서 민족해방과 계급해방의 문제를 어떻게 통합시켜 나가는가 하는 이념적인 문제도 있었다. 그러나 조선 공산주의자들은 이 통합문제를 독자적으로 풀어나가지 보다는 외부에 의존함으로써 내부의 분열을 야기시켰을 뿐만 아니라 외부의 지시에 의해 활동력까지도 저지당하는 사태를 초래하였다. 이것은 만주·일본 등 국외 공산주의자들의 활동이 코민테른의 일방적인 '일국일당주의 원칙'에 의해 해체당한 것에서 명백히 드러난다고 하겠다.

3) 노동운동

1920년대는 민족해방운동에 있어서 노동자 계급을 선두로 하여 농민 등 식민지 민중들이 대중적 투쟁을 통하여 이념적·조직적으로 성장해 간 시기이기도 하였다. 이는 일제가 문화통치라는 구실 아래 식민지 약탈정책을 강화하자 여기에 변화된 조선민중이 사회경제적 처지를 요구한 것이었다. 여기에 1920년대 노동운동은 조선민중의 변화된 사회경제적 처지가 3·1독립운동 이후 부르조아 민족주의가 퇴조하면서 보급·확산된 사회주의와 결합됨으로써 조직성과 목적의식성을 가지고 발전되었다.

1914년에 일어난 제1차 세계대전을 거치면서 일본의 독점자본은 강화되었다. 강화된 일본의 독점자본은 1910년대처럼 조선을 단순한 상품시장이나 원료·식량공급지로서가 아니라 조선인 노동자의 값싼 임금을 통하여 보다 많은 식민지 초과 이윤을 획득·보장할 수 있는 자유로운 자본수출시장이 되기를 요구하였다. 이러한 요구에 따라 1920년대부터 일본 독점자본이 유입되었고 그에 따른 왜곡된 식민지 공업화정책이 실시되었다.

1920년대 일본 독점자본의 진출은 식민지 조선에 일정한 사회경제적 변화를 초래하였다. 그것은 식민지라는 민족모순 속에 일본인 자본가와 조선인 노동자 사이의 계급모순이 중요한 사회문제로 대두되는 현상이 나타나게 되었다는 것이다.

일본 독점자본이 진출하면서 산업이 발달하고 공장 노동자를 비롯한 노동자가 양적으로 성장하기 시작하였다. 1921년 4만 9천여명에 불과하던 조선인 노동자수가 1928년 말에는 공장노동자는 3만 7천여명과 광산 노동자는 2만 2천여명을 포함하여 113만 여명으로 급증하였다. 따라서 일본 독점자본이 진출하면 할수록 더욱 증가하고 성장해갈 계급이 바로 노동자 계급들이었다. 이리하여 민족해방운동에서 노동자 계급의 역할은 일제의 문화통치에 동화되어 가던 부르조아지에 비하여 더욱 강력해질 수밖에 없었다.

일제와 일본인 자본가들은 보다 많은 식민지 초과이윤을 착취하기 위하여 조선인 노동자들에게 살인적인 기아임금과 참혹한 노동조건을 강요하였다. 그리고 견딜 수 없는 민족적 차별을 강요하였다. 이는 처음부터 조선인 노동자들의 거센 저항을 불러 일으켰다. 당시 연초공장의 경우 1년간 노동일수가 360일 이었으며 1일 노동시간도 18시간이라는 살인적인 장시간에다가 잔업과 야업 및 주야연속 작업도 다반사이었다.

이러한 가운데 1920년에 조선노동공제회(朝鮮勞動共濟會)가 조직되면서 노동운동의 조직성과 정치성을 갖추어 나갔다. 조선노동공제회는 조

선에 조직된 최초의 노동단체이었지만 노사 협조적인 사회개량단체로서
의 성격이 더욱 강하였다. 그리하여 노동운동의 중심체로서 역할보다는
회지 『공제』를 발간하고 강연회를 개최하는 데 더욱 주력하였다. 그럼
에도 불구하고 조선노동공제회가 전국 15개소의 지부와 1만 5천여 명의
회원을 가진 전국적인 노동자단체로 발전할 수 있었던 것은 기존의 노동
단체나 신설된 노동단체들이 지부의 형식으로 가입하였기 때문이었다.

조선노동공제회는 초기의 사회개량적인 성격도 점차 변화시켜 노동자
단체로서의 성격을 강화해 나갔다. 이후 조선노동공제회와 함께 전국 각지
에서 노동단체들이 속속 조직되었다. 그리하여 1925년에 접어들어 노동단
체수가 128개에 이르렀다. 1924년에는 노동·농민단체의 통합을 향한 열
기를 반영하여 전국적인 노동자·농민단체로 조선노동총맹이 결성되었다.
여기에는 약 60여 개에 달하는 노동자·농민단체가 포함되었으며 그 회
원 수는 약 4만에 이르렀다.

이와 같은 노동자들의 계급의식 성장으로 인하여 1920년부터 1930년
사이에 총 891건의 노동쟁의가 발생하였다. 그리고 조선인 노동자 73,450
명이 노동쟁이에 참여하였다는 것은 이 시기에 노동운동이 크게 성장하
였음을 말해 준다고 하겠다. 일제가 조사한 통계자료에 의하면 1920년
~1925년 사이에 335건의 파업이 일어나고 28,291명의 노동자가 파업에
참여하였다. 그리고 이 기간 중에 노동자 100여명 이상이 참여한 대규모
파업만도 약 100건에 달했다고 한다.

이처럼 1920년대 전반기는 한국의 노동운동사상 초창기였음에도 불구하
고 노동자들의 투쟁형태가 자연 발생적인 단계를 넘어 의식적이고 조직적
인 단계로까지 발전하였다. 이 시기에 있어서 대표적인 파업투쟁은 1923년
7월에 있었던 서울 4개 고무공장 노동자의 파업과 동년 8월 2천여 평양양말
공장 노동자의 파업 및 군산정미공장 2,600여 명의 노동자파업 등이다.

1930년대에 접어들어서도 노동운동이 지속적으로 발전할 수 있었던

것은 일제의 대규모적인 군수공업의 건설에 따라 노동자계층이 양적으로 성장하였기 때문이었다. 1930~1936년 사이에 공장노동자 수는 10만 6천여 명에서 20만 7천여 명으로 광산 노동자는 3만 5천여 명에서 16만 천여 명으로 증가하였다.

이러한 양적인 증가와 더불어 1930년대 노동자들의 투쟁은 훨씬 더 조직적이며 치열한 형태로 발전되었다. 산업중심지에서는 계속해서 동맹파업이 일어났고 투쟁은 비합법적상태로 전개되었으나 정치적 성격이 강하게 나타났다. 노동자들의 동맹파업은 소위 산업합리화라는 명목하에 진행된 임금인하, 노동강화, 각종 부담금의 강제징수 등에서 촉발되었다.

1932년 1월에는 청진 부두노동자 600여명이 파업을 단행하였는데 결국에는 폭동화되었다. 그리고 동년 5월에는 인천 조선성냥회사 400여 명의 노동자가 임금 5할 인상을 요구하면서 파업에 돌입하였다. 이들은 공장을 검거하면서 일제와의 격렬한 투쟁을 전개하였다.

한편 1930년대 전반기 대규모 산업시설이 있던 청진 · 원산 · 함흥 · 흥남 · 서울 · 인천 · 평양 · 부산 등에서는 일부 사회주의자들과 노동자들이 혁명적 노동조합인 적색노동조합을 결성하기 위하여 투쟁을 전개하였다. 적색노동조합의 결성은 이시기에 노동조합 운동의 새로운 단계로의 발전을 의미하였다.

이리하여 1931년~1935년간에 좌익 노동조합운동으로 검거된 수는 70여 건에 이르렀고 투옥된 관계자도 1,759명에 이르렀다. 그러나 이런 지하 노동운동을 비롯한 전반적인 노동운동은 1936년 이후에는 거의 일어나지 않았다. 왜냐하면 일제가 어떤 파업 · 시위를 불문하고 철저하게 탄압하였기 때문에 일제의 탄압앞에서 노동쟁의의 회수는 점차 줄어들 수밖에 없었다.

이러한 악조건에도 불구하고 노동자들의 노동운동 투쟁은 일제 강점기 말기까지 지속적으로 진행되었다. 이는 민족주의자들이나 일부 사회주의자들이 변절하였거나 일제에 대하여 침묵으로 일관하던 모습과 비교할 때 좋은 대조를 이루고 있다.

4) 농민운동

일제강점기 1910년대 농민운동은 민족주의 운동의 선상에서 일제의 토지약탈에 대한 저항에서 시작되었다. 이후 1920년대에 접어들어 점차 추상적인 민족주의 운동의 선상에서 벗어나 농민들의 계급적 요구에 기초한 항일민족운동으로 성장하였다. 3·1독립운동 당시 전국 각지에서 폭동의 투쟁형태로 일제와 치열하게 싸워본 경험이 있었던 농민들은 1920년대에 들어서자 노동자계급 및 노동단체의 지원하에 일본인 지주와 악질적인 조선인 지주를 상대로 집단적인 소작쟁의에 의한 항일투쟁을 전개하였다.

1920년대 초 노동공제회는 농민을 조직화하고 지도하는 데 일정한 역할을 하였다. 1922년 4월 노동공제회는 제3회 정기대회에서 소작농민에게 소작인조합을 결성하라는 결의문을 채택하였다. 8월 2일에는 소작인은 단결하라는 농민문제에 관한 선언을 발표하였다.

노동공제회의의 선언을 계기로 하여 전국 각지의 농촌에는 소작인조합·농민조합·소작상조회·농우회·농민공제회·작인동맹 등의 명칭을 갖는 농민단체가 조직되었다. 그리고 이들 조직이 농민들을 지도하여 일본인 지주 및 조선인 악질지주에 대한 소작쟁의가 급속히 증가하였다.

1920년~1924년의 농민운동은 합법적 대중조직인 소작인조합의 지도 아래 일본인 및 한국인 대지주를 상대로 투쟁하였다. 이러한 투쟁은 일본인 회사 및 일본인 지주가 집중되어 있던 지역에서 격렬하게 전개되었다. 일제하의 농민은 그 8할이 소작농민이었기 때문에 농민운동은 주로 소작쟁의로 전개되었다. 농민들은 이미 1921년경부터 전국각지에서 소작인대회를 열고 소작인회·소작인조합·소작료불납동맹 등을 조직하여 투쟁하였다.

농민들의 소작쟁의를 원인별로 살펴보면 소작취소와 소작권 관계가 전체의 반 이상을 차지하고 있다. 여기에 못지 않게 소작료에 관한 문제도 많았다. 1922년 진주·순천·영광·고흥·광주 등 전국각지에서 열린 소작인대회에서 나온 농민들의 공통된 요구는 소작료의 인하와 지세 및 공과금의 지주부담, 소작권이동의 반대, 무상무역의 확대, 횡포한 마름에 대한 처벌 등이었다.

1920년~1924년까지의 전반기 소작쟁의에 나타난 투쟁형태의 특징은 상당히 격렬하면서도 분산적이었다. 그런데 일제가 합법적인 투쟁마저도 극악한 탄압을 가하게 되자 농민들은 일제의 탄압에 맞서 무장경찰대와의 폭력적인 충돌, 경찰서·재판소에 대한 대중적인 시위운동, 검거된 소작인 간부·농민의 탈환투쟁을 전개하는 양상으로 발전되었다. 이와 같이 항일운동으로 성장한 농민운동은 1920년대 후반기에는 한층 발전하여 1926년~1928년 사이에 2,063건의 소작쟁의가, 1929년에는 423건에 5,319명이 참가한 소작쟁이가 일어났다. 그리고 투쟁규모가 한층 확대되었을 뿐만 아니라 투쟁형태도 보다 발전하였다.

1920년대 집단적인 대규모 소작쟁의는 투쟁대상이 전반기의 일본인 대지주 및 조선인 악질 대지주에서 일제의 농민수탈의 창구인 수리조합으로까지 확대·발전되었다. 1927년 8월 전남 구례 농민 600여 명이 수리조합공사를 중지할 것을 요구하며 구례경찰서를 습격하였다. 1928년 5월 황해도 봉산군 농민 300여 명이 수리조합을 습격하여 경찰대와 충돌하기도 하였다.

후반기의 소작쟁의는 전반기의 소작쟁이 보다 투쟁규모도 확대되고 그 기간도 장기화되는 형태로 발전하였다. 그리고 투쟁은 아직 합법적인 틀 안에 있지만 점차 대중적인 폭동형태로 옮겨가는 형태를 나타내었다. 소작쟁의의 규모가 확대되고 장기화되는 것은 일제의 탄압과 착취가 강화되면서 소작농민만이 아니라 일반농민들도 대거 참여하는 형태로 발전되었기 때문이었다.

1920년대 후반기 농민의 투쟁이 대중적인 폭동으로 발전하고 장기화되면서 1920년대 전반기 조선농민의 지주에 대한 경제투쟁에서 이제는 일제와 정면에서 대립하는 정치투쟁의 형태로 변화되었다.

1920년대 후반기 농민운동이 이렇게 폭동적이며 대중적으로 성장해가자 일제는 농민들의 집회를 아예 금지시키고 어떠한 합법적 활동도 허용하지 않았다. 사태가 이렇게 발전되자 농민지도부도 일제의 탄압에 정면으로 맞서기보다 점차 타협하는 개량의 길로 들어서기 시작하였다. 이리하여 일제하 농민운동은 지하로 들어갔고 합법적인 농민조직은 혁명조직으로 개편되어 비합법조직으로 전환되었다.

1930년대 일제에 의하여 전시 파쇼체제가 강화됨에 따라서 농민운동 역시 지하로 잠복해 들어갔다. 그러나 농민들은 일제에 대한 저항을 중단하지 않았다. 농민들의 투쟁은 1930년대 전반기에 훨씬 더 치열한 모습을 띠고 전개되었다.

그리고 1931년부터 계속해서 일어난 영흥·정평·홍원·고원·명천·성진·길주·단천·북청·문천·함주·어대진을 위시한 함경도 일대의 농민운동은 1930년대 전반기 농민운동을 대표하는 것이었다.

한편 1930년대 함경도 및 동해안 일대의 농민운동에는 또 다른 배경이 있었다. 이 시기에 있어서 농민운동이 합법적인 형태를 취할 수 없게 됨에 따라서 지하화하여 농민들은 좌익농민조합을 결성하여 투쟁을 전개하였다. 그리하여 1931년~1935년 사이에 경찰에 검거된 좌익농민조합사건은 43건이었으며 여기에 관계된 관계자도 4,121명에 이르렀다.

이 중에서 1934년~1937년의 장기간에 걸쳐 일어난 명천농민운동은 일제의 반봉건적 수탈에 저항해서 적극적으로 투쟁하였다.

농민들은 주재소와 면사무소 및 악질지주들을 습격하고 차용증서·소작계약서 등을 소각시켜 버렸다. 이 투쟁에 참가한 사회주의자들과 농민들은 일제의 탄압이 극심한 상태에서도 합법적 투쟁과 비합법적 투쟁을 결합·병행하면서 대중적 투쟁을 전개하였다.

명천농민들의 투쟁은 1935년~1936년 사이에 이르러서는 더욱 강인하게 전개되었다. 이들은 낫·도끼·호미들을 들고 일제의 폭력과 싸워 대중적 폭동으로까지 발전하였다.

이와 같이 명천농민들이 강력한 투쟁을 전개하자 일제는 이들을 탄압하기 위하여 경찰을 대대적으로 파견하고 각 동네마다 경찰대를 배치하였다. 일제의 경찰대는 악질지주와 친일파를 중심으로 자위대라는 것을 조직하고 자신들의 앞잡이로 삼았다. 그러나 경찰은 자위대의 도움을 빌어 농민들을 검거·투옥·학살하고 농가와 곡식에 방화를 자행하였다. 이리하여 결국 4년간의 완강한 투쟁을 전개하던 명천농민운동은 경찰의 악랄한 탄압과 테러로 인해 진압당하고 말았다. 그러나 함경도의 명천농민운동은 일제에 커다란 충격을 주었으며 일제의 식민지지배 및 봉건적 착취에 저항하는 조선농민들의 혁명성을 과시한 투쟁으로서 그 의의가 크다고 하겠다.

5 | 일제의 민족문화 말살정책과 민족주의 문화운동

1) 민족문화 말살정책

일본은 높은 문화 수준과 오랜 전통을 가진 조선을 식민지화 한 이후 군사적·경제적 측면만이 아니라 문화적·역사적 측면에서도 일본이 우월하다는 것을 보여주고자 한국사를 왜곡·조작하는데 치중하였다.

일본은 조선의 침략이 본격화한 1800년대 후반기부터 조선사 연구를 활발히 진행하였다. 그 결과 일본인에 의한 최초의 조선 역사서라 할 수 있는 하야시 다이스케(林泰輔)의 『조선사』가 출간되었다. 이어서 일제 관학자들의 일선동조론(日鮮同祖論)이 나오고 한국사에 대한 정체성론·후진성론 등이 대두되기 시작하였다. 1910년 조선강점 이후 일제는 조선총독부로 하여금 발굴·고적조사 등을 단행케 하여 조선의 각종 문화재를 약탈하였다. 그리고 일본 민간인의 공공연한 도굴을 방치하는 한편 식민지 통치목적에 부합하도록 조선역사를 왜곡하였다. 그것이 바로 『조선사』 37권이다.

일제는 한국사의 주체성과 독자성을 부정하는 타율성론·정체성론을 내세워 식민지지배를 합리화·정당화하였다. 동시에 한민족의 분열적 속성을 주입하고 한민족은 결코 단결하여 독립할 수 없다는 패배주의적 의식을 심는데 치중하였다. 그리고 이러한 한민족 민족성은 일본민족과 동화되어야만 일등민족인 일본민족과 같이 될 수 있다고 강조하였다. 일제가 주입시킨 이러한 패배의식은 "일본민족의 속성은 찰흙과 같고 조선민족의 속성은 모래와 같다", "조선인은 단결력이 부족하다"는 등의 말로 현재까지 뿌리 깊게 남아 있다.

이와 같이 일제는 치밀한 계획 아래서 한국사의 발전성을 부인하고 한민족이 저열한 민족성을 가졌다고 왜곡하였으며 한민족이 식민상태를 운명적인 것으로 받아들이도록 패배주의를 강요하였다. 한편 일제는 한민족에게 패배주의를 강요하면서 한편으로는 일본민족의 우월주의를 주입하였다. 이는 한반도를 영구 식민지로 만들고자 하는 일제의 야심으로 정신적·문화적 식민통치의 목표이었다.

일제가 정신·문화적 식민통치를 실현하기 위하여 가장 적극적으로 추진한 정책은 교육정책이었다. 일제는 조선인을 우민화하고 정권에 순종하는 노예로 만들고자 하였다. 일제는 반일감정을 없애고 일제의 강점에 저항하지 못하게 하는데 식민지 교육의 목표가 있었다. 이러한 일제의 식민지 교육정책은 1911년 8월 조선교육령을 발표함으로서 본격화되었다.

조선교육령은 일본 군국주의의 교육정신을 담은 이른바 「교육에 관한 칙어(勅語)」의 취지에 바탕을 둔 충량(忠良)한 국민을 만드는데 두어 조선의 교육을 보통교육·실업교육·전문교육으로 한정하고 대학교육은 허용하지 않았다. 교육내용에서도 우리말과 글의 사용을 억제하고 일본어를 국어로 정하였으며 일본어 교육에 큰 비중을 두었다.

보통학교의 경우 조선어와 한문시간이 1주에 5시간 정도인데 반하여 일본어 시간은 10시간이었다. 그리고 고등보통학교에서도 조선어와 한문이 3시간이고 일본어가 7시간이었다. 한편 각급 학교에서는 수신(修身)시간을 두어 일본의 황실과 국가에 대한 관념 등을 교육함으로써 조선인에 대한 황국신민화를 강요하였다.

1930년대로 들어서면서 일제의 식민지 통치체제는 문화정치라는 기만정책시기가 끝나고 파시즘의 시기가 시작되었다. 이 시기는 일본 본국의 정국도 소위 다이쇼오(大正)데모크라시 시기가 끝나고 파시즘 체제로 전환되었다. 이것은 또한 세계공황의 여파로 궁지에 몰린 일본 독점자본주의가 그 돌파구를 찾기 위해 대륙침략을 본격화해 가던 시기이기도 하였다. 1930년대 접어들어 일제의 군국주의적 침략은 만주사변·중일전쟁·제2차 세계대전이라는 전쟁으로 확대되었다. 그리하여 일제는 전쟁을 수행하기 위한 후방기지로서 식민지 조선에 대한 탄압과 약탈을 가중하고 민족자체를 말살하려고 광분하였다. 이러한 가운데 1936년 새 총독으로 부임한 남차랑(南次郎 : 미니미)은 모든 조선인은 황국신민의 자격을 갖추기 위해 노력해야 한다고 역설하면서 한민족에게 일본인이 될 것을 강요하였다. 일제는 한민족을 말살하기 위하여 일본인과 조선인은 본래 하나의 민족이었다는 일선동조론 등을 날조하였다.

일제는 1937년에 접어들어 일본 황제에게 충성을 다짐하는 이른바 황국신민의 서사라는 구호를 만들고 각급 학교를 비롯한 모든 집회마다 제창케 하였다. 그리고 매일 아침 일본 왕이 있는 동쪽을 향해 절을 하도록 강요하였다. 1938년 4월에는 제3차 개정 조선교육령을 공포하여 조선어교육의 폐지와 일본어 상용을 강요하였다.

이어서 조선어 출판물에 대한 사상통제와 감시를 강화하여 폐간을 당하는 출판물이 속출하였다. 또한 순수 학문연구단체인 조선어학회가 독립운동을 한다고 탄압하였다. 1940년 8월에는 한글 신문인 『동아일보』와 『조선일보』를 강제 폐간시켰다. 이와 같이 일제는 식민통치를 합리화·정당화하기 위하여 한민족의 언어·역사·문학·예술 등의 문화를 말살하고 왜곡·탄압하였다.

2) 민족주의 문화운동

일제가 한민족의 문화 말살정책을 추진하자 이에 대항하여 민족적·진보적인 지식인들은 각자의 전문영역에서 민족문화를 수호·발전시키며 민족해방의 의지를 복돋우기 위하여 노력하였다.

이러한 문화운동은 어학·역사·민속학 등 국학분야와 신문·잡지 및 문학·미술·음악·연극·영화 등 예술을 통하여 다양하게 전개되었다.

그리고 이와 같은 문화운동은 학문적으로는 인문과학적 토대 위에서 사상적으로는 민족주의적인 배경에서 민족문화의 수호와 발전을 위한 노력을 기울인 결과였다고 볼 수 있다.

인문과학적 토대 위에서 민족문화를 수호·발전시키고자 하는 문화운동의 발전은 1930년대 초 민족주의 진영의 운동론으로 대두된 민족주의 문화운동론에 그 사상적 기반을 두고 있었다.

1920년대 실력 양성운동에서 조선적인 것은 봉건적이며 구관습이라는 인식이 지배적이었다. 또한 문명개화와 실력양성을 위해서는 구관습과 구제도를 청산해야한다고 강조하였다. 그러나 1930년대 들어서면서 민족주의 진영에서 민족·민족문화의 고유성과 그것의 계승발전을 강조하는 민족주의 문화운동론이 대두하였다. 이것은 이시기 민족해방운동 전체의 정세변화와 사회주의 진영과의 사상적 분화가 가속화하면서 나타난 결과이었다.

1930년대에 접어들어서 『동아일보』 계열의 민족주의 진영은 민족운동의 새로운 결집을 위해 민족고유의 단일성에 입각한 부르조아 민족주의 운동의 재건을 주장하였다. 그리고 민족주의 운동의 결집은 민족주의 운동의 새로운 방향설정에서 비롯된다고 하였다.

따라서 이를 위해 민족의 고유성·전통성에 입각한 민족주의 이념의 강화를 강조하였다. 이것은 신간회에서 이후 사회주의자와 민족주의자의 합작이 합법적인 정치운동 영역에서 재계 될 수 없다는 민족주의 진영의 판단아래 일제의 사상통제를 비켜가면서 사회주의적 계급주의에 맞설 수 있는 정신적·문화적 재무장을 전면에 내세운 것이었다.

1928년 당시 사회주의 진영은 코민테른 제6차 대회에서 세계 대공황기에 대응하여 제기된 계급 대 계급전설을 수용하였다. 그리고 부르조아 민족주의자의 개량성과 동요성을 부각시키고 민족주의 진영과의 제휴를 거부하는 노선을 채택하였다.

사회주의 진영은 민족은 인간의 자본주의적 결합관계라는 부르조아 민족주의론을 강조하여 민족주의는 혁명적 시기에 타도해야 할 이데올로기라고 비판하였다. 여기에 대하여 민족주의 진영은 민족의 단일성과 고유성에 입각하여 민족문제인식의 계급주의적 관점을 비판하였다.

또한 민족주의 문화운동론은 일제의 식민지 문화정책에 대한 비판적이었다. 왜냐하면 일제가 1930년대에 접어들어 『조선사』의 간행 등 1920년대부터 추진한 조선사 연구, 조선문화 정책의 결과를 식민지 통치의 문치적 측면으로 과시하고 내선일체의 방편으로 사용하였기 때문이었다.

따라서 1930년대 민족주의 문화운동은 민족주의 진영의 새로운 운동의 모색과 함께 합법활동 영역에서 정치운동에 대신한 차선책으로서 시작되었다고 할 수 있다. 이는 1920년대까지 민족주의 진영이 신지식을 수용한 이래 민족문화의 계발과 민족적인 것에 대한 인식이 소홀했던 측면도 작용하였다. 그리고 문화운동적 영역을 개척할 수 있는 역량의 축적이 이 시기 지식인 사회에서 어느 정도 뒷받침되고 있었기에 민족주의 문화운동은 가능하였다. 이 시기 민족주의 문화운동은 국어학운동·고적보존운동·조선학 운동 등의 영역에서 크게 역량이 발휘되었다.

국어학 운동은 독창적인 언어를 한민족의 독립의식을 말살하려는 일제의 통치에 저항하여 시작되었다. 국어학 운동은 장지연·김윤경 등이 중심이 되어 1921년 조선어연구회을 조직한 데에서 비롯되었다. 조선어연구회는 연구발표회·강습회·강연회 등을 열어 한글을 정리·통일하고 민중을 대상으로 문자운동을 전개하였다.

조선어연구회는 이후 1931년에 접어들어 조선어학회로 회명을 개명하고 한글맞춤법 통일안을 제정·발표하였다. 그리고 신문사와 협조하여 광범위한 국어강습회 운동을 벌여 식민통치 아래서 모국어 연구 및 보급 운동을 활발히 전개하였다. 한글맞춤법 통일안은 조선어학회가 선정한 권덕규·이희승·이극로·최현배 등 12명의 제정위원이 2년 동안에 걸쳐 초안을 만든 후 두 차례의 독회를 거쳐 1933년에 확정하여 발표하였다.

또한 조선어학회는 국어보호 및 보급운동의 일환으로 국어사전 편찬사업을 시작하였다. 먼저 1929년 조선어학회 내에 108명의 발기로 조선어편찬회를 조직하였다. 그리고 국어사전 편찬사업의 준비작업으로서 1936년「사정한 조선어 표준말 모음」과 1938년「외래어표기법 통일안」등을 발표하였다.

조선학운동은 안재홍·정인보·문일평 등에 의해 주도되었다. 이들은 이익·정약용 등 실학자들의 저술을 정리·출판하면서 민족의 학문적 자산을 계승·발전시켰다. 그리고 정치적 독립운동에 대체한 차선책으로서 민족주의 문화운동을 전개하였다. 이들은 민족의 고유성을 학문적·사상적 방법으로 재정립함으로써 민족문제 인식의 심화를 추구하였다. 또한 일제의 식민사학과 사회주의 사상에 입각한 마르크스주의 사학에 대응하는 사론을 정립하였다.

정인보는『동아일보』에「5천년간 조선의 얼」이란 글을 연재하여 역사의 본질을 얼에서 찾고 얼의 사관을 정립하였다. 안재홍은 신민족주의 이론을 제기하였다.

안재홍의 신민족주의 이론은 대내적으로 민주주의적 방법에 의해 민족 내부의 계급적 모순을 해소하고 대외적으로 민족적 자주성을 확립해야 한다는 이론이었다.

6 | 식민지기 항일무장투쟁

1) 한국광복군과 중국 동북지방의 무장활동

1919년 3·1독립운동이 일어난 후 한민족의 염원에 의하여 결성된 대한민국 임시정부는 1920년대 중반 이후 그 내부의 반목과 대립 및 임시정부와 다른 노선을 걷고 있던 세력과의 알력 등으로 인하여 침체상태에 빠져들었다. 그리하여 1930년대에 접어들어서는 김구 등이 이끄는 한국국민당만이 외롭게 임시정부를 지키면서 명맥을 유지하였다. 이러한 상황에서 1937년 중일전쟁이 일어나고 중국정부의 지원이 본격화되면서 임시정부는 새로운 방향을 모색하게 되었다.

중국정부가 임시정부를 지원한 것은 1937년 중일전쟁 이전인 1932년에 이봉창과 윤봉길이 일본 왕과 상해 일본침략군에게 폭탄을 던져 상당한 피해를 주었는데 이 두 의거의 결과 일본에 적개심을 갖고 있던 중국인들은 임시정부를 높게 평가하였다. 이후 중국의 일부 관리들도 여러가지 방법으로 임시정부를 지원하기 시작하였다.

임시정부는 1937년 중일전쟁이 일어나자 중국 관내지역 우익전선의 통일운동에 나섰다. 그리하여 1937년 8월 조소앙이 중심인 한국독립당과 이청천이 중심인 조선혁명당 등 연합시켜 한국광복운동단체연합회를 발족시켰다. 중국 관내지역의 우익전선 세력들이 하나의 조직체로 통일되자 좌익적 세력들의 통일이 시도되었다. 김원봉이 이끄는 조선민족혁명당과 김성숙 등이 중심인 조선민족해방운동자동맹 그리고 최익한 등이 중심인 조선청년전위동맹과 유자명 등이 중심이 된 무정부주의자단체 조선혁명자연맹이 결합하여 1937년 12월 조선민족전선연맹을 결성하였다. 이후 이 두 단체를 통일시키려는 운동이 추진되어 그 결과 전국연합전선협회가 조직되었다.

한편 1940년 5월 8일 한국광복운동단체연합회에 참가하였던 한국국민당·한국독립당·조선혁명당 등의 3당이 합당하여 중경에서 한국독립당을 발족하였다. 한국독립당은 조소앙의 삼균주의 원리에 따라 보통선거에 의한 정치균등, 토지와 대기업 국유화를 통한 경제균등, 국비 의무교육제에 의한 교육균등의 실시를 정강정책으로 채택하였다.

한국독립당이 중심이 된 임시정부는 일본 제국주의의 패망에 대비하면서 1941년 「건국강령」을 발표하였다. 임시정부의 건국강령도 삼균주의를 채택하였는데 중요산업의 국유화와 토지개혁 등은 당시 사회주의자들이 주장하던 내용이 대폭 수용된 것이었다.

1940년 일제가 태평양전쟁을 도발하자 임시정부는 일제의 패망을 예견하고 광복군을 창설하여 일본군과의 무력항쟁을 준비하였다. 1940년 9월 15일 임시정부는 한국광복군 선언문을 발표하고 한국광복군사령부를 발족하였다. 한국광복군사령부는 사령관이 이청천이었는데 1941년 11월 15일 한국광복군 행동 9개 준승에 의하여 중국 군사위원회에 귀속시켜 통할·지휘한다는 조건으로 중국국민당 정부의 인준을 받았다.

한국광복군은 최초 3개지대로 출발하였는데 1941년에 접어들어 4개지대로 늘어났다. 이어서 1942년 한국광복군은 중국공산당 지역인 화북으로 이동하지 않은 조선의용대 잔류부대를 흡수하여 그 규모가 커지게 되었다. 1943년에는 한국광복군 8명이 영국군 휘하의 버마전선에 파견되었다. 이들은 일본군에 대한 대적 방송·문서번역·포로심문·비라제작 등에 종사하였다.

1945년 5월~7월까지 한국광복군 제2지대와 제3지대는 임시정부와 중국 주둔 미군 전략첩보기구인 OSS와의 합작으로 국내투입 유격요원 훈련을 실시하였다. 한국광복군제2지대의 훈련은 서안근처 두곡에서 50명씩 2개 반으로 나누어 실시되었다. 제3지대의 훈련은 입황에서 21명을 선발하여 실시되었다. 그리고 제2지대 경우 훈련을 마친 94명의 대원을

8개 반으로 나누어 국내에 침투시킬 국내정진군 편성하였다. 그러나 일본의 항복으로 인하여 한국광복군의 뜻은 실현되지 못하였다. 국내정진군 중에서 이범석을 대장으로 하고 장준하·김준엽·어능서 등의 대원이 미군항공기로 1945년 8월 15일 서울에 왔으나 일제의 완강한 거부로 되돌아가고 말았다.

한편 1910년 일제강점 이후 중국 동북지방은 우리 민족해방운동의 중요한 독립운동 근거지가 되었다. 중국 동북지방은 1860년대부터 많은 동포가 이주해 살았다. 나라가 식민지화될 무렵에는 조국에서 건너온 의병부대와 애국적 지식인들이 이주 동포들을 기반으로 하여 독립군 부대를 조직하였다. 1919년 3·1독립운동 직후 독립군 부대들은 봉오동·청산리 전투 등을 통하여 일제에게 정치적·군사적으로 큰 타격을 주었다. 그리고 1920년대에 접어들어서는 중국 동북지방 각지에 참의부·정의부·신민부 등을 결성하여 이주민을 기반으로 민족해방운동을 전개하였다.

그러나 1931년에 일제가 만주사변을 일으키고 괴뢰국인 만주국을 건립한 이후 조선독립군 부대들은 큰 타격을 입게 되었다. 만주사변 이후 이처럼 상황이 악화되자 항일독립운동가들은 중국 동북지역을 떠나 일제의 세력이 미치지 않는 소련 연해주나 중국 중남부 지역으로 근거지를 이동하였다. 이후 이 지역에서 큰 세력을 유지하고 있었던 민족주의계열의 독립군 부대는 조선혁명군과 한국독립군으로 재편되었다. 조선혁명군은 양세봉이 통솔하였고 한국독립군은 이청천의 지휘 아래 일본군과 계속 싸웠지만 일제의 탄압으로 위축되어 만리장성 이남의 중국으로 후퇴하였다.

민족주의계열의 독립군 부대들이 떠난 만주에는 새로운 형태의 독립군이 형성되었고 이들이 항일무장투쟁을 계승하였다. 1932년 봄 사회주의 사상을 수용하고 중국의 공산주의자들과 연대한 조선인 청년들은 조선인들이 많이 거주하는 동만주(북간도)를 중심으로 광범위하게 유격대를 결성하여 반일투쟁을 전개하였다. 이와 같이 사회주의계열의 유격대 활동이 활발히 전개되자 1933년 중국공산당에서는 유격대를 통합하기로 결정하고 동북인민혁명군을 결성하였다.

1935년 동북인민혁명군은 동북항일연군으로 개편되었다. 1935년 말에는 코민테른과 중국공산당은 조선독립투쟁을 주요 임무로 하는 재만조선인 반제통일전선의 결성을 요구하였다. 이에 1936년 5월 조선인이 절반이 넘었던 동북항일연군 제2군 간부회의인 동강회의 이후 오성륜·이상준·엄수명 등이 중심이 되어 재만한인조국광복회를 조직하였다.

재만한인조국광복회는 중국 동북지역뿐만 아니라 국내에도 지부를 두었다. 1936년 재만한인조국광복회 국내지부를 결성하기 위한 갑산공작위원회가 함경도 갑산지역에 설치되었고 원산·함흥·흥남·길주·명천 등지까지 확대되었다. 국내지부 조직가운데 가장 활동이 활발하였던 갑산공작위원회는 1937년 조선민족해방동맹으로 개편되었다. 그리고 기관지 『화전민』을 발행하고 지하조직을 만드는 한편 일본의 침략을 배후에서 견제하기 위해 군사시설의 파괴와 군사수송 방해 등의 활동을 전개하였다.

재만한인조국광복회 국내조직은 동북항일연군과 함께 국내로 진격하여 일본군과 투쟁하였다. 중일전쟁 발발 전야인 1937년 6월 4일 동북항일연군의 한 소부대가 압록강을 건너와 갑산군 보천보 주재소와 관청을 습격하였다. 이 사건은 일제에게 큰 충격을 주었고 1930년대 후반의 암울한 상황에서 체념하고 있던 조선인에게는 해방의 희망을 갖게 하였다.

보천보 습격에 놀란 일제는 재만한인조국광복회의 국내조직을 철저히 추적하여 1937년 10월부터 2차에 걸쳐 739명을 검거하였다. 그리고 항일무장부대를 토벌하기 위하여 1939년 가을부터 10만 명의 관동군과 만주군을 투입해서 대대적인 유격대 소탕작전에 들어갔다. 이리하여 동북항일연군 산하 조선인 무장부대는 1940년 초 대부분 와해되었다. 이러한

상황에서 일제가 태평양전쟁을 도발하여 미국과의 전쟁상태에 들어가게
되자 동북항일연군의 일부세력은 병력을 이끌고 소련 하바로브스크로
이동하였다. 이곳에서 동북항일연군 교도파로 재편되어 군사훈련을 받
았다.

2) 조선독립동맹과 건국동맹

1941년 1월 중국 화북의 연안지역에서 화북조선청년연합회가 결성되
었다. 1938년 김원봉이 주도하던 조선민족혁명당과 조선의용대에서 활
동하던 조선인 청년들은 조선청년전위동맹을 결성하여 장개석의 통치지
역에서 벗어나 직접 일본과 전투가 행해지고 있는 전선으로 가서 일본군
과 싸울 것을 주장하였다. 그러나 이러한 요구사항이 받아들여지지 않자
조선청년전위동맹의 청년들은 독자적으로 연안으로 갔다.

이들은 이곳에서 조선의용대 화북지대를 조직하고 일찍부터 중국공산
당에 가입하여 활동하던 무정들의 조선인 공산주의자들과 협력하여 화
북조선청년현합회를 결성하였다. 화북조선청년연합회는 전 화북 조선청
년을 단결시켜 조국 광복의 대업에 참가시킬 것과 일본제국주의 아래에
있는 조선통치를 전복하여 독립되고 자유로운 조선민족의 공화국을 건
설할 것 등을 강령으로 하였다.

화북조선청년연합회가 결성된 이후 중국 관내의 국민당지구로부터 조
선의용대 대원들이 계속 화북지역으로 이동하여 오자 1942년 7월 화북조
선청년연합회는 통일전선적 성격을 강화하여 조선독립동맹으로 확대·
개편하였다. 조선독립동맹은 그 강령에서 일본제국주의의 조선에서의
지배를 전복하여 독립·자유의 조선민주공화국을 건설할 것을 목적으로
한다고 하였다. 그리고 전국 국민의 보통선거에 의한 민주정권의 건립을
주장하였다. 또 일본제국주의의 조선에서의 일체의 재산 및 토지몰수와

일본제국주의와 밀접한 관계에 있는 대기업의 국영화 및 토지분배의 실행 등을 내세웠다.

조선독립동맹은 당시 화북에 거주하던 20만의 조선인을 조직화하고 임시정부와도 통일 전선을 결성하기 위하여 노력하였다. 임시정부 국무위원 장건상이 연안에 가서 임시정부와 조선독립동맹이 통일전선을 형성하기로 합의하였다. 그리고 합의를 조선독립동맹의 주석인 김두봉 등이 중경에 가기로 하였으나 얼마 되지 않아 일본제국주의가 패망함으로써 실현되지 못하였다.

조선의용대 화북지대는 조선독립동맹이 발족되면서 조선의용군으로 재편되었다. 조선의용군은 태항산 지역에서 중국공산당 8로군과 협동작전을 펼치며 일제의 군대와 직접 교전하였다. 이후 조선의용군은 팔로군과 일본군 40만 명이 싸운 반소탕전·호가장 전투 등에 참가하여 전공을 세웠으며 대적선전·후방공작 등의 활동을 전개하기도 하였다.

1940년대에 접어들어 일제가 패망의 조짐을 보이기 시작하자 국내에서도 독립운동조직을 재건하려는 시도가 나타났다. 먼저 여운형은 1944년 8월 10일 전향하지 않은 민족주의자와 사회주의자를 규합하여 조선건국동맹을 조직하고 독립을 위한 준비활동을 전개하였다.

조선건국동맹은 전국 10개 도의 책임자를 임명하여 지방조직도 갖추었다. 그리고 경기도 용문산에서 농민동맹을 조직하였다. 농민동맹은 징용과 징병을 방해하기 위하여 호적부를 소각하고 각 지방에서 반일투쟁을 전개하였다. 동시에 전쟁물자 수송을 방해하기 위하여 철도를 파괴하고 징용과 징병기피 알선 등의 활동을 하였다. 또한 1945년 3월 조선건국동맹은 후방교란과 노동군의 편성을 계획하고 군사위원회를 조직하였다.

군사위원회는 국내 무장봉기와 철도 파괴 등을 목적으로 하였는데 경기·황해도의 경기지구와 강원도 중심의 삼척지구에 책임자를 파견하여 동조자를 규합하였다. 그리고 대구·부산·목포·흥남·청진·평양·

진남포 등지에도 지구를 조직하여 군사위원회를 전국적으로 확대하였다. 특히 군사위원회는 만주군관학교 출신이었던 박승환을 중심으로 만군내 조선인 군인들을 포섭하여 국내 진공작전을 전개하려고 하였다. 이때 필요한 무기는 일본군 조병창을 통해 확보하려고 하였다.

조선건국동맹은 해외 독립운동세력과의 연락을 위해서 북만주지방과 북경 등지에 최근우·이영선·이상백·박승환·엄태섭 등을 파견하였다. 연안에도 이영선·박승환·이상백 등이 왕래하면서 연락을 취하였다. 조선건국동맹과 연안의 조선독립동맹과의 연계에서는 군대편제, 유격대 조직과 국내침공을 위한 조선의용군 사령관 무정과의 연락, 유격대 침공 때의 은신처 및 식량제공 등을 논의하였다.

조선건국동맹은 중경의 임시정부와도 연계하기 위하여 최근우를 파견하였으나 성사되기 전에 일본 제국주의가 패망하여 이루어지지 못하였다. 이후 조선건국동맹은 해방이 되자마자 기존의 구상과 조직을 모체로 건국준비위원회를 결성하여 새로운 민족국가수립을 위한 활동을 전개하였다.

조선총독부는 패전이 다가오자 여운형을 만나서 일본인들의 안전을 보장받으려고 교섭하였다. 여운형은 모든 정치·경제범의 석방, 3개월분의 식량확보, 조선인의 활동에 대한 불간섭 등의 조건을 붙여서 일제의 교섭을 수락하였다. 그리고 여운형은 자신이 조직하였던 건국동맹을 기반으로 하여 1945년 8월 15일 건국준비위원회를 발족시켰다.

건국준비위원회는 위원장에 여운형, 부위원장에 안재홍을 선임하고 치안의 회복과 질서유지를 위해 지역·직장별로 건국치안대를 조직하였다. 건국치안대에는 약 2천명의 청년과 학생들이 참여하였고 100명이 넘는 사람들이 지방치안대를 조직하려고 지방으로 내려갔다. 중앙 건국치안대는 지방치안대와 학도대, 청년대, 자위대, 노동대 등의 활동을 지도하였으며 전국에 162개소의 지부를 두었다. 또한 식량조사위원회도 건국준비위원회와 긴밀한 관계를 맺고 식량조사와 대책을 맡았다.

한편 건국준비위원회도 지방에 지부조직을 확대하여 8월말에는 북쪽의 회령에서 남쪽의 제주도에 이르기까지 145개소나 설치되어 치안과 행정권을 장악하였다. 건국준비위원회는 친일파와 부일협력자를 제외한 민족주의자 · 사회주의자 · 언론인 · 지식인 · 지방유지 · 지주 등 모든 정치세력이 참여하여 민족연합전선의 성격을 띠고 있었다.

건국준비위원회는 미군이 진주할 것이 예상되자 9월 6일 인민대표자회의를 개최하였다. 이 대회에 참여한 100여명의 인민대표들은 이날 조선인민공화국을 선포하였다. 조선인민공화국의 선포는 연합국의 진주를 앞두고 어떤 형태로든지 정부가 있어야 그들의 직접적인 통치를 받지 않을 것이라는 지도부의 정세판단에 따른 것이었다.

제6장

현대사회의 형성과 발전

제 6 장
현대사회의 형성과 발전

1 | 분단과 한국전쟁

1) 해방과 분단

일제강점기 민족해방운동은 지속되었고 많은 희생이 치러졌지만 그것이 민족해방의 일차적이고 직접적인 원인이 되지는 못하였다. 태평양전쟁 말기에 각 전선에서 민족해방운동의 군사력이 연합국의 군사력과 분산적으로 공동작전을 전개하였다. 그러나 불행하게도 어느 쪽에서도 그 군사력이 국내로 진격하여 직접 일본군의 항복을 받거나 무장을 해제할 단계에는 이르지 못하였다.

이리하여 한민족의 해방은 파시즘세력에 대항하여 공동전선을 형성하여 대응한 미·소 양 강대국의 힘에 의하여 이루어질 수밖에 없었다. 따라서 8·15해방은 자주독립국가 건설하지 못하고 미·소 양 강대국에 의

8 · 15해방

한 남북의 분단과 군사적 점령을 수반하는 불완전한 것이 되고 말았다. 1943년 카이로선언 이후 얄타회담을 거쳐 1945년 포츠담선언에 이르기까지 연합국은 한국의 독립을 거듭 확인하였다. 그러나 그것이 즉각적인 독립을 의미하는 것은 아니었다.

1945년 2월 얄타회담의 결과에 따라 일본과의 전쟁에 참가한 소련은 만주를 공격하고 동년 8월 11일 한국의 웅기를 점령하였다. 그 다음날에는 나진과 청진에 상륙하여 계속 남진하였다. 이와 반면에 미국군은 아직도 오키나와(琉球)에 진주하여 한반도에 상륙하기에는 상당한 시간이 필요하였다. 당시 미국은 한반도의 일부라도 직접 점령하려고 하여 소련에게 북위 38도선을 잠정적인 군사분계선으로 할 것을 제의하였다.

소련이 미국의 제의를 받아들임으로써 미 · 소 양국군이 남북한에 진주하게 되는 결과를 초래하였다. 이리하여 자본주의진영의 맹주인 미국과 사회주의진영의 강대국인 소련의 군대가 진주함으로써 한반도는 이제 자본주의와 사회주의 진영 사이의 격전장이 될 위기에 처하게 되었다.

1945년 9월 7일 태평양방면 미 육군 총사령관인 맥아더는 포고문 제1호에서 "점령군에 대한 반항운동이나 질서를 교란하는 자는 엄벌에 처한다"고 발표하였다. 그리고 다음날인 9월 8일 미군은 마침내 인천에 상륙하였다. 이어서 9월 9일에는 미사령관 하지가 남한에 미군정을 선포하였다. 미국이 군정을 선포하였지만 미군이 전국 각 군단위까지 부대가 배치·파견된 것은 10월 말경이었다.

미군정은 10월 10일 아놀드 군정장관의 성명을 통해 북위 38도선 이남의 조선에는 오직 하나의 정부가 존재한다고 하였다. 미군정은 조선인민공화국은 권위와 세력과 실제가 전연 없는 정부라고 부정하고 중국에서 귀국한 상해 임시정부도 인정하지 않았다. 이리하여 미군정은 전국 각지에 만들어진 인민위와 치안대 및 기타 자치기구를 강제로 해산시켰다.

미군정은 남한의 혁명세력을 제거하고 남한의 사회질서를 미군정의 뜻에 맞게 만들려는 정책을 추진하였다. 이를 위하여 미군정은 보수세력들이 모인 한민당을 선택하였다. 그리고 미군정은 일제 식민지 지배에 협력하였던 친일관료·식민경찰·일제군인 등 반민족적 인사들을 군정청에 고용하였다. 여기에 친미적이고 영어를 할 줄 아는 지주 출신의 보수적 인사들을 행정고문이나 군정관리로 임명하였다. 그리하여 1946년 현재 미군정 경찰의 경위 이상 간부 82%가 일제경찰 출신이었다.

미군정은 일제 강점기 치안유지법과 같은 악법을 없애고 일부 새로운 정책을 시행하기도 하였다. 그러나 신문법과 보안법 등과 같은 일제의 많은 악법을 그대로 이어받아 군정통치를 강화하는데 이용하였다. 미군정은 1945년 12월 6일 법령 제33호를 공포하고 조선에 있는 일본인 재산을 적산으로 규정하여 모두 미군정청의 소유로 삼았다. 이 법령으로 말미암아 해방 후 조선 민중이 자발적으로 전개하였던 토지획득 투쟁과 공장관리운동이 불법화되었다.

미군정은 토지정책과 귀속재산 불하과정을 통해서도 진보세력을 제거하고 친미보수세력을 안으려고 하였다. 따라서 미군정의 남한 경제구조 개편의 목적은 공산주의에 대항하는 미국중심의 자본주의적 세계질서 개편의 일환으로 남한에 친미적인 반공정권을 수립하는 것이었다. 이를 위하여 미군정은 정치적 매개세력으로서 대지주 계급과 매판적 상공인을 선택하였다. 이들은 대개가 일제 강점기 친일적 인사들이었다.

한편 소련의 북한점령정책은 미국에 비교하면 대단히 소극적이었다. 소련은 1945년 8월 8일 일본에 선전포고를 하고 만주에서 일본군을 공격하기 시작하였다. 8월 12일에는 웅기와 나남을 점령하였다. 8월 16일에는 청진을 점령하고 8월 22일에는 원산에 상륙하여 일본군을 무장해제시키면서 남쪽으로 진군하였다. 8월 24일 마침내 소련군은 평양을 점령하였고 8월말에는 북한 전 지역을 점령하였다.

소련은 북한에 들어와 군정을 실시하였으나 여러 면에서 미군정과는 다른 조치를 취하였다. 소련은 북한 곳곳에 세워진 인민위원회에 행정권을 점차로 넘겨주었다. 이에 북한 인민위원회는 소련군 사령부의 군정과 협력하면서 계속 통치권을 유지할 수 있었고 친일 잔재도 빠르게 청산 할 수 있었다.

북한지역의 공산주의자들은 활발히 정치활동을 하고 있었다. 국내의 공산주의자들은 건국준비위원회 지부나 인민위원회 참여하였고 도 차원의 지방당도 건설되었다. 이러한 상황에서 소련군이 진주할 때 김일성 등 항일무장투쟁세력도 함께 귀국하여 조선공산당 조직이 확대되었다.

이와 같이 한반도는 미국과 소련의 분할점령으로 인하여 해방 직후 민족분단이라는 최악의 상황으로 여건이 형성되었다. 한반도는 반도라는 위치를 이점으로 살려서 국제 정치상 완충지대 내지 중립지대로서의 통일민족국가 수립을 하여야만 하였다. 그러나 1945년 모스크바 3상 회담 이후 신탁통치안을 둘러싼 좌우익의 대립과 외세에 영합하여 분단정권을 세우려는 세력들로 인하여 민족분단은 현실로 다가오게 되었다.

1945년 12월 미국·영국·소련 등 3국의 외상들은 모스크바에서 회동을 갖고 한반도에 대한 향후 방침을 결정하였다. 미국은 남한 점령 후 분할점령 상태를 타개하기 위하여 중앙집권적 신탁통치를 실시하되 유엔이 주도하는 방안을 결정해 놓고 모스크바 3상 회담에 임하였다.

모스크바 3상 회담은 최고 5개년에 걸친 4개국의 신탁통치가 실시될 것이라고 막연히 결정되었을 뿐 아무런 성과가 없었다. 이의 구체적 실행방법은 미·소가 주체가 되어 조선인과 영·중과는 단지 협의만 하여 결정한다는 것이다. 모든 것은 미소공동위원회로 넘겨지게 되었다.

모스크바 3상 회담 발표안에 의하면 한국에는 5년간의 신탁통치 후 친미·친소 및 중립적 정부가 수립될 가능성이 있었다. 따라서 이 발표안은 미·소 양국이 각각 한반도에서 자국의 영향권에 드는 정부를 수립하기 위해 시간적 여유를 얻으려한 타협의 산물이었다. 그러나 이 신탁통치안이 국내에 전해지면서 한국의 독립보장과 임시민주정부 수립에 대한 내용은 생략된 채 신탁통치 문제만 부각되었다.

모스크바 3상 회담의 결정인 신탁통치안이 국내에 전해지자 처음에는 좌·우의 정치세력이 모두 반대하였다. 그러나 조선 공산당을 중심으로 하는 좌익진영은 곧 찬탁노선으로 전환하였다. 대한민국 임시정부의 한국독립당과 국내 지주세력 중심으로 결성된 한국민주당 등의 우익진영은 반탁운동을 통해 자신들의 정치적 세력을 확대하고 우익진영의 결속을 강화하려고 하였다.

이러한 상황에서 미군정은 반탁운동을 이용하여 앞으로 있을 미소공동위원회에 대비한 정치적 기반을 마련하고자 하였다. 이리하여 미군정은 1946년 2월 1일 반탁운동을 주도하던 김구 중심의 비상정치회의와 이승만의 독립촉성중앙협의회를 통합시켜 비상국민회의를 조직케 하였다. 그리고 비상국민회의에서 선출한 최고 정무위원회를 남조선민주위원으로 개편하여 미군정의 자문기구로 삼았다. 한편 조선공산당과 인민당, 조선민족혁명당, 천도교청우당 등과 모스크바 3상 회담의 결정안인 신탁통치를 지지하는 각종 사회단체는 미소공동위원회에 대비하여 민주주의민족전선을 결성하고 우익진영의 비상국민회의와 대립하였다.

우익진영의 비상국민회의와 좌익진영의 민주주의 민족전선의 대립 속에서 1946년 3월 26일 제1차 미소공동위원회가 서울에서 개최되었다. 소련측은 모스크바 3상 회담을 반대하는 정당·사회단체와는 대화나 협의를 할 수 없다고 주장하였다. 이에 미국측은 표현의 자유를 들어 모스크바 3상 회담에 대한 반대가 임시정부 구성문제를 협의하기 위한 정당들의 참가기준이 되어서는 안된다고 주장하였다. 이는 모스크바 3상 회담 결정을 반대하는 세력들을 배제한 채 좌익만을 참가시키려는 소련측과 급조된 수많은 우익단체를 포함시키려는 미국측의 의도가 충돌한 것이었다.

1946년 좌우익 모두가 참가결정을 한 5월 1일 이후 다시 미국과 소련이 대립하여 미소공동위원회는 무기 휴회되었다. 제1차 미소공동위원회가 결렬되자 이승만은 1946년 6월 3일 이른바 정읍발언을 통하여 "남쪽만이라도 임시정부나 위원회와 같은 것을 조직하여 38선 이북에서 소련이 철퇴하도록 세계공론에 호소하여야 할 것이다"라고 주장하고 남한 단독정부 수립을 제기하였다.

이승만의 남한만의 단독정부 수립안이 제기된 가운데 1947년 5월 21일 제2차 미소공동위원회가 개최되었다. 제2차 미소공동위원회에서도 미·소간에는 제1차와 마찬가지로 협의단체의 자격문제로 인하여 갈등이 노출되었다. 이와 같이 미·소간에 협의단체 문제를 둘러싼 공방이 양보 없이 계속되다가 7월에 접어들면서 제2차 미소공동위원회가 결렬되었다.

미국측은 8월 26일 한국문제를 미·소·영·중 4개국 회담에 맡기자는 제안을 제출하였다. 그러나 소련측은 이는 국제협약의 위반이라고 반대하였다. 미국은 9월 16일 한국문제를 유엔에 상정할 수 밖에 없다고 소련측에 일방적으로 통보하였다. 9월 17일 미국은 즉각 한국문제를 유엔에 상장하였다.

1947년 9월 17일 미국이 한국문제를 유엔에 이관하자 동년 11월 5일 유엔의 유엔총회는 한국임시위원단의 감시하에 인구비례에 의한 남북총선거 실시를 결의하였다. 1948년 1월 23일 북한 당국이 유엔 한국임시위원단의 북한 방문을 거부하자 미국은 남한만의 선거실시안을 유엔에 제출하였다. 미국의 남한만의 선거실시안은 동년 2월 26일 유엔 소총회에서 통과되었다. 유엔 통과안을 바탕으로 남한만의 총선거가 동년 5월 10일 제주도를 제외하고 전국적으로 실시되었다. 많은 정치 세력이 총선거에 참여하지는 않았지만 제헌국회는 헌법 기초작업에 들어가 대통령 중심제 헌법을 제정하였다. 이후 제헌국회는 이승만을 초대 대통령으로 선출하였으며 1948년 8월 15일 대한민국 정부가 수립되었다.

1948년 8월 15일 남한에서 단독정부가 수립되자 북한에서도 독자적인 정권수립이 추진되었다. 북한은 1948년 8월 25일 북한의 각 시·군에서 최고인민회의 대의원 선거를 실시하여 572명의 대의원을 선출하였다. 그리고 572명의 대의원으로 구성된 최고 인민회의 제1차 회의를 동년 9월 2일 평양에서 개최하고 9월 9일에는 김일성을 수상으로 하는 조선민주주의 인민공화국을 탄생시켰다.

2) 좌우합작운동의 실패

제1차 미소공동위원회가 결렬되고 이승만의 정읍발언 이후 남북분단의 위기가 고조되자 김규식·안재홍·김병노 등은 모스크바 3상 회담의 결정인 신탁통치에 반대하던 입장을 버리고 여운형·백남운 등과 좌우합작을 위한 접촉을 시도하였다. 이리하여 1946년 6월 14일 우익진영의 한민당 총무 원세훈과 좌익진영의 민주주의 민족전선 의장인 허헌이 좌우합작 4자 회담을 성립시켰다. 이후 우익진영의 대표 김규식·원세훈·안재홍·최동오·김붕준과 좌익진영의 대표 여운형·성주식·정노식·이강국 등으로 구성된 좌우합작위원회가 발족되어 7월 25일 덕수궁에서

제1차 회담을 개최하였다.

좌우합작위원회는 양측의 주장 내용이 너무 상반되자 좌우합작 원칙을 절충 조화시켜 좌우합작 7원칙을 발표하였다. 좌우합작위원회가 제시한 7원칙은 이승만과 박헌영 등 좌우익진영 핵심 정치세력의 동의는 받지 못하였다. 그렇지만 좌우합작운동의 사회적 지지기반이 비교적 넓게 형성되어 종교계 · 청년계 · 여성계 · 학계와 정당단체 등으로 그 구성을 확대해 나갔다. 그리고 김규식과 여운형을 비롯하여 홍명희 · 안재홍 · 원세훈 · 오하영 · 최동오 · 김붕준 · 윤기섭 · 이극노 등 각계 인사 100여 명이 시국대책협의회를 결성하여 좌우합작운동을 적극 지지하였다.

좌우합작운동의 배경에는 미군정의 정책적 · 재정적 뒷받침이 있었다. 왜냐하면 제1차 미소공동위원회를 둘러싼 국내정치 동향은 미소공동위원회에 임하는 미국을 상당히 곤경에 빠트렸기 때문이었다. 미군정은 모스크바 3상 회담의 결정사항인 신탁통치를 실행하는 과정에서 미군정의 자문기관으로 남조선민주의원을 발족시켜 남한 내 정치세력을 미국의 통제하에 두었다. 그리고 이것을 기반으로 하여 미소공동위원회를 통해 설립될 과도 임시정부의 주도권을 장악하려고 하였다.

그러나 당시 국내 정치정세는 우익진영 세력의 역량이 좌익진영에 비하여 열세를 벗어나지 못하고 있었다. 특히 좌익진영은 모스크바 3상 회담의 결정에 대해서 단결된 모습을 보이고 있었는데 우익진영은 각기 분열되어 있었다. 따라서 미국은 미소공동위원회를 통해 수립될 과도 임시정부가 미국의 영향력을 벗어나 좌익진영에게 장악될 것을 우려하였다.

이와 같은 이유에서 미군정은 우선 남조선민주위원 대신하여 미소공동위원회에 대비한 조직을 새로이 구성하고자 하였다. 미국이 새로이 구성하고자 한 것이 바로 입법기관의 설립이었다.

미군정은 1946년 12월 12일 중도세력의 집권기반을 굳히고 미군정에 대한 지지를 넓히기 위하여 좌익진영의 반대에도 불구하고 김규식을 의

장으로 하는 남조선과도입법위원을 구성하였다. 그리고 몇 개월 뒤인 1947년 2월 5일 안재홍을 장관으로 하는 남조선 과도정부를 발족시켰다. 간접선거로 당선된 입법의원의 민선의원 45명에는 부정선거로 말썽을 빚었지만 이승만계와 한민당계가 대부분 당선되었다. 여기에 관선의원 45명은 좌우합작위원회계를 비롯한 중도노선의 각계 인사가 임명되었다.

그러나 1947년에 접어들면서 전개되는 이승만의 활동과 미국 국무성의 정책전환은 좌우합작운동의 실패를 예고하였다. 왜냐하면 1946년 12월 7일 미국에 간 이승만은 그곳에서 단독정부 수립을 강력히 주장하였고 미국 국무성이 단독정부 수립계획을 시사한 이후 제2차 미소공동위원회가 사실상 결렬되었기 때문이다. 여기에 좌우합작위원회 좌파진영 세력의 주석이었던 여운형이 암살되었으며 미국이 모스크바 3상 회담의 결정을 버리고 한반도 문제를 유엔으로 이관함으로써 좌우합작운동은 실패하고 단독정부 수립안이 확정되었다.

여운형 암살 이후 좌우합작운동에 참여했던 중도 좌파인 조선인민당과 근로인민당 세력들은 좌우합작운동에서 떨어져 나갔다. 또한 여운형 암살 이후 1946년 초반부터 미군정과 우호적인 관계를 유지하였던 중도 우파인 김규식·안재홍 등의 세력들은 김규식을 중심으로 하는 민족자주연맹을 결성하여 미군정으로부터 떨어져 나가 하나의 정치세력을 형성하였다. 이후 이들의 정치세력들은 미군정에서 추진하였던 단독정부 수립을 반대하여 남북협상에 참여하였다. 그리고 이승만 정권이 수립된 이후에는 반독재 민주세력으로 등장하였다.

좌우합작운동은 미국의 대한정책, 조선공산당의 극좌노선, 이승만과 한민당 등의 극우노선 때문에 실패로 돌아갔다. 그렇지만 좌우진영의 광범위한 정치세력을 결집시켜 자주독립국가를 건설하고자 했다는 점에서 큰 의의가 있다. 또한 좌우합작운동은 일제하 민족해방운동 과정에서 김규식과 여운형 비롯한 중간파적 정치세력이 비교적 광범위하게 성립되었기 때문에 가능한 통일 민족국가 수립운동이었다는 점에서도 그 의의가 있다고 하겠다.

한편 미국의 한반도 정책이 중도파 중심의 남북 통일정부 수립방안에서 이승만계 및 한민당 중심의 단독정부 수립의 방향으로 전환되고 한반도의 문제가 유엔으로 이관됨으로써 한국은 단독정부의 수립가능성이 점점 높아지게 되었다. 이에 단독정부 수립 반대운동이 광범위하게 전개되었다. 좌우합작운동을 주도하였던 김규식은 여운형 암살 이후인 1947년 12월 20일 민중동맹·신진당·사회민주당 등 중도파 세력을 규합하여 좌우익의 편향을 배격하고 민족의 자주노선을 표방하며 민족자주연맹을 조직하였다.

또한 이승만 및 한민당계와 함께 신탁통치 반대노선에 가담하였던 김구는 남한만의 단독정부 수립 가능성이 높아지자 이승만 세력과 결별하고 김규식과 노선을 같이 하며 북쪽의 김일성·김두봉에게 남북요인회담을 제의하는 서신을 보냈다. 또 김구와 김규식은 1948년 2월 10일 「3천만 동포에게 읍고(泣告)함」이라는 성명을 발표하여 남한 단독 정부수립을 반대한 후 남북협상을 북쪽에 제의하였다. 한편 김구·김규식의 서신을 받은 북쪽의 김일성·김두봉은 남한 단독선거를 반대하는 남북한의 모든 사회단체 대표들이 평양에서 연석회의와 요인회담을 갖자고 다시 제의하였다. 이에 김구와 김규식은 북한의 제의를 받아들이고 1948년 4월말 입북하기에 이르렀다.

남북 제정당·사회단체 연석회의는 1948년 4월 19일~26일까지 남북한의 정당·사회단체·종교·문화·청년단체 대표들이 참가한 가운데 평양에서 개최되었다.

이후 김구와 김규식은 평양에서 서울로 돌아온 후 남북협상 경위와 협의사항을 설명하는 공동성명을 발표하고 단독 정부수립을 위한 남한만의 5월 10일 총선거를 거부하였다. 그러나 김구와 김규식 등 남북연석회의에 참가한 남한의 정치세력들은 이승만이 추진한 남한만의 단독선거를 저지할 만한 힘이 없었다. 이리하여 결국 1948년 5월 10일 남한만의 총선거가 실시되기에 이르렀다.

한편 남한만의 단독선거가 실시된 후에도 한독당과 민족자주연맹을 중심으로 한 단독정부 수립의 반대세력들은 통일 독립운동자의 총역량 집결과 민족문제의 자주적 해결을 목적으로 1948년 7월 21일 통일독립촉진회를 결성하였다. 그리고 김구 중심의 세력들은 민족통일운동을 계속하면서 유엔에 대해 남북 두 분단국가의 해체와 평화통일을 위한 남북협상의 재개를 요구하였다. 또 1949년 3월에는 김약수 국회부의장을 포함한 63명의 국회의원이 외국군 철수 건의안을 유엔 한국위원회에 제출하였다.

단독정부의 수립을 반대하는 세력들이 확산되어 가자 이승만 정권은 남북협상과 친일파처단을 주장하던 국회의원들을 공산주의자로 몰아 대거 체포하는 국회 프락치사건을 일으켜 반대세력들을 제압하고자 하였다. 이러한 와중에서 김구는 1949년 6월 26일 안두희에게 암살당하였다.

1948년에 있었던 남북연석회의는 이승만을 비롯한 일부 국내정치 세력과 외세인 미국에 의하여 민족분단이 실현화되고 있을 때 남북한의 정당·사회단체들이 통일 정부수립을 위해 노력한 주체적·평화적 통일민족국가 수립운동이었다. 그러나 이 통일민족국가 수립운동이 실패함으로써 남북에 각각 분단국가들이 성립되었고 분단국가의 수립은 6·25라는 민족상잔의 비극으로 연결되었다.

3) 한국전쟁의 배경

6·25라고 불리는 민족상잔의 비극인 한국전쟁은 1950년 6월 25일 새

벽 4시 북한군 9만 명이 150대의 소련제 T-34 탱크로 38선에 침범을 개시함으로써 발발되었다.

동족상잔의 비극인 한국전쟁의 발생 원인에 대해서는 여러 가지 해석이 존재한다. 한국전쟁 발발의 원인에 대하여 휘팅은 전쟁시험이론을 제기하였다. 이 이론은 도미노이론에 입각한 것으로 북한이 미국의 반응을 살피기 위하여 남한을 공격하는 시험전쟁을 일으켰다는 주장이다. 것이다. 이 이론은 남한이 공산화되는데 미국의 반응이 없으면 버마 · 인도차이나 · 인도네시아 등의 문제에도 미국의 반응이 없을 것이라고 확대 · 해석하였다.

그러나 이 전쟁시험이론은 약점이 있었다. 왜냐하면 1946년 이란문제와 1948년~1949년 베를린위기에서 나타났듯이 미국은 군사이용의 뜻을 보이면서 소련의 군사 단념을 촉구하였기 때문이다. 휘팅의 전쟁시험이론은 국제공산주의의 음모와 행위 문제를 두고 한국전쟁과 결부시켰으며 맥아더 · 애치슨 방위선이 소련 · 북한 · 중공이 오판하는 계기가 되었다는 견해이다.

한편 한국전쟁의 발발은 소련 · 중공 · 북한의 합동체제하에서 발생된 전쟁이라고 주장하는 견해가 있는데 학자별로 의견을 달리하고 있다. 여기에 대하여 학자들은 한국전쟁은 스탈린이 주동이 되었다고 하였으며, 러시아의 계획에 의한 것이라고 하였으며, 스탈린의 공격에 의한 것이라고 하였다. 또한 어떤 학자는 스탈린이 북한의 남한공격을 알고 실제로는 공격을 반대하였다고 하였다. 그러면서 그 학자는 스탈린이 북한은 소련의 대리전을 수행했는가 하는 점을 확인하지는 않았다고 하였다.

한국전쟁의 발발 원인을 미국의 국내문제와 연결하여 규명하려는 경우도 있다. 이 주장은 미국의 한국군사원조계획이 1950년 3월 15일 1,000만 달러, 1950년 6월 15일 52,000달러의 특별장비가와 기타 298,000 달러이었는데 이 중에 실제적으로 한국에 도착한 액수는 1,000달러밖에 안되었다고 하였다. 이를 보면 미국은 남한의 방위안전을 위하여 전혀 준비하지 않았음이 증명된다고 하면서 미국의 국내적 요인에 의하여 전쟁발 발원인을 규명하려고 하였다.

태프트 상원의원은 1950년 6월 28일 국회 연설에서 트루만 행정부가 북한의 남한침략 문제에 책임이 있다고 주장하였다. 그 이유는 한반도가 38선으로 분단되어 있는데 미국이 남한을 무장화하는 데 실패하였다는 것이다. 그리고 중공이 대륙을 점령하여 북한의 남한 침략의욕을 부추기 었으며 애치슨 방위선 선언이 북한을 자극시켜 한국전쟁이 발발되었다 고 하였다.

한국전쟁은 남북한의 여건도 발발원인의 중요한 원인이 되었다. 이것 은 남북간의 사소한 충돌·공격·정치적 발언 등을 예로 들 수 있다. 김 일성은 1950년 1월 신년사에서 인민군은 전쟁준비가 다 되어 있으며 적 을 분쇄할 수 있는 마음의 준비가 되어 있다고 하였다. 이에 대하여 이승 만은 1950년 6월 14일 올리버 고문관에게 우리들은 김일성 일당을 내쫓 고 두만강과 압록강을 방위선으로 삼아야 한다고 하였다. 따라서 남북간 의 대결국면이 한국전쟁을 몰고 온 중요한 원인이 되었다.

한국전쟁의 발발 직전 남북한의 정치적 상황은 다음과 같다. 1947년 3 월 트루만 독트린으로 구체화된 미국의 냉전전략은 한반도에 관철되어 결국 남한 단독정부가 수립되었다. 1948년 중국에서 장개석의 국민당이 공산당에 패배하였다. 이에 미국은 일본을 동북아시아 지역에서 자본주 의 체제의 중심 국가로 성장시켜 한국·대만·필리핀과 연결시킨다는 도서방위선 전략을 세웠다. 미국은 아시아에서 소련을 봉쇄하기 위하여 일본을 새로운 균형자로 만들고 중국을 소련과 분리시키며 공산주의의 위협에 대항할 수 있도록 남한 정부를 강화한다는 것이다. 이 전략에 따 라서 한국은 미국이 설정한 도서방위선의 최전선에 서게 되었다.

한편 이승만정권은 대중적 정치기반이 약하여 출발초기부터 위기에 몰리기 시작하였다. 먼저 제헌국회 소장파 의원들의 반발에 직면하였다.

소장파 의원들은 외국군의 철퇴와 평화통일을 주장하고 반민족행위처벌법·농지개혁법을 제정하여 이승만정권을 위협하였다. 이에 이승만은 1949년 5월~6월 국회부의장 김약수를 비롯하여 소장파 핵심 의원들을 남로당 프락치라는 혐의를 씌워서 체포하였다. 동시에 이승만 추종세력들은 김구를 암살하여 김구 지지세력들을 약화시켰다.

이승만과 한민당은 정치권력 배분문제를 둘러싸고 갈등이 표출되었다. 한민당을 계승한 민주국민당(민국당)은 1950년 1월 국회에서 내각책임제 개헌안을 제출하여 이승만의 권력 독점을 견제하려고 하였다.

이승만정권에 대한 가장 큰 도전은 유격대의 활동이었다. 특히 4·3항쟁은 14연대 봉기로 이어졌고 이어서 지리산유격전구, 오대산유격전구, 호남유격전구, 영남유격전구, 제주도유격전구 등이 만들어졌다. 그러나 유격대들은 1949년 겨울 국군의 토벌작전으로 대부분 토벌되고 1950년에 이르러서는 산발적이고 부분적인 저항만이 남게 되었다.

이승만은 1950년 봄까지 국회안의 소장파 의원들을 제거하고 민중의 무장투쟁을 탄압하여 정부수립 초기의 불안정한 상태에서 벗어나 자신의 정치기반을 강화하였다. 이러한 과정에서 1949년 12월에 제정된 국가보안법은 좌익세력뿐만 아니라 이승만 자신의 경쟁자들과 민중들을 탄압하는 무기로 널리 활용되었다.

북한은 1948년 9월 정권을 수립한 뒤 1949년 6월 남·북로당을 합당하여 조선노동당을 만들고 조국통일민주주의 전선을 결성하여 남한에 대해 통일공세를 강화하였다. 그리고 조국통일민주주의 전선을 통해 남한에 평화적 통일안을 3차례에 걸쳐 제안하였다. 북한이 제안한 통일방책은 이승만정권을 타도하고 정치자유가 보장된 상황에서 남북한총선거 실시로 전조선 최고 입법기관을 구성한 다음 헌법을 채택하여 통일정부를 수립하자는 것이었다.

북한은 1949년 3월 17일 소련과 경제문화협정을 맺어 긴밀한 협조관계를 유지하였다. 동시에 북한은 중국과도 군사비밀협정을 맺어 1949년 중반부터 1950년 초반까지 4만명 가량의 조선의용군을 인민군에 편입시켰다. 이와 같이 남북한은 서로 체제를 강화하면서 상대방을 타도해야 할 정권으로 인식하였다. 그리하여 1949년 38선에서는 974회의 크고 작은 전투가 계속 이어졌다.

4) 한국전쟁의 발발과 전개

북한의 인민군은 개전 4일만인 1950년 6월 28일 서울을 점령하였다. 이어 북한의 인민군은 급파된 미군 제24사단과의 전투에서도 승리를 거두어 7월 20일 대전을 점령하였다. 이후에도 북한 인민군의 공격은 계속되어 경주·영천·대구·창녕·마산을 연결하는 경상남북도의 일부를 제외한 전 국토를 점령하였다. 그러나 북한 인민군은 제2군단이 대구·영천·경주를 잇는 선을 넘지 못하고 전라도 지역으로 공격해 온 제1군단도 창녕과 마산을 잇는 선을 넘지 못하여 전쟁은 교착상태에 빠지게 되었다.

이러한 가운데 미군을 중심으로 한 유엔군의 반격이 시작되었다. 유엔군의 참전 결정은 소련이 유엔 안보이사회에 참여하지 않은 가운데 통과되었다. 당시 소련은 중국공산당 정부와 국민당 정부의 유엔 의석 교체 문제로 안보이사회를 거부하고 있었다. 그리하여 미군 중심의 16개국이 한국전쟁에 참전하였다. 그 결과 한국전쟁의 성격이 이제는 내전에서 국제전으로 확대되었다.

대구와 부산을 근거지로 하여 반격전을 준비하였던 유엔군은 9월 15일 인천 상륙작전을 계기로 전세를 뒤집어 9월 28일 서울을 탈환하였다. 그리고 9월 30일 38선을 넘어 10월 19일에는 평양을 점령하였다. 이후 유엔군은 한중국경선 근처까지 진격하고 일부는 압록강변의 초산까지 전진하였다.

폭파된 한강 인도교

유엔군이 38선 이북지역까지 진격한 것은 미국이 중간선거를 앞두고 군사적 승리를 이용할 필요가 있었기 때문이었다. 미국의 강한 영향하에 있었던 유엔은 38선 이북 진격을 승인하고 유엔 한국통일부흥단을 설치하였다. 유엔군이 38선을 넘을 때 미국 정계 일부에서는 중공군의 개입을 우려하였고 중공군도 이를 경고하였다. 그렇지만 유엔군 사령관 맥아더는 중공군의 개입이 없을 거라고 판단하여 북진을 계속하였다.

10월 25일 중공군의 개입으로 전세가 다시 뒤집혀서 유엔군이 전체 전선에서 총퇴각하였다. 유엔군은 평양·흥남·서울에서 차례로 철수하고 오산근처까지 철수하였다가 1951년 3월 14일 다시 서울을 수복하였다. 이후 유엔군은 다시 38선을 넘어 철원·김화 등을 점령하였으나 비밀리에 공군을 참전시키고 있던 소련의 유엔대사 말리크가 휴전을 제기함으로써 휴전교섭에 들어가기 시작하였다.

말리크의 휴전제의 불과 15일만에 예비회담이 개성에서 열리고 이어서 1951년 7월 10일 본회의가 속개되었다. 회담의 초점은 비무장지대 설치를 위한 군사경계선의 설정문제와 휴전실시를 위한 감시기관 구성문제 및 포로교환 문제 등이었다. 이승만은 휴전 반대운동을 추진하였다. 이승만은 휴전조건으로 중공군 철퇴와 북한의 무장 해제 및 유엔 감시하의 총선거 등을 내놓았다.

그렇지만 미국과 소련은 휴전선을 양군의 접촉선으로 합의하고 감시기관 문제도 유엔측이 추천한 스웨덴·스위스와 공산측이 추천한 폴란드·체코슬로바키아 등 4개국의 중립국 감시위원회로 합의하였다. 최대 난제는 포로교환 문제이었다. 유엔군측이 제시한 인민군과 중공군의 포로수는 13만 2474명이었고 공산군측이 제시한 한국군과 유엔군의포로는 만 1559명이었다.

그런데 문제는 38선 이남지역에서 인민군에 의하여 의용군으로 동원된 이들은 북으로의 송환을 거부하였다. 이에 유엔군은 포로 개개인의 자유의사에 따라 남북한과 대만 및 중공으로 갈 수 있도록 하자고 주장하였다. 공산군측은 본국으로 돌아가야 한다고 주장하였다.

유엔군측이 공산군 포로의 자유의사를 물은 결과 송환 희망자는 8만 3천명에 불과하였다. 공산군측은 포로들의 자유의사를 믿을 수 없다고 하여 휴전회담은 중단되었다. 그리고 다시 남북간에 전투가 격화되어 미국은 압록강 수풍댐을 공격하고 김화전투에서는 한국군과 미군이 크게 희생하였다.

이러한 상황에서 소련의 스탈린이 사망하고 미국의 정권이 교체되는 등 주변의 상황이 변화되자 공산군측이 회담재개를 제안하여 1953년 4월 26일 휴전회담이 재개되었다. 휴전회담이 재개되자 이승만이 가장 강력하게 반발하였다.

미국은 한국과 한미상호완전보장조약을 체결하고 장기간의 경제원조 및 한국군의 증강 등을 조건으로 이승만의 휴전 동의를 얻어내었다. 미국의 적극적인 태도와 공산군측의 동의로 인하여 마침내 7월 27일 휴전협정이 체결되었다. 3년 1개월간 계속된 한국전쟁은 남북한 쌍방간에 약 150만 명의 사상자와 360만 명의 부상자를 내고 한반도 전체를 초토화시켰다. 그리고 분단국가 사이의 38선을 다만 휴전선으로 바뀌었을 뿐이다. 한국전쟁은 민족분단을 더욱 확실히 하고 남북의 두 분단 정권이 독재체제로 나아가게 하는 계기가 되었다. 또한 대외적으로는 동서 양 진영의 냉전을 격화시키는 계기가 되었다.

2 | 4·19 혁명과 5·16 쿠데타

1) 1950년대 대한민국의 상황

1945년 해방 이후 민주주의 교육이 초등학교와 중등학교에서 중요하게 교육되었다. 그리고 도시와 준도시 사람들이 대중매체를 널리 접촉할 수 있게 되어 한국인에게 민주주의의 가치를 인식시키는 좋은 계기가 되었다.

그런데 1957년을 고비로 미국의 원조가 감소되면서 경기가 하강하고 성장률도 둔화되었다. 미국의 원조 감소와 성장률 둔화는 물자공급을 감소시켰기 때문에 인플레이션은 더욱 심화되었고 조세 부담률은 1957년 이후 매년 상승하였다.

또한 농지개혁의 결과로서의 농업생산력 저하는 정부의 외곡도입 구실이 되었고 이에 따라 미국의 잉여농산물이 필요 이상으로 도입되었다. 이는 농산물에 대한 저곡가를 가져오고 이에 따른 저생산을 초래하여 식량의 대외의존도를 더욱 심화시켰다. 그 결과 농촌이 파탄되고 이농이 증가하여 도시빈민층을 형성하였다.

2차 산업에서는 원조에 기생하는 종속적 산업구조가 형성되었고 3차 산업은 비정상적으로 비대하였다. 이는 이농민의 도시 유입으로 발생한 불완전 취업상태와 도시인구를 공업으로 흡수할 만한 능력이 없는 산업 상태를 반영한 것이었다. 1960년 당시 완전실업률은 8.2%였지만 잠재실업률 26.0%를 합하면 사실상 총 실업률은 34.2%에 달하였다. 이를 다시 농가와 비농가로 구분하면 농가의 총 실업률은 29.1%이었으며 비농가의 경우 총 실업률이 42.0%이었다.

이승만 정부의 경제정책 실패에 대한 노동자들의 투쟁은 1953년경부터 서서히 성장하였다. 노동운동은 질적인 측면에서 임금인상, 식량배급,

밀린 임금지불 등의 요구로부터 단체계약체결, 노조활동의 자유 등 민주주의적 권리 보장문제로 발전하였다. 1959년 8월에는 전국노동조합협의회 설립준비위원회를 구성하고 10월 서울에서 전국노동조합협의회 결성대회를 개최하였다. 1958년 후반기에는 대구를 중심으로 일부 교원들 사이에서 노조결성 움직임이 나타났고 1959년에는 서울 일부 사립대학 교수들이 교원노조를 결성하려고 하였다.

농민운동은 1955년경부터 지주·부농·고리대금업자들의 수탈에 대한 저항운동으로 나타나기 시작하였다. 토지소득세의 경감과 면제를 위한 투쟁, 기타 각종 농산물 수탈의 거부, 잡세의 거부 등의 운동을 주도하기 시작하였다. 또 미국 농산물 원조로 이루어진 생산비 이하의 농산물 가격에 반대하여 미곡강제매상을 거부하였다. 그리고 뽕나무를 뽑아버리고 누에치기 생산을 거부하며 잎담배 매상 가격인상을 요구하는 등 다양한 투쟁을 전개하였다.

이러한 사회적 분위기에 대하여 이승만정권의 권위주의적 통치체제는 모든 사회영역을 권력유지의 도구로 활용하였고 민주주의의 장치는 권위주의적·비제도적인 사회관계나 운영방식에 의해 처리되었다. 아울러 이 시기의 사회는 전근대적인 연줄과 이승만 개인과의 친분관계가 모든 것을 좌우하였다.

그러나 1950년대 후반 이후 한국전쟁의 상처가 조금씩 치유되기 시작하면서 정치적 비민주성은 주로 지식인이나 중산층의 시야에 들어오기 시작하였다. 그리고 이러한 불만은 곧바로 이승만정권과 자유당에 대한 지지철회 및 언론의 비판적인 논조로 연결되었다. 이러한 사회적 분위기는 이승만정권을 더욱 경직시켰다.

이러한 가운데 1956년 실시된 정·부통령선거에서 나타난 대중들의 반이승만 분위기는 자유당과 이승만에게 큰 부담으로 작용하였다. 그리하여 이들은 차기 선거의 승리를 위해 민주주의적인 절차를 심하게 훼손시키는 조치를 무리하게 단행하였다. 이러한 조치는 결과적으로 민중들의 불만을 더욱 증폭시키는 작용을 하였다. 그리하여 이승만·자유당과 광범위한 반이승만 세력과의 정치전선이 형성되게 되었다. 이후 반이승만 정치세력들은 다가오는 1960년의 정·부통령선거에 큰 기대를 걸었다. 그 결과 이승만 대 반이승만 정치세력들은 3·15부정선거를 통하여 결정적으로 충돌하였다.

3·15부정선거는 잠재화되어 있던 운동세력을 등장시킨 운동의 촉발적인 요인으로 작용하였다. 그런데 이승만·자유당과 반이승만 정치세력의 갈등이 전면에 부상한 세력은 사회세력이나 어떠한 계급이 아니라 이것과는 무관한 학생들이었다.

2) 이승만정권의 부정선거와 4·19혁명

이와 같이 민중운동이 활성화되는 가운데 제4대 정·부통령선거가 실시되었다. 이승만정권은 3월 15일 40퍼센트 사전투표와 3인조·5인조 투표, 개표조작 등 노골적인 부정선거를 실시하였다. 이에 반정부시위가 선거 전후 전국에 걸쳐 대도시에서 일어나기 시작하였다. 민중들은 시위에서 부정선거와 불법선거를 규탄하였다. 민심은 이승만과 자유당정권으로부터 거의 완전히 이반되었다. 이제 대규모의 봉기에 필요한 도덕적 분개라는 공통된 감정을 점화시켜 줄 수 있는 사건만 있으면 되는 상황이었다.

3·15 부정선거 반대운동은 전국각지로 확산되어 언론계·법조계·학계 등에서도 동조하였다. 3월 하순 이후 시위는 잠시 소강상태로 들어갔다. 그러나 4월 11일 마산에서 최루탄에 맞아 죽은 김주열의 주검이 발견되면서 시위는 다시 확대되기 시작하였다. 김주열 주검 이후 3·15 부정선거 규탄투쟁은 이승만정권을 타도하기 위한 투쟁으로 전환되었다. 또

4월 18일에는 서울에서 시위를 벌이던 고려대생들을 정치폭력배들이 습격·폭격하는 사건이 발생하였다.

그러자 다음날인 4월 19일 서울시내 10여 개 대학생들이 이에 항의하여 대규모 시위를 전개하였다. 시내 중심가에 운집한 2만여 명의 학생과 시민들은 기성 정치인들의 각성과 재선거를 촉구하면서 경무대로 돌진하였다. 이에 당황한 경찰은 학생들에게 총격을 가하였고 100여 명이 사망하는 결과를 초래하였다. 사태가 최악의 상황으로 전재되자 이승만정권은 전국에 비상계엄을 선포하여 사태를 수습하려 하였다. 하지만 군부는 이승만정권과 자유당을 적극 지지하지 않았다.

이승만정권은 미국으로부터 서울지역의 군사지휘권을 잠정적으로 이양받아 비상계엄을 확대·강화하였으나 시위는 계속 확산되는 추세이었다. 반공정권 유지에 이해관계가 걸려 있던 미국은 4월 19일에 민주적 재선거 실시, 언론·집회의 자유보장 등 8개항의 수습방안을 제시하였다. 그리고 미국은 다음 날에도 민주화 촉구 성명을 발표하여 이승만 정권의 붕괴를 막으려고 하였다.

그러나 계엄선포 직후 잠시 소강상태에 빠졌던 시위는 4월 22일 재야인사들의 이승만 정권 퇴진요구와 4월 25일 대학교수단의 시위를 계기로 다시 확산되었다. 4월 26일 전국에서 대규모 시위가 벌어지자 이승만은 부통령에 당선된 이기붕의 사퇴와 3·15선거 무효 등을 발표하였다. 그러나 민중들의 불만을 무마할 수는 없었고 결국 이승만은 다음날 대통령에서 물러날 수밖에 없었다.

이승만이 대통령직에서 물러난 뒤 허정을 수반으로 는 과도정부가 구성되었다. 과도정부는 내각책임제의 개헌과 총선거 실시 등 4월 민중항쟁에서 표출된 민주화 요구를 부분적으로 수용하였다. 그러나 부정선거 관련자의 처벌과 부정축재자 재산환수 요구 등에는 관심을 기울이지 않았다.

1960년 7월 29일 총선거를 통해 장면을 국무총리로 하여 출범한 민주당정권도 초기에는 3·15부정선거 책임자와 발포 책임자 등을 검거하였다. 그러나 곧 대다수를 석방하였고 부정축재자의 처벌문제도 축소해 버렸다.

4·19시민혁명은 이승만정권의 구조적 모순의 반영이면서 일제강점기 이후 한국사회 모순의 총체적 집약체이며 귀결점이었다. 4·19시민혁명이 우리에게 주는 의미는 그것이 이후 남한 사회변혁운동의 원형을 이루고 있다는 점이다. 4·19시민혁명은 냉전적 질서가 국내의 정치·사회적 영역을 질식시키고 있던 암울한 상황을 온갖 희생을 무릅쓰고 돌파하려한 점에서 큰 의의가 있다.

그리고 잠자고 있던 민중들의 의식에 불을 당기고 그들을 삶의 주체로 나서게 하는 계기를 형성해 준 점에서 의의가 있으며 그것이 이후 운동에 살아있는 교훈이 되고 있다. 또 4·19시민혁명은 철저한 민주변혁을 수행함으로써 시민사회의 성립을 지향하고 동시에 민족의 통일을 성취하려는 시도를 분단이후 최초로 감행한 점에서 현재까지 커다란 의의를 지니고 있다.

3) 5·16 쿠데타의 발생

1950년대 한국자본주의의 구조적 위기가 반독재민주화투쟁의 형태로 표출되었던 4·19시민혁명은 그것에 나타난 변혁의 요구를 정치권력으로 전화시키지 못하고 새로운 반동에 직면하게 되었다. 그 반동은 바로 1961년 5월 16일 박정희를 중심으로 일부 군인에 의해 저질러진 군사쿠데타이었다. 5월 16일 군사쿠데타를 일으킨 박정희 등 군부세력은 군사혁명위원회를 구성하고 전국에 비상계엄령을 선포하여 정치권력을 장악하였다.

이 시기 한국사회의 구조적 상황을 살펴보면 한국전쟁 이후 한국경제
는 전후복구기에 들어가게 되었다. 전후복구의 주요한 자본 축적원은 미
국원조의 배분, 귀속재산의 불하, 그리고 특혜금융이었다. 이러한 기본
성격은 전후복구기 내내 변화되지 않은 채 1950년대 독점자본 축적의 추
동력이 되었다. 그런데 1950년대를 통해 미국원조에 의지하여 수년간 성
장을 거듭하던 한국경제는 1957년을 고비로 위기에 봉착하게 되었다. 그
것은 미국원조에 의존하여 진행되었던 1950년대 독점자본의 자본축적이
원조의 감소와 차관으로의 변화 속에서 그 파국에 다다랐기 때문이었다.

이상과 같은 요인들에 의한 국내경제의 침체는 4·19시민혁명이라는
반독재민주화투쟁을 낳는 주요한 배경이 되었다. 그리고 그 결과 미국의
세계전략에 완전히 복속되어 있었던 자유당과 이승만정권을 붕괴시켰
다. 그러나 4·19시민혁명의 결과로 수립된 민주당정권은 독점자본의 종
속적 재생산구조에 객관적인 대처뿐만 아니라 그 본질적 문제 해결에도
무기력하였다. 여기에 집권층내부에서 민주당 신·구파의 분열이 가속
화됨으로써 민주와 자주 그리고 통일의 과업이 추진될 수 없었다.

이러한 정치적 상황 속에서 한국전쟁 이전에 10만이었던 군인이 1954
년에는 65만의 대군으로 성장하여 군부는 새로운 정치세력으로 등장하
였다. 한국전쟁을 거치면서 급증한 군부 내의 인사적체와 각종 부정부패
등의 요인이 박정희를 중심으로 한 소장군부세력들로 하여금 정치권력
을 장악하기 위해 조직화될 수 있도록 하였다. 박정희를 비롯한 소장군
부세력의 조직체는 당시 무기력하던 민주당정권을 붕괴시키기에 이르렀
다. 이것이 성공할 수 있었던 것은 그것을 막아낼 수 있을 만큼의 조직화
된 대중적 정치력이 부재하였기 때문이었다.

5·16 군사쿠데타로 권력을 장악한 박정희 등 군인들은 우선 군사혁명
위원회를 설치하였다. 그리고 입법·사법·행정의 전권을 완전히 장악
하고 비상계엄을 선포하였다. 군사혁명위원회가 내건 정책은 반공정책

의 강화, 유엔헌장의 준수, 부패일소, 자립경제 수립, 통일을 위한 노력 등이었다. 군사혁명위원회는 이후 국가재건최고회의로 명칭을 바꾸고 박정희를 의장으로 추대하였다. 박정희는 미국을 방문하여 경제개발에 필요한 지원을 얻는 대신 미국에 한일회담 추진과 베트남 파병을 약속하였다.

군정기간 동안 5 · 16 군사쿠데타 주체세력이 당면한 과제는 자신의 조직기반 강화와 대안의 제시를 통한 국민적 정통성 확보이었다. 먼저 기성 정치인의 정치, 사회활동의 제한을 위한 조치는 5 · 16 군사쿠데타 직후 집회 · 시위 · 결사의 금지, 국회 및 지방의회 해산 등으로 시작되었다.

이와 더불어 5 · 16 군사쿠데타의 정당성을 선전하고 이에 저항하는 주장을 차단하기 위하여 언론 · 출판에 대한 억압도 자행하였다. 이와 같이 기존 정당 · 사회단체에 대한 정치활동 금지조치, 언론 · 출판에 대한 통제와 지배력 확보와 더불어 5 · 16 군사쿠데타 주체세력의 권력기반 강화를 위한 작업도 진행되었다.

또한 박정희 군사정권은 1950년대 후반부터 구체화되기 시작하였던 미국의 동북아전략구도에 입각하여 국내의 엄청난 반발과 저항에도 불구하고 한일국교정상화와 베트남전 개입을 추진하였다.

그리고 한일국교정상화 회담은 미국의 지역별 방위구도를 구축시키려는 이른바 지역통합전략의 구체적 실현이었다. 이 결과 한국은 미국의 대소방어기지로서 냉전구도 내에 보다 깊숙이 편입되었다. 그리고 일본과의 관계개선을 통해 그 편입이 보다 구조화되었다. 이리하여 박정희 군사정권에 대한 국민적 반대는 한일국교정상화에 대한 반대투쟁으로부터 시작되었다.

1965년 한일회담반대운동이 재연되는 과정에서 모든 반대세력이 민중당이란 단일 야당으로 통합하여 반대의 기치를 올렸고 국민적 시위와 단식투쟁의 와중에서도 6월 22일 한일협정이 조인되었다. 그리고 8월에는 여당만의 단독국회에서 정식 비준되었으며 베트남전 개입결정도 단독국회에서 통과되었다. 350만 명이란 인원이 참가하였던 한일회담 반대운동을 박정희 군사정권은 계엄령·위수령 발동 등 군을 동원한 폭력으로 제압하였다. 그리고 이후에는 각종 용공조작사건을 통해 안보이데올로기를 강화하고 저항세력 배제해 나가기 시작하였다.

5·16 군사쿠데타는 처음부터 쿠데타 주도세력이 반공국시, 미국을 비롯한 자유우방과의 유대강화, 자본주의적 경제건설을 주된 목표로 제시하였다. 5·16 군사쿠데타 주도세력들이 이처럼 친미반공보수세력으로서의 자기위상을 표방하였다는 것은 1950년대 지배권력과의 구조적 차별성이 존재하지 않음을 보여주고 있다. 따라서 이들이 경제정책에서 보여주었던 초기의 민족주의적 성향은 관념적 민족주의에 불과한 것일 수밖에 없었다.

결국 5·16 군사쿠데타는 기존 지배권력의 계승자로서 원조경제에서 차관경제로의 이전이라는 조건에 부합한 종속적 자본축적의 유지·관리, 냉전체제 아래 미국의 대소방어 기지로서 분단구조의 유지, 진보적 정치세력의 배제와 계급운동의 완전통제를 그 속성으로 하였다.

3 | 경제성장과 군사독재

1) 경제개발계획과 차관의 도입

정부는 제1차 경제개발계획 초기에 경제개발을 추진하는 통제력을 장악하고자 소위 부정축재 처리를 통하여 독점재벌 계열의 은행보유주식을 국고로 환수하고 독점재벌에 의한 은행지배를 붕괴시켰다. 그리고 금융기관 임원들의 임명승인권을 은행감독원에 부여한 금융기관에 관한 임시조치법을 제정하였다. 1962년 5월에는 한국은행법을 제정하여 상당한 독립성을 가지고 있던 한국은행을 재무부장관 직속에 두고 정부가 장악하고자 하였다.

이리하여 한국의 독점재벌은 선진자본주의 국가처럼 금융기관을 장악하지 못하였다. 오히려 정부가 금융권을 장악하고 차관도입 때 정부지불보증이라는 것을 매개로 재벌들을 통제하게 되었다. 이와 같은 조처는 정부주도의 강력한 개발독재를 추진할 수 있는 조건을 창출하였다. 그리고 당시 반재벌의식이 팽배해 있던 국민에게 신선감을 주어 박정희 군사정권에 대한 긍정적인 요소로 작용하였다.

그러나 이러한 긍정성은 1963년 소위 4대 의혹사건으로 완전히 바뀌기 시작하였다. 4대 의혹사건은 증권파동·워커힐·새나라자동차·빠찡꼬 사건 등의 4가지 비리사건을 일컫는 것으로 박정희 군사정권과 중앙정보부가 깊이 관련되어 있었다. 이 사건은 1964년 국정감사에서 비리자금이 공화당 창당자금·중앙정보부 운영자금·개인적 착복으로 사용되었음이 밝혀졌다.

1965년 한일협정은 차관경제체제의 전개과정에서 하나의 전환점이 되었는데 이 한일 협정 결과 상업차관 등 일본자본이 한국에 적극적으로 도입되는 계기가 되었다. 그리고 종래의 미국 일변도의 외자도입선을 일본은 물론 서독·영국·프랑스 등의 선진자본에까지 개방하는 계기도 되었다. 아울러 국내독점재벌과 외국 독점자본의 합작이 추진되어 외국자본의 투자가 증가하는 결과를 가져왔다.

한편 일본과의 국교재개 합의 직후인 1965년 5월 박정희는 미국을 방문하였다. 박정희는 한일 국교재개에 대한 미국정부의 열렬한 지지를 받고 한국군의 베트남에 파견문제를 미국과 최종적으로 결론지었다. 박정희 군사정권은 한국군을 베트남에 파견하기로 하였으며 한국군 파견의 대가로 미국은 한국에 경제원조를 제공하기로 합의하였다. 미국의 전쟁물자 조달 및 인력지원 등의 전쟁특수는 이 당시 한국의 중요한 외화 획득원이 되었다. 그리고 이것이 한국 경제개발의 중요한 활력소가 되었던 것이 사실이다.

그러나 한국경제는 1973년 오일쇼크와 1975년 월남 공산화의 영향으로 인하여 외자의 직접투자가 줄어들어 국제금융기구로부터의 차입을 비롯한 재정차관이 증가하였다. 또한 상업차관도 종래의 물자차입 방식에서 현금차관으로 증대하여 국제금융시장에서의 채권발행을 통한 차관 도입 방식이 성행하였다. 그리하여 1979년 말 현재 외채는 채무 확정 기준으로 237억 달러에 이르렀다.

한국경제에 있어서 공공차관은 사회간접자본, 양곡도입, 제조업 등에 투자되었다. 상업차관은 제조업, 사회간접자본, 수산업 등에 투자되었다. 그리고 외국인 직접투자는 제조업과 호텔관광업 등에 치중되었다. 외국인 직접투자의 경우 정유공업에서 시작하여 비료, 화학섬유 공업 등으로 확대되었다. 그런데 투자액의 150%가 회수될 때까지 재무·고용·구매 등이 거의 외국인의 전결로 되어 있어서 외국측에 유리한 조건을 보장해 주었다.

차관경제체제는 이와 같이 많은 문제점을 가지고 있었다. 그러나 한국경제는 제1차 5개년 경제계획 이후 19년간 연평균 40.7%의 높은 경제성장률을 달성하였다. 이와 같은 한국의 경제성장률은 1966년~1970년 사이에 59개 개발도상국 중에서 경제 성장률 1위, 수출신장률 1위, 제조업 고용증가율 2위를 차지하였고 국제적인 모범 성장국으로 인정받는 결과를 가져왔다. 그러나 한국의 경제성장률이 높아진 반면 다른 한편으로는 과거 일제강점기부터 비롯된 대외의존성이 더욱 높아지고 외채는 누적되었으며 사회계층과 지역 및 산업사이의 불균형도 더욱 심해지는 취약성을 표출하였다. 경제발전이 미국의 전폭적인 지원, 베트남 파병 군인들이 벌어온 외화, 세계 경제의 상황 속에서 이루어진 것임에도 불구하고 박정희 정권의 노력 때문이라는 선전 속에서 국민들은 정부에 대한 건설적인 비판의식마저 사라지게 되었다.

2) 유신체제의 성립과 붕괴

유신체제라 함은 1972년 10월 17일 박정희 군사정권에 의하여 행하여진 일종의 초헌법적인 조처로 성립된 강력한 권위주의 국가체제를 말한다.

5·16 군사쿠데타 이후 박정희 군사정권은 지속적으로 권력기반을 강화시키고 고도의 경제성장을 통하여 국민들로부터 어느 정도 정통성을 부여받았다.

그러나 박정희 군사정권은 한일회담 반대운동의 폭력적 탄압 이후 그 통제의 수위를 점차 높였고 1969년에 이르러서는 3선 개헌을 단행하였다. 공화당이 개헌가능선인 3분의 2이상의 의석을 확보하고 있어 언제든지 3선 개헌이 가능하였다. 그렇지만 전국민적 반대로 박정희 군사정권은 3선 개헌에 주저하였다. 박정희는 공화당 내 파벌을 제거하고 자신의 친위체제 구축하기 위하여 3선 개헌을 강행하였다.

박정희는 3선 개헌 이후 1인 통치체제로서의 권력기반을 확고히 하게 되었다. 미국과 독점자본은 박정희의 이러한 통치체제 구축에 이의를 제기하지 않았다.

하지만 박정희 군사정권의 3선 개헌에 대한 반대투쟁은 그 이후 사회·경제적 위기상황의 대두와 그에 따른 기층운동의 성장에 힘입어 지속적으로 고양되었다. 당시의 제반 구조적 위기들이 학생과 재야·야당을 통해 정치적 위기로 유입되어 박정희 군사정권에 대항하는 단일한 대립측을 형성하였다. 그 뚜렷한 표현이 1971년 대통령선거와 국회의원선거의 결과이었다.

1971년의 양대 선거결과는 경제성장을 담보로 박정희 군사정권에게 주었던 국민대중의 지지가 철회되고 광범한 민심 이반현상이 벌어지고 있음을 확인시켜 주었다. 이리하여 이후 박정희 군사정권에 대한 민중의 저항은 더욱 가속화되었다. 기층대중과 재야·학생 및 야당 등 박정희 군사정권에 대한 저항세력들이 선거라는 절차적 민주주의의 제도를 통하여 국민대중과 결합하고 정권에 대한 실질적 위협을 행사하였다.

이에 박정희 군사정권은 1971년 12월 비상사태 선언과 함께 국가보위에 관한 특별조치법을 제정하였다. 그리고 1972년 10월 17일 비상계엄선포, 국회해산, 정당·정치활동금지, 조국의 평화통일을 지향하는 새 헌법개정안 공고를 내용으로 하는 유신체제을 성립시키고 12월 27일 유신헌법을 통과시켰다.

그러나 1972년 10월 17일의 비상조치와 그에 따른 대통령의 특별선언 등은 제소하거나 이의도 제기할 수 없도록 헌법에 고정시켰다. 이것은 민주정치의 후퇴를 의미하는 것이었다. 왜냐하면 대통령의 간선제와 사실상 대통령의 임명제와 흡사한 국회의원 정수의 3분의 1에 대한 간선제 및 국회의 국정감사권의 박탈 등 가장 중요한 국민의 선거권과 국정감독권을 제한·위축시켰기 때문이었다. 여기에 헌법개정 방법을 이원화하여 대통령이 원하는 헌법개정은 비교적 용이하게 하고 대통령이 원하지 않는 헌법개정은 사실상 불가능하게 함으로써 합법적인 체제개혁의 길은 전혀 보이지 않았다.

유신체제를 확립한 박정희 군사정권은 분단구조를 유지·강화하였다. 그리고 파시즘형 국가형태로의 상부구조 정비와 계급통제기구 구축에 착수하였다. 박정희 군사정권은 유신체제 수립을 꾀하면서 북한과의 대화도 추진하였다. 닉슨독트린이 발표된 이후 미국은 남한에 군사력의 자립화와 북한과의 관계개선을 요구하였다. 이리하여 박정희 군사정권은 북한과의 관계개선을 통하여 남북간의 긴장완화를 모색하려고 하였다.

유신체제는 정치적 통제와 더불어 새로운 경제조치와 정책을 실시하였다. 박정희의 유신체제는 1972년 8월 3일 비상조치를 발표하였다. 그 내용은 기업의 사채를 동결하고 재벌들에 대한 금융과 세제상의 혜택을 더욱 늘리는 것이었다.

또 1960년대부터 계속된 저임금체제의 유지·강화와 1960년대 말 가열되었던 노동운동의 고양을 봉쇄하기 위하여 유신체제 이전부터 노동계급을 통제할 법적 조치를 취해오던 박정희 군사정권은 1973년 3월 노동관계법을 전면 개정하였다. 이 개정안은 자주적 노동운동을 억압하는 어용노조 체계를 확립하고 행동권을 규제·강화하는 노동법이었다.

그리고 1974년 이후 긴급조치의 남발, 1974년 민청학련 사건 등 용공사건 조작의 빈도를 더욱 높여가면서 체제반대세력에 대한 폭력적 통제를 강화시켰다. 이러한 국가권력의 절대화와 저항세력에 대한 통제강화를 확보함과 동시에 반공·안보·성장 이데올로기 강화를 근저에 둔 국민동원체제를 수립도 파시즘화의 일환이었다.

이상과 같은 파시즘권력의 강화를 통하여 유신체제동안 일체의 반정부투쟁은 통제·봉쇄되었다. 그리고 정치는 유신독재에 대항하는 제한된 보수야당의 공세라는 정도로 한정되었다. 그러나 독재에 저항하는 학생·재야 등 제반 운동세력은 양적·조직적으로 성장하면서 점차 체제변혁세력으로 등장하였다. 독재정치의 지속은 광범한 국민대중의 이반을 낳게 되어 이후 대중들은 치열한 반독재투쟁을 전개해 나갈 수 있었다.

박정희 정권의 김대중 사형선고

유신체제 수립 직후인 1973년 8월에 발생한 김대중 납치사건은 재야 정치세력이 민주화운동으로 성장해가는 계기를 마련해주었다. 여기에 천주교의 시국기도회를 비롯한 종교인들의 민주화운동은 전체 사회운동 발전에 매개기능을 하는 큰 역할을 담당하였다. 언론의 민주화운동도 1973년 · 1974년의 『조선일보』 · 『동아일보』 사태 등에 이어 확대되어 나갔다.

이러한 반독재민주화운동의 성장속에서 노동운동도 청계피복노동조합을 비롯해 민주노조건설을 위한 끊임없는 투쟁이 계속되었다. 그 투쟁은 1970년대 후반에 들어 한층 격렬히 분출되었으며 농민운동도 새로이 고양되었다. 이상과 같은 제반의 운동역량은 1975년 3월 1일 민주회복국민회의의 민주국민헌장 발표, 8월 16일 긴급조치 9호 해체를 촉구하는 김대중기자회견, 1976년 3월 1일 윤보선 등의 민주구국선언문 발표, 7월의 동일방직사건, 1977년 3월 23일 지학순 등의 민주구국헌장 발표와 서명운동 전개, 12월의 해직교수협의회 발족과 민주교육선언 발표 등을 거치면서 한층 증폭되었다.

유신체제의 위기는 1960년대 말 동아정세 변화로부터 시작되었다. 미국의 전략에 순응하면서 내부적으로 유신체제를 수립할 수 있었던 박정희 군사정권이 1960년대 말 미국이 북한과 직접 접촉하고 인권문제를 통해서 내정간섭 등을 하자 미국의 전략대로 움직일 수 없었다. 이러한 미국과의 부조화현상은 정권내부의 권력갈등을 촉발시켰다. 그 결과 국민의 정권에 대한 지지철회현상과 안보이데올로기의 이완현상 등의 결과를 가져왔다. 이러한 것들은 모두 유신체제를 위기로 몰아 넣었다.

여기에 1979년의 제2차 석유위기가 시작되면서 세계 자본주의체제는 전반적인 불황국면에 처하게 되었으며 그러한 상황은 곧 한국경제의 모순구조를 심화시켰다. 기업의 도산과 실업률 증가 및 인플레이션 만성화 등 경제구조의 파탄에까지 이르게 되었다.

이러한 유신체제 위기 속에서 반독재민주화운동과 기층 대중투쟁은 더욱 적극화·활성화되었다. 1978년에 접어들면서 유신체제의 독재적 지배 아래서 숨죽일 수밖에 없었던 기층민중들이 생존권확보투쟁을 전개하였다. 이중 YH사건은 기층 대중투쟁이 제도권 야당과 연계되는 중요한 계기가 되었다. 학생운동도 1978년 6월 26일 광화문 시위사건 이후 학내를 벗어나 유신체제와의 정면충돌을 상징하는 도심지시위로 발전해 나갔다. 또한 1979년의 신아일보사·경향신문사·중앙일보사 등 언론사의 언론자유 쟁취투쟁도 다시 시작되었다.

이러한 상황에서 1978년 12월 12일에 실시된 국회의원선거는 중요한 분기점을 이루게 되었다. 투표결과 야당인 신민당은 박정희의 공화당보다 1.1퍼센트라는 득표승리에 고무되었고 다른 한편으로는 무소속의 높은 득표율에 자극 받아 박정희 군사정권에 대한 강경공세를 펴나가기 시작하였다. 이것은 1979년 9월 신민당 총재 김영삼의 정권타도투쟁선언으로 표출되었다.

한편 재야운동 세력들은 1978년 2월 24일 윤보선 등 66명의 재야인사가 서명한 3·1민주선언의 발표로부터 시작하여 7월 5일에는 민주주의국민연합 결성과 민주국민선언를 발표하였고 10월 17일에는 국민선언를 발표하여 지속적인 민주화운동을 전개하였다. 이들은 구국기도회와 인

권협의회 등을 결성하여 민주화운동을 전개하였던 종교운동세력과 연합하였다. 그리고 1979년 3월 1일 민주주의와 민족통일을 위한 국민연합을 결성하고 민주구국선언을 발표하였다.

이러한 과정을 거치면서 1979년 하반기에 접어들어 기층대중운동, 학생·재야운동, 기독교 등 사회운동, 제도권 야당을 총망라한 반유신독재 민주연합이 탄생하였다. 그리고 국민대중들도 박정희 군사정권을 거부하고 이들 민주연합에 지지를 보내기 시작하였다. 그러나 박정희 군사정권은 이들에 대해 체제내로의 흡수나 평화적 제도개혁을 통한 역사적 대타협의 시도조차 하지 않은 채 강경대응으로 일관하였고 급기야는 야당의 정권타도 투쟁선언 이후 김영삼 신민당 총재를 위원직에서 제명하는 초강경 조치를 취하였다.

반유신독재 민주연합과 박정희 군사정권의 초강경 초치에 의한 상호간의 대치상태는 결국 10월의 부산·마산지역의 민중항쟁을 발생시켰다. 10월 15일 부산 대학생 7천여 명이 군부독재타도와 빈부격차 해소 등을 주장하며 가두시위를 전개하였는데 여기에 노동자·일반시민·고교생들이 동참하면서 가두시위는 대규모의 민중항쟁으로 발전하였다. 이것을 시발로 하여 전국에 민중항쟁의 조짐이 보이기 시작하였다.

이에 박정희 유신정권은 10월 18일 0시를 기해 즉각적으로 부산지역에 계엄령을 선포하였다. 민중항쟁이 대구를 거쳐 전국으로 확대되려 하자 박정희 유신정권은 군대의 힘을 빌어 민중항쟁을 진압하였다. 그러나 민중항쟁의 진압과정을 놓고 권력 내부의 분열이 심화되었으며 10월 26일 박정희가 중앙정보부장 김재규의 총탄에 사망하면서 유신체제는 붕괴되었다.

3) 12·12 쿠테타와 군사정권의 연장

1979년 10·26사건으로 인하여 박정희 군사정권은 붕괴되었다. 그러나 유신체제를 유지하고자 하는 신군부세력들이 잔존하였기 때문에 민주화의 길은 험난하였다. 전두환 보안사령관을 중심으로 한 노태우·정호용 등 신군부세력들은 박정희 없는 유신체제를 구축하려고 하였다. 그리하여 이들은 12월 12일 항명쿠데타를 단행하여 군대의 실권과 정치권력을 장악하였다.

전두환을 비롯한 신군부세력들은 민주화 열기가 대중적으로 표출되자 5·17 비상계엄 확대조치를 감행하였다. 그리고 주요 정치인을 체포·구금하고 모든 정치활동을 금지시켰다. 이후 신군부세력들은 국가보위비상대책위원회를 만들어 입법·사법·행정 등 3권의 권력을 장악하였는데 전두환이 상임위원장을 맡았다.

국가보위비상대책위원회는 이후 강압통치로 민족민주운동을 탄압하였다. 제10대 국회의원 231명중 210명이 정치활동을 규제당하였으며 172개 정간물과 614개 출판사의 등록이 취소되고 711명의 언론인과 86명의 교수, 611명의 교사, 8,663명의 공직자가 해직되었다. 또 사회정화라는 명목으로 3천여 명이 구속되고, 4만 여명이 삼청교육대로 보내지는 등의 강압통치 결과 8월 27일 전두환은 통일주체국민회의를 통하여 대통령이 되었다.

전두환정권은 군사쿠데타로 수립되었기 때문에 국민의 지지를 받지 못하여 출발 처음부터 대미·대일 예속정책을 실행하였다. 전두환정권은 대외 예속적인 정책을 실행하였기 때문에 반민주성이 심화되어 많은 권력형 부정부패를 저질렀다. 이러한 가운데 대중들의 불만과 잠재된 민주화의 욕구는 1985년 2월 12일 국회의원선거를 통하여 분출되었다.

이 선거에서는 헌법과 전두환정권의 합법성 문제가 부각되었으며 대중들은 1980년 신군부세력에 의해 정치권에서 배제되었던 인사들이 결성한 신한민주당을 제1야당으로 만들었다. 이에 신한민주당은 1986년 초 개헌운동을 시작하였고 민족민주운동진영이 여기에 참여하면서 군사독재세력과 민주세력의 대립이 본격화되었다.

전두환정권은 민족민주운동이 본격화 되어되자 탄압을 강화하였다. 그런데 그러한 과정에서 박종철군 고문살인사건이 발생하였다. 전두환 정권은 고문살인사건을 은폐하고 직선제 개헌의를 유보한다는 4·13조 치를 발표하였다. 이와 같은 사실이 국민들에게 알려지면서 전두환정권 은 엄청난 국민적 저항에 부딪쳐야만 하였다.

한편 민주정의당은 6월 10일 전당대회를 열고 노태우를 현행 헌법의 간선제 대통령후보로 선출하였다. 또 이날은 민주헌법쟁취 국민운동본 부 주도로 민주화를 요구하는 범국민대회가 열렸다. 소위 6·10 국민대 회라 불리는 이 대회에서는 4·13 호헌조치의 철폐, 군사독재 타도, 민주 헌법 쟁취, 미국의 내정간섭 반대 등을 요구하였는데 전국 22개 주요도시 에서 24만여 명의 학생과 시민이 참여하였다.

6월 민주항쟁이 전국적으로 연인원 5백만 명 이상의 대중이 참가해 19일 동안 계속 진행되자 전두환은 노태우 후보에게 대통령직선제 수용을 골자 로 하는 6·29선언을 발표케 대중을 기만하면서 군사정권의 연장을 꾀하 려 하였다. 이에 6월 민중항쟁을 주도했던 민주헌법쟁취 국민운동본부와 기타 운동세력들은 운동의 선거를 통한 민주정부수립문제에 몰두하였다.

하지만 대통령선거에서 군사정권이 정치공작을 통해 야권을 분열시키 고 지역감정을 부추겨 노태우 후보가 36%를 득표하고도 당선되었다. 노 태우정권은 지지기반을 확보하기 위하여 권위주의 통치의 청산과 민주 개혁을 표방하였다. 그리고 회유와 탄압의 양면정책을 구사하면서 군부 독재를 연장시키려 하였다. 그러나 노태우 정권은 국가보안법·사회안 전법 등의 반민주악법 폐지와 국가안전기획부·백골단 등 폭압 통치기 구의 철폐 같은 요구는 외면하였다.

1988년 12월 28일 노태우정권은 체제수호선언을 발표하고 민족민주운 동세력을 대대적으로 탄압하였다. 그리고 정권을 유지하기 위하여 1990

년 1월 민주정의당, 통일민주당, 신민주공화당을 통합하여 민주자유당을 만들었다. 노태우정권은 3당 통합 후 의회를 장악하였으며 군대가 정권의 배후로 물러서고 민간정치인과 기술관료들이 전면에 등장하였다. 그러나 국민의 기본권을 유린하는 강압적 통치형태는 계속되었으며 공권력을 내세운 폭력과 살인, 수서 비리사건을 통한 정치자금 조달, 유서대필과 총리폭행 사건의 유도 · 조작 등을 통해 군부독재 정권을 유지하려고 하였다.

4) 민주화운동과 민주주의의 발전

한국민중운동사에 있어서 가장 극적이고도 역사적인 사건은 바로 1979년 10월의 유신체제에 항거하여 부산과 마산 일대에서 일어난 부마민중항쟁과 12 · 12 쿠테타를 불법적으로 집권한 전두환 세력에 저항한 1980년 5월의 광주민중항쟁이다. 이 두 민중항쟁으로 인하여 박정희 군사정권은 붕괴되고 신군부세력을 추축으로 한 전두환정권이 등장하였다. 따라서 이 두 민중항쟁이야말로 1980년대 이후 민족민주운동의 새로운 출발점이었다.

신군부세력들의 5 · 17비상계엄 확대조치에 반대하는 투쟁이 5월 18일 전남대학생들을 중심으로 전개되었는데 19일에는 시민들이 합세하면서 투쟁의 양상이 공세적으로 변하기 시작하였다. 시위가 광주지역 전체로 확산되자 20일에는 계엄군이 시청 앞에 운집한 시민들에게 무차별 발포하여 수많은 사상자가 발생하였다. 계엄군의 발포에 분노한 시민들은 계엄군의 발포에 맞서기 위해 파출소와 예비군 무기고 등에서 획득한 무기로 자위투쟁을 전개하기 시작하였다.

20일 저녁 이후 시민군은 전남도청과 광주역을 제외한 광주지역 전체를 장악하였으며 21일에는 무장한 시민군이 전면적인 시가전에 돌입하면서 이제 민중항쟁이 광주 주변의 전남지역으로 확대되기 시작하였다. 22일 오전 시민군은 시가전을 통해서 마침내 도청을 장악하였고 광주는 완전히 시민에 의해서 통제되었으며 시민의 자발적인 협조에 의해서 질서를 유지되었다.

광주가 시민군에 의하여 완전히 장악되자 신군부세력들은 민중항쟁을 조기에 진압하여 전국에 파급되는 것을 막으려고 하였다. 그리하여 5월 27일 새벽 계엄군은 탱크를 앞세워 진압작전을 실시하였다. 시민군은 끝까지 도청에서 계엄군과 전투를 전개하였으나 무자비한 진압작전으로 도청이 함락되면서 광주민중항쟁은 진압되었다. 광주민중항쟁은 전국적으로 확산되지는 못했으나 군사독재의 재편음모에 정면으로 대항했던 역사적 사건으로 이후 민족민주운동 세력에 중요한 투쟁경험과 인식지평의 새로운 확대를 가져다주었다.

노동운동세력은 1983년 블랙리스트 철폐투쟁과 1984년 청계피복노조 복구대회 등을 통해서 본격적으로 대중조직을 결성하기 시작하였다. 그리고 1980년대 이후 노동자들의 조직적 투쟁은 기업단위 노동운동의 한계를 넘어서 연대투쟁의 양상으로 발전하였다. 농민운동은 1980년대에 접어들면서 기존의 도 중심과 소수활동가 중심의 운동에서 군단위의 운동으로 전환되었다. 특히 농민들은 개방화정책으로 타격이 컸기 때문에 농축산물 수입반대투쟁에 적극적이었으며 이것이 1980년대 전반기 농민운동에서 크게 부각되었다.

학생운동은 제적생 복교, 해직교수 복직, 구속자 석방, 학원상주경찰의 축출 등의 투쟁을 전개하였다. 1984년 3월에는 대학별로 학원자율화추진위원회가 조직되어 학생운동 탄압의 수단이었던 지도휴학제와 강제징집 철폐를 요구하였는데 이 투쟁을 통해서 1985년에는 전국학생총연합과 투쟁연합체인 민족통일 민주쟁취 민중해방특별위원회가 조직되었다. 특히 1985년 학생들의 서울 미문화원 점거농성은 반미의식을 대중적으로 확산시키는 계기가 되었으며 1986년 전국 반외세 반독재 애국학생투쟁연합의 건국대농성은 학생운동의 대중성에 대한 각성에서 나타났다는 점에서 1980년대 학생운동의 중요한 전환점이 되었다.

1980년대 민중운동이 경제의 양적 팽창에 의해 촉진되어 민족민주운동으로 활성화되어 가자 전두환정권은 민중운동에 대한 탄압을 강화하였다. 이에 민족민주운동진영은 민주통일민중운동연합과 통일민주당 등 반독재 민주역량을 결집하여 민주헌법쟁취 국민운동본부를 조직하였다. 이후 국민운동본부는 대통령 선거에 임하여 군사독재 종식과 민주정부 수립을 위한 투쟁을 전개하였다. 이것은 12월 16일 대통령 선거를 앞두고 공명선거실시와 거국중립내각 수립요구로 발전하였다.

노태우 정권은 민족민주운동이 발전하여 가자 1989년 여의도 농민시위, 문익환 방북, 부산 동의대사건 등을 빌미로 국가 보안법을 적용하고 탄압을 강화하였다. 노태우정권이 공안정국으로 이끌어가자 대중운동은 상당히 위축되었다. 이에 각계 각층의 민주세력은 전국교직원 노동조합 사수투쟁에 참여하여 공안정국을 돌파하는 계기를 마련하였다.

1990년 하반기 이후 침체되었던 민족민주운동은 1991년 4월 26일 강경대 학생이 시위도중 경찰에게 타살된 사건이 발생하였다. 이 사건 직후 민족민주운동진영은 야당과 더불어 공안통치 철폐와 파쇼정권퇴진투쟁을 전개하였다. 이후 5~6월 항쟁은 대중의 참여가 두드러졌으며 민족민주운동진영의 모든 세력이 결집하여 투쟁함으로써 민주대연합을 실현할 수 있는 바탕을 마련하였다.

민주화 운동의 결과는 군사정권이 물러나고 문민정부가 탄생하는 것으로 나타났다. 1993년 민주화 운동에 참여했던 김영삼이 14대 대통령으로 당선된 것이었다. 김영삼은 전두환, 노태우 두 전임 대통령에 대하여 12.12쿠데타와 5.18 광주민중항쟁 진압에 대한 책임을 묻고, 비자금에 대한 수사 통해 처벌을 내리기도 했다. 또한 금융실명제를 도입하여 차명

노태우 정권 당시 6월 항쟁

부정 계좌를 단속하고 처벌하여 부정으로 축재한 정치인들의 자금을 동결시키기도 했다. 그러나 잘못된 경제, 금융정책은 국가를 부도상태로 몰아넣었고, 1997년 겨울에는 IMF에 구제금융을 요청하는 상황에 이르게 되었다.

1998년에는 대한민국 역사상 처음으로 야당에서 대통령을 배출하였다. 민주화운동으로 인해 박정희에 의해 사형선고까지 받았던 김대중의 대통령 당선은 한국 민주주의가 발전했음을 실제로 보여주는 결과였다. 이후 노무현이 16대, 이명박이 17대 대통령을 역임했으며, 2013년 현재 박근혜가 대통령직을 수행 중이다.

참고문헌

강만길, 『고쳐 쓴 한국근대사』(창작과비평사, 1994).

　　　 『한국현대사』(창작과비평사, 1984).

　　　 『조선후기 상업자본의 발달』(고려대 출판부, 1973).

강재언, 『한국근대사연구』(청아출판사, 1982).

강진철, 『개정 고려토지제도사연구』(일조각, 1980).

강창석, 『조선통감부연구』(국학자료원, 1996).

　　　 고려대학교 민족문화연구소, 『한국문화사대계』(1964~1972).

고유섭, 『한국미술문화사논총』(통문관, 1996).

　　　 『한국탑파의 연구』(동화출판사, 1975).

공석구, 『고구려 영역확장사 연구』(서경문화사, 1998).

권인호, 『조선중기 사림파의 사회정치사상』(한길사, 1995).

김기흥, 『삼국 및 통일신라 세제의 연구』(역사비평사, 1991).

　　　 『새롭게 쓴 한국고대사』(역사비평사, 1996).

김상기, 『한말 의병연구』(일조각, 1997).

김수태, 『신라 중대정치사연구』(일조각, 1996).

김용섭, 『한국근현대농업사연구』(일조각, 1992).

　　　 『조선후기 농학사연구』(일조각, 1988).

김원용, 『한국미술사』(범문사, 1968).

　　　 『한국 고고학연구』(일지사, 1989).

　　　 『한국고고학개설』(일지사, 1987).

김정배, 『한국 고대의 국가기원과 형성』(고려대 출판부, 1986).

김재원, 『한국미술』(탐구당, 1973).

　　　 『단군신화의 신연구』(정음사, 1947).

김철준, 『한국고대사회연구』(지식산업사, 1975).

김태식, 『가야연맹의 연구』(일조각, 1994).

김태영, 『조선전기 토지제도사연구』(지식산업사, 1983).

노증국, 『백제정치사연구』(일조각, 1988).

박　섭, 『한국근대의 농업변동』(일조각, 1997).

박용운, 『고려시대사』(일지사, 1985).

　　　『고려시대 음서제와 과거제연구』(일지사, 1990).

박종기, 『고려시대 부곡제연구』(서울대 출판부, 1990).

박찬승, 『한국근대정치사상사연구』(역사비평사, 1992).

박현채와 8인, 『한길역사강좌 11 : 일제식민지시대의 민족운동』(한길사, 1988).

방기중, 『한국근현대사상사연구』(역사비평사, 1992).

백남운, 『조선봉건사회경제사』(개조사, 1937).

변태섭, 『고려 정치제도사연구』(일조각, 1971).

　　　『한국사통론』(삼영사, 1986).

송기호, 『발해정치사연구』(일조각, 1995).

송준호, 『조선사회사연구』(일조각, 1987).

신용하, 『동학과 갑오농민전쟁 연구』(일조각, 1993).

역사학연구소, 『바로 보는 우리 역사』(거름, 1991).

　　　　　　『강좌 한국근대사』(풀빛, 1995).

유영익, 『갑오경장 연구』(일조각, 1990).

유완상·박천우·이민식·이지원, 『한국사강좌』(홍문당, 1995).

이강훈, 『대한민국임시정부사』(서문당, 1975).

이광린, 『한국개화사상연구』(일조각, 1979).

이기동, 『백제사연구』(일조각, 1996).

　　　『신라 골품제사회와 화랑도』(일조각, 1984).

이기백, 『고려병제사연구』(일조각, 1990).

　　　『고려귀족사회의 형성』(일조각, 1990).

　　　『신라 사상사연구』(일조각, 1986).

　　　『신라정치사회사연구』(일조각, 1974).

　　　『한국고대사론』(탐구당, 1975).

이성무, 『조선 양반사회연구』(일조각, 1995).

　　　『한국 과거제도사』(민음사, 1984).

이수건, 『한국중세사회사연구』(일조각, 1984).

이종욱, 『고조선사 연구』(일조각, 1993).

이태진, 『한국사회사연구』(지식산업사, 1986).

　　　『조선유교사회사론』(지식산업사, 1989).

정옥자, 『조선후기 지성사』 (일지사, 1991).

정태헌, 『일제의 경제정책과 조선사회』 (역사비평사, 1996).

차하순 외 4인, 『한국사 시대구분론』 (소화, 1995).

최이돈, 『조선중기 사림정치구조연구』 (일조각, 1994).

추만호, 『나말여초 선종사상사연구』 (이론과 실천, 1992).

하현강, 『한국중세사연구』 (일조각, 1988).

　　　『고려지방제도의 연구』 (한국연구원, 1977).

한국경제사학회편, 『한국사 시대구분론』 (을유문화사, 1990).

한국고대사연구회편, 『삼한의 사회와 문화』 (신서원, 1996).

　　　　　『신라말 고려초의 정치·사회변동』 (신서원, 1994).

한국사특강편찬위원회편, 『한국사특강』 (서울대 출판부, 1996).

한국역사연구회 고대사분과, 『문답으로 엮은 한국고대사산책』 (청년사, 1997).

한국역사연구회, 『고려시대 사람들은 어떻게 살았을까』 (청년사, 1997).

　　　　『한국역사』 (역사비평사, 1992).

한국역사연구회편, 『증보판 한국사강의』 (한울아카데미, 1989).

한국역사연구회 현대사연구반, 『한국현대사 1·2·3·4』 (풀빛, 1996).

한규철, 『발해의 대외관계사』 (신서원, 1994).

한시준, 『한국광복군연구』 (일조각, 1994).

한영우, 『다시 찾는 우리 역사』 (신서원, 1997).

　　　『조선전기 사회경제연구』 (을유문화사, 1983).

한우근, 『조선시대 사상사연구논고』 (일조각, 1996).

　　　『한국통사』 (을유문화사, 1970).

　　　『이조 후기의 사회와 사상』 (을유문화사, 1961).

허선도, 『한국화기발달사』 (육사군사박물관, 1966).

허흥식, 『고려사회사연구』 (아세아문화사, 1981).

　　　『고려불교사연구』 (일조각, 1986).

홍승기, 『고려 귀족사회와 노비』 (일조각, 1983).

황수영, 『한국불상의 연구』 (삼화출판사, 1973).

　　　『한국의 불교미술』 (동화출판사, 1974).

저자약력

◎ 김　방

· 건국대학교 문과대학 사학과 졸업
· 건국대학교 대학원 석사과정 사학과 졸업(문학석사)
· 건국대학교 대학원 박사과정 사학과 졸업(문학박사)
· 현재 국제대학교 교수

· 논문)「이동휘의 국외에서의 항일투쟁(1911~1916)에 관한 일고찰」『건대사학』 제8집 (1993).
　　　「이동휘의 국권회복운동(1906~1913)」『한국근현대사연구』 제6집 (한울, 1997).
　　　「이동휘의 상해 임시정부 참여와 사회주의 활동」『건대사학』 제9집 (1997).
　　　「항일독립운동가 이동휘의 사상 형성과정 : 청년기를 중심으로」『사학연구』 제61호
　　　　(한국사학회, 2000).
　　　「고려공산당의 분립과 통합운동」『아시아문화연구』 제5집 (경원대 아시아 문화연구소
　　　　· 중국 중앙민족대학 한국문화연구소, 2001).

· 저서)『항일독립운동가 성재 이동휘의 생애와 사상』 (대왕사, 1998).
　　　『이동휘 연구』 (국학자료원, 1999).
　　　『평택시항일독립운동사』 (평택시독립운동사편찬위원회, 2004).

한국문화사

2013년 8월 16일 초판1쇄 발행
2020년 4월 05일 초판4쇄 발행

저　자　　김　　방
펴낸이　　임 순 재
펴낸곳　　**(주)한올출판사**

　　　　　등록 제11-403호
　　　　　1 2 1 - 8 4 9
　　　　　주　　소　서울시 마포구 모래내로 83(성산동, 한올빌딩 3층)
　　　　　전　　화　(02)376-4298(대표)
　　　　　팩　　스　(02)302-8073
　　　　　홈페이지　www.hanol.co.kr
　　　　　e - 메 일　hanol@hanol.co.kr
　　　　　정　　가　16,000원